当代广播电视丛书／总主编　石长顺

Television

广播新闻业务教程

肖峰　编著

WUHAN UNIVERSITY PRESS
武汉大学出版社

图书在版编目(CIP)数据

广播新闻业务教程/肖峰编著.—武汉:武汉大学出版社,2010.5
当代广播电视丛书/石长顺总主编
ISBN 978-7-307-07564-1

Ⅰ.广⋯ Ⅱ.肖⋯ Ⅲ.广播新闻—新闻工作—教材 Ⅳ.G210

中国版本图书馆 CIP 数据核字(2010)第 006552 号

责任编辑:胡国民   责任校对:黄添生   版式设计:詹锦玲

出版发行:**武汉大学出版社**   (430072   武昌   珞珈山)
       (电子邮件:cbs22@whu.edu.cn   网址:www.wdp.com.cn)
印刷:湖北省京山德兴印刷有限公司
开本:720×1000   1/16   印张:16.75   字数:313 千字   插页:1
版次:2010 年 5 月第 1 版   2010 年 5 月第 1 次印刷
ISBN 978-7-307-07564-1/C · 1535   定价:28.00 元

内 容 提 要

广播新闻业务，也称广播应用新闻学，它侧重于广播新闻学应用理论知识和实践技能的研究、学习和训练，具有很强的实践性和可操作性。本书在学习和借鉴已有广播新闻业务的基础上，根据新媒体生态下国内外广播新闻事业的新发展，提出了广播新闻业务的新框架，主要内容包括新闻广播的传播特性、广播新闻报道策划与组织、广播公共事件的报道策划、广播新闻采访、广播新闻写作、广播新闻编辑、广播新闻评论、广播新闻记者、广播节目主持人、广播新闻受众、广播新闻作品评析、美国之音报道评析等，基本上都是关于新闻性广播业务的最主要、最时新、最实用的知识，具有较强的时代性、创新性和实用性，有助于使学生侧重于了解广播新闻业务的理论知识和工作职责，能够熟练掌握和运用广播新闻的传播技巧与方法，并能够做好对外报道和国家形象传播。本书适于大学新闻传播专业师生和新闻媒体从业人员阅读。

读《广播新闻业务教程》有感（代序）

赵振宇

　　我和肖峰老师是 20 多年的老朋友了，今天能读到他的新著当是一件快事。《广播新闻业务教程》是肖峰多年学广播、干广播，如今又教广播、研究广播，从理论上对广播新闻业务作出系统总结，对广播新闻业务教学实践进行科学研究的可喜成果。

　　该书对新闻广播的理解非常清晰、透彻，涉及门类齐全，既有理论的指导意义，又有"实用"价值。此书抛弃了不少教材存在着的"老化、西化、玄化"倾向，直接来自于"实战"第一线，对于广播新闻实践而言极具针对性、实用性。本书体例之完备、内容之丰富、立论之精当、文字之活泼、案例之新鲜令我佩服。如果不具有丰富的新闻实践经验，不具有扎实的理论功底，不具有精辟的概括归纳能力，不具有热爱教书育人的责任感和执著精神，是写不出如此深入浅出的好教材的。而此书的作者，恰恰都具备了这几项学养和素质。

　　肖峰是中国广播界的学者型记者、编辑和评论员，现在又是优秀的高校新闻传播专业的教师。他从事新闻广播工作 25 年，凡新闻性的广播作品，包括带"响"的消息、通讯、特写、录音报道、连线广播、广播评论、深度报道等，他都有过大量的采写实践和丰富的成果积累。尤其难能可贵的是，他并不满足于只做一个"跑龙套"的广播记者，而是注重不断提升自己的理论素养。自 20 世纪80 年代初开始，他就倡导走学者型记者之路并身体力行，不断提升自己的理论素养，先后三次走进"211 工程"高等学府——华中科技大学新闻与信息传播学院，读本科、硕士、博士，学为人师，行为世范。他的专著《新闻人才论》在20 世纪 90 年代初就已出版。该书写的是别人，而他自己就是这样一位学者型、专家型的新闻人才。在广播新闻实践中，他还重视较系统地总结新闻性广播的实践经验，并将其上升为理性，发表了大量广播新闻业务的论文，在广播界产生影响，且多篇获得国家广电总局部级奖。一份耕耘，一份收获。2001 年，他获得我国广播电视界最高学术成就奖——全国首届百优广播电视理论工作者称号，2003 年被评为高级记者，2004 年作为引进人才调入全国重点高校——中国地质大学（武汉）艺术与传媒学院。五年来，他在教书育人方面，花费了大量的心血和精力，用心备好课、上好课，受到了学生们的爱戴和欢迎，先后获得了"优秀教案"、"优秀科研"、"优秀指导老师"等荣誉，2005年主持湖北省教育厅重点科研项目"中国大陆新闻人才学理论与应用系统研究"，2009年国家社会科学基金项目"我国新闻界职务犯罪的成因、控制与预防研究"。从学者型记者到大学新闻传播系教授，从做实务转型做理论研究，成功转型最重要的原因，是他对新闻学教师这个职业的深沉热爱。

近几年来，为了上好广播新闻业务课，他对国内当前比较权威的广播新闻实务教学著作，进行了深入研究，发现大部分是广播新闻采写的经验之谈，已有的几本广播学著作，也大部分作于10多年前，很难反映当前新闻媒体的新变化、新情况、新问题，缺少可供教学用的最新教程。武汉大学出版社的同志希望他根据20多年广播新闻实践和新闻教学经验，在已写出大量广播新闻业务论文的基础上，独力著作一本《广播新闻业务教程》，突出其实用性、时新性和可操作性，力求反映这门学科的最新水平。可是因为太忙，他迟迟未能完成。2009年春节以后，出版社的同志限定他必须10月底以前交稿。他只好利用暑假，冒着酷暑，日夜兼程，有时真达到了废寝忘食的地步，现在终于按时交稿了。外人不知内情，以为大学老师轻闲自在，其实，在大学里，教授压力也是很大的，不仅要带研究生，还要给本科生上课。除此，他们还要搞科研、做课题，成天忙得连发愣的时间都没有。肖峰能够挤出时间著书立说，太不容易了！正是因为他时刻都把教学和科研密切联系在一起，才使教学有理论支持，科研有实际意义，不论是讲思想，还是讲业务，学生们都喜欢听。

该书最大的特点是它的实用性、时新性。从该书的基本框架来看，确有一些新观点、新内容，如"新闻广播的传播特性"、"广播新闻报道策划与组织"、"突发公共事件的报道策划与组织"、"广播新闻评论的写作要求"、"广播新闻作品的评析方法"、"美国之音录音报道评析"等，都是关于新闻性广播的最主要、最时新、最实用的知识。这些新特点是广播业务理论、广播新闻报道与策划、广播新闻采写、广播新闻编辑、广播新闻评论、广播新闻受众、广播节目主持人等多门学问的浓缩体，而且有许多见解独到。

大学新闻教育更多地应该是对学生进行思维方法的训练，其中关键是教学生观察问题的方法。新闻课堂不能给学生灌输东西，灌输会被学生看不起。肖峰在讲授广播新闻业务课时，不是照本宣科，而是启发引导，循循善诱，因材施教，根据广播新闻传播带音响的特性，采用站起来、说起来、做起来的方法，评析当天中央人民广播电台早新闻，采用刚刚发生的最新案例以训练学生的新闻视觉——用耳朵发现世界。新闻视觉在西方称为新闻取景，记者运用的报道技巧就是新闻视角。没有新闻视觉，新闻就出不来，记者自己就会很模糊，更说不清楚故事出自哪里。本书中讲的知识，多是可操作的实用知识。这些广播新闻业务知识，对新闻广播工作者来说，几乎每天都用得到。初学者像小学生"描红"那样，照着学，照着做，即可收到成效。

在新闻界常有这种情况，有的记者、编辑偶尔也能写出一两篇好作品，但不稳定，更不能持久，为什么？就是对自己的工作不能从理性上把握，只"知其然，不知其所以然"。工匠型新闻广播人与专家型新闻广播人的差别，不仅仅是业务技巧的优劣，更重要的是对事物规律的洞察力，而这源于多思、善思。本书的许多地方都闪烁着作者依靠理性智慧"顿悟"出的思想火花，从中我们既可以找出作者为什么能够轻松驾驭各种广播文体，娴熟运用各种重大报道的内在缘由，也可以看到作者殚精竭虑地对如何教好学生，做兼备"有学养、善思考、巧积累、勤著述、严思维、重事业、担责任、合博精"这八个方面的学者型、专家型记者、编辑、评论员和节目主持人的热切期盼。他不仅在课堂上这样教导学生，而且热情介绍和推荐学生到新闻媒体实习，加强高校与新闻媒体的联系，推荐新闻评论特长生免试读研究生，组织科研团队做科研，写论文，编教材。

我和肖峰同志都是从媒体到大学新闻院系任教的老师。他从新闻单位调到大学任教后，我们老友重逢，分外高兴！华中科技大学和中国地质大学只有一墙之隔。我在组织华中科技大学新闻评论团和承办几届"新世纪新闻评论高层论坛"时，他都带学生参加活动或提交论文。无论在媒体或高校，我们都相互切磋学问、相互激励进步。20多年的交往友谊，我对他总的评价是：好学、勤奋、执著，能吃苦，能够做好自己喜欢做的事。一个从"高峡出平湖"奋斗出来的广播记者，如今成了国家重点大学的新闻学教授，成功申报了国家社科基金课题，实在不容易！凡有志于广播新闻业务探索的同志，凡是有志于新闻事业的同志，学习肖峰同志坚韧不拔的毅力、勤奋和治学精神，都读一读这本教材，或许会有恍然顿悟、触类旁通之感，增强走学者型记者之路的力量和信心。

祝愿肖峰老师再接再厉，更上一层楼！

（本序作者为华中科技大学新闻评论研究中心主任、教授、博士生导师）

2010年立春与武昌喻园

成功转型：热爱当老师（代自序）

肖 峰

我曾经是个广播记者，现在又做了五年的大学新闻学老师，先后获得了"优秀教案"、"优秀科研"、"优秀指导老师"等荣誉，现主持湖北省教育厅重点科研项目"中国大陆新闻人才学理论与应用系统研究"、国家社会科学基金项目"我国新闻界职务犯罪的成因、控制与预防研究"。这是学校院系领导、老师和同学们对我辛勤劳动的认可、关爱和鼓励。从做实务转型做理论研究，从跑新闻转向教书育人，成功转型的最重要的原因，是我对教师这个职业的深沉热爱。

我为什么当老师？因为大学是寻找理想的地方。我为信仰而来，千万不要让信仰失去！除了理想，我什么都没有……我找优秀的书籍来研读，到母校去拜访老师，到北京、上海参加学术研讨会。我与品德高尚、学识渊博的师友探讨学问、切磋技艺，在"象牙塔"和社会生活里去发现真理。三尺讲台给我提供了讲课的舞台；教书育人使我感受到人生的价值和意义。

从广播记者到大学老师，赋予了我新的机遇、激情和拼搏的勇气。

每天清晨，当鸟儿啾鸣的叫声划破夜幕从南望山飞进窗口，这天籁之声真是好听极了！我精神抖擞，穿上最漂亮的衣服，像参加最盛大的节日一样，迎接新一天的到来。一路上、教室里，学生们眼含敬意地叫我老师，使我倍感老师的责任、使命和尊严，对这个职业充满了信心。

寒暑假给我提供了进行回顾、研究、写作的良机，将三者有机融合而善于回顾、总结和研究，正是一个优秀教师素质中不可缺少的成分。

然而，我爱教师这个职业的真正原因，正是像父母爱子女那样爱我的学生们——他们比我的女儿都要小。老师的生理生命由子女延续；老师的学术生命由学生继承。在我眼前，学生们一天天成长、变化、进步，他们懂得了礼貌、微笑和善意，像早晨闪烁在树林里、草丛上晶莹的露珠，纯净、聪明、可爱，有理想、有文化、有抱负、有才华。

当老师意味着亲历"培植"——恰似亲手栽下一棵棵翠绿的幼苗，播洒春雨，浇水、培土、施肥、剪枝。还有什么比目睹学生们亭亭玉立、挺拔向上的英姿，更令人欣慰的呢？

我是一名大学新闻传播系教授，我有责任和义务去启发引导学生确立新闻理想，去激发智慧的火花，称赞回答的尝试，推荐必读的书籍，教会他们以知性的方式感受生命的意义；去生活一线采访报道新闻，走学者型、专家型记者之路。老师之于学生不只是具体知识的传授，还有跟学生真诚对话和日常生活中的人格修养。还有什么别的快乐能与之相比呢？

然而，教书育人的岗位还给了我浮躁、名位和金钱之外的东西，那就是爱心，不仅有对学生的爱，对新闻教育事业的爱，对科学和知识的爱，还有只有教师才能感受到的对"特别"学生的爱。这些学生，有如冥顽倔强的泥块，由于接受了老师的炽爱，才懂得了礼貌、勤奋和感恩，勃发了生机，成为新一代的名记者、名编辑、名评论员、名播音员和名节目主持人。

我站在讲台上，心中充满了感恩之情：

我要感谢时代，让我站在这里；

我要感谢生命，让我们大家相逢；

我要感谢大学，让我实现了自己的梦想；

我要用知识的火花，点燃起学子们青春理想之火……

许多灵感与顿悟，都是与学生直接交流中获得的。可以这么说，每一次成功的讲课，都是师生共同完成的。老师在大学里的工作，不只是传授具体知识，还有做科研、做课题、写论文、编教材，著书立说，指导学生社会实践，如大鱼带着一群小鱼在大河里游弋。若干年后，毕业了的学生难忘的还是老师的人格、道德与文章。讲了几年课，我对这个职业充满了敬意、喜悦与信心。北大教授季羡林说："成功等于天赋、勤奋加机遇。"我的体会是：成功等于热爱、执著、好学、勤奋加机遇。人生正当午时，能够在大学为自己所热爱的事业尽绵薄之力，怎不敢倍加珍惜、全力以赴呢？

所以，我爱教书——和那些勃发生机的大学生们漫步学府，荡舟学海，呼吸相通，忧乐与共。

多么好啊，这就是大学，这就是幸福！

2010 年元旦
于武汉东湖之滨

目　　录

第一章　广播新闻业务的理论基础

汤恩比曾经说过："一部人类文明史，不过是人类面对自然和社会的挑战而不断应战的历史。"例如，"非典"、9.11 事件以及南方雪灾、5.12 汶川大地震等，这些影响人类历史进程的自然、社会重大突发事件，从纯粹的新闻学意义上说，社会影响面及新闻价值巨大，因此正确、及时地做好突发事件的新闻报道，凸显媒体的社会使命，是媒体必须具备的基本素质和义不容辞的职责。历史是昨天的新闻，新闻是明天的历史，新闻在历史中获得永生。新闻记者应有这样的抱负：做一个现代史家，对现代和历史负责。新闻传播工作者的职责就是发现新闻、表现新闻。记者如何去发现与表现新闻？这要因广播、电视和报纸各具不同的特性而决定。

如果说广播记者与电视记者、报纸记者有什么不同的话，那就是除了用眼睛去观察，用笔去描绘之外，还必须用耳朵去寻找，用声音去构思、去表达他所感知的那个世界。声音与画面一样，具有自己的特性。怎样发挥声音的特性展示广播的优势，提高广播报道的审美价值呢？本章将运用传播学理论，对新闻广播的传播功能，对符号学的几个关键词，如符号、能指、所指、意指、"传奇神话"等，明确其概念并进行阐释，并通过实例分析，使大家了解我们研究广播的传播形式。只有将其置于传播学的视野中，才能观照到它的全部内容。

第一节　新闻广播的传播特性

美国大众传播学家威尔伯·施拉姆在研究受众选择大众传播工具这一问题时，曾经提出这样一个公式——报偿的保证：费力的程度＝选择或然率。

费力的程度指受众在接受某一传播媒介时付出代价的大小——财力、物力的消耗，精力、时间的支出；选择或然率即选择某一传播媒介可能性的大小。

这个公式告诉我们，受众选择某一传播工具可能性的大小，与它满足受众需要的程度成正比，与受众付出的代价成反比，用这个公式来解释新闻广播的传播特性，颇有道理。

一、新闻传播的迅速性

广播媒介的传播特性是由广播的传播方式决定的。广播传播载体是无线电波，无线电波的速度和光速一样，传播速度为每秒 30 万公里。换句话说，电波 1 秒钟就能绕地球赤道 7 圈半。插上了电波的"翅膀"，声音可以快速飞向地球的任何一个角落。广播传播的次数频繁、时效性强，对于突发性事件，广播可以连线直接即时报道，与互联网、报纸、电视台实现联动传播，是最理想的新闻传播工具之一。

二、广播受众的广泛性

广播节目每分钟都在播出，在农村乡镇安放的广播设备，在都市出租车中的车载广播，社会上每一个层次的人们都可以听到。收听广播节目，还不受文化条件的限制，不论是中小学学生或是大学教授，都可以接受广播。只要拥有一台短波收音机，你就能收听到全世界的节目。可以说，广播听众的人数，几乎是没有限制的。同样是大众传播媒介的报纸和杂志，其覆盖面是远不及广播的。新闻广播还能满足特殊受众的特殊需要。特殊受众，即"移动"人群；特殊需要，即走路、开车、干活时，也可以接收广播信息。

三、接受广播的方便性

广播的一大特点是收听方便。不但在床上可以边打盹边听，在家里洗碗扫地可以边干边听，尤其在上班途中、开车路上，别的啥事都不能干了，唯独一双耳朵不必闲着，"嗒"地一声将收音机打开，收听新闻，欣赏音乐，听刘兰芳说评书，听主持人讲故事，真可谓优哉游哉，其乐无穷。当此之时，报纸当然没法看了，网络也不能够上，至于洋洋得意不可一世的冤家对头电视嘛，既不能打开也不敢打开。而收音机携带方便，因此成为人们随身携带的最方便的信息通信工具。

四、危机传播的实用性

广播在抗击洪水、雪灾、地震、海啸等自然灾害时，能发挥其他媒体所不可替代的特殊作用。突发灾害降临时，道路受阻，线路被毁，电视没有电看不成，报纸更是看不到，只有靠广播了。湖北电台高级记者刘应钦说："1998 年我在长江荆沙段前线采访时，只见大堤上，帐篷里，凡是有人群的地方，人们都围着收音机专注地听广播……"2008 年 1 月 16 日，我国南方罕见的冰雪灾害发生后，南方地区省级电台展开了交通、气象等方面的直播连线报道，随着灾情加重，南到广州、深圳；北到天津、辽宁；东到上海、江苏；西到四川、云南等全国十多个省市电台，都加入了"电波互动"行列，各地抗灾救灾的及时报道，有效地安抚了务工人员的情绪，大量的指路服务缓解了车辆在公路上的滞留。

中央人民广播电台在2008年年初抗雪灾报道中，安排大型直播节目《爱心守望，风雪同行》，累计播出了23天，播出时长近200小时，播发消息6000多条。中国广播网的专题节目为这一直播，提供了延伸报道和深度传播平台，发布图文稿件3600条、音频直播198小时、图片419幅、网络图文直播11场，成为新华网、人民网、中国网、央视国际等中央重点新闻网站和新浪网、搜狐网等四大门户网站转载的重要原创信息源。

2008年5月12日，四川汶川大地震发生后，无线广播再次显示出在国家应急体系中的威力。听众彭瑞高记叙了他经历唐山大地震和汶川大地震的情景：

真相30年

30多年前一个盛夏的清晨，我在地头喇叭里突然听到：唐山发生地震。……

我就拼命想知道唐山的情况，可喇叭里什么也听不到。"半导体"里也没有什么消息。

第二天报纸来了（村里都看隔夜报），那大字标题是：《河北唐山、丰南一带发生强烈地震　灾区人民在毛主席革命路线指引下，发扬人定胜天的革命精神抗震救灾》。我急于知道灾情，可只看到一句不痛不痒的话："震中地区遭到不同程度的损失。"什么叫"不同程度的损失"，什么叫"不同程度"呢？不得其详。我只得叹口气放下报纸。

一位老师悄悄告诉我："唐山不得了啊，死了很多人！"我问："你怎么知道的？"他说："我家里有人在塑料厂，这几天全部转产，做大批塑料袋，专门送唐山装遇难者的尸体！"我惊诧地问："是吗？"他压低声音说："这消息绝对保密，你在外面不要乱说。"我说："一定。"

过了两天，一位朋友又悄悄告诉我，她丈夫某医生去了唐山。我问"去干什么？"她说："是医院突然派去的。上海去了好多医疗队，灾区死伤不得了啊。"我说："还有这事？"她说："你千万不要说。他半夜走的，医院规定要严格保密。"

就这样，唐山成了一处禁地。人们明知同胞在废墟里挣扎，但遥望北天，欲哭无泪。只知灾情生，却不知那里已变成什么样子；只知解放军去，却不知援救得怎样；只知有人伤亡，却不知数目多少……有位老兄在唐山对着废墟拍照，被发现后拉出胶卷当场曝光不算，还送进局子审问。一切对外保密，谣言满天飞。

唐山地震的死伤人数，直到三年以后我才知道。1979 年 11 月 23 日《人民日报》在中国地震学会成立后首次披露：唐山地震死亡 24 万多人。

30 多年后汶川发生了烈度更大的地震，可 5 月 12 日当天，我就看到了那一片苦难的大地受灾同胞的哭诉。在废墟上实录真相的，有几千位记者、几百台摄像机、几万架照相机！

面对汶川，我们泪流满面；但面对真相，我们得以在欣慰中深思：能不能把真相交给人民，是衡量一个国家是否强大 、是否自信的标志；2008 年的中国，毕竟不是 30 多年前的中国了！①

震惊世界的汶川大地震发生后，有一句话一直被人们重复着：灾难不可以选择，但面对灾难的方式却可以选择。作为新闻传媒，无可选择地要经受大震与大痛的严峻考验，如何在大痛中传递大爱，如何在谣言中廓清真相，如何在创造中凝聚力量……

在这场毫无先兆的异常艰苦的战役中，活跃着来自"中国之声"记者的身影，活跃着传播中国"两岸三地"信息媒体记者的身影；而一道划破长空的中央电台特别直播《汶川紧急救援》，从 2008 年 5 月 12 日开始，24 小时不间断、多点滚动直播，为灾区人民架起了信息沟通的桥梁。

为了抗震救灾，中宣部、广电总局迅速向四川灾区捐赠便携式收音机 5 万台；接着，中央军委紧急调拨 17 万台收音机，发放给参加汶川大地震抢险的部队官兵，这个决策在传播效果的意义上及时而重大。广播电台的特别节目 24 小时不间断地播报，起到了信息沟通、抚平心理创伤、遏制传闻的积极作用。

2008 年 5 月 18 日，全国 31 家省级电台联合举办直播节目"抗震救灾大型直播节目——我们在一起"，长达 45 分钟的节目，展示了全国人民与灾区人民心连心、手拉手，团结抗灾的壮举。2008 年 6 月 9 日，在地震灾区四川，雅安市委宣传部副部长李蓉对前来采访报道地震灾情的湖北省广播电视总台新闻综合广播副总监、高级记者刘应钦说："5.12 地震当天下午，我们迅速将长期搁置的广播频率启用。因为电视没有电看不成，报纸更是看不到，只有靠广播了。"中共中央政治局常委李长春在四川看望坚守在抗震救灾一线新闻工作者时，拉着广播电台记者的手深情地说："在重大灾情的情况下，广播的作用是非常大的，广播的作用是别的新闻媒体不可替代的！"

① 摘编自彭瑞高：《真相30年》，载《新民晚报》2008 年 5 月 26 日，第 B5 版。

五、拟态环境的互动性

在信息时代，传播学者研究更多的是"拟态环境的环境化"，拟态环境是指大众传媒营造的信息环境，而拟态环境的环境化，则指如今世界全球化趋势的加强，个人对四周环境的了解和判断，越来越倚靠大众传媒在当今社会结构中的地位，不仅仅是"宣传工具"那么简单，更是"控制力量"。突发事件发生后，整个社会及民众的心理往往比较脆弱，此时的媒体如果准确把握社会心理，积极引导，贴心抚慰，民众就信赖亲近传媒，形成媒体的向心力。特别是在雪灾、地震、海啸等突发事件中，广播不仅及时展现灾难的惨烈，更多的是注重对人、对人的生命的关注。例如中央电台在汶川大地震广播节目中，用特别直播方式滚动播出温总理对地震孤儿抚慰的话语，令人热泪盈眶；主持人合唱的《相亲相爱一家人》不断地传递着温暖，感人至深；而把心理医生请到直播间为受困群众进行心理辅导，则更是体现了人文关怀。"热线电话"进入广播，使单向流动变成了双向流动，随时可了解听众的需要和反映，能及时根据听众的需要，调整信息。这些措施既提高了传播的针对性，又增强了宣传效果。

《论语·乡党》中记述这样一段话："厩焚，子退朝，曰：'伤人乎'，不问马。"从媒体的角度审视，这则故事说明了一个道理：任何灾难事故中，人的安危最为重要。所以，英国《泰晤士报》报道称，中国政府对四川地震的迅速反应令人钦佩。美国《华尔街日报》报道称，中国官方媒体此次对四川地震报道之迅捷、全面，大大出乎人们的预料。《洛杉矶时报》说，四川发生强烈地震后，中国在救灾行动中的表现既现代又灵活，而且很开放；葡萄牙《快报》在《另一个中国》一文中，高度称赞中国媒体对灾情报道公开、透明，并说"这次地震检验了中国领导层的能力"。其实，这次地震又何尝没有检验媒体、尤其是广播应对突发公共事件的能力！

第二节　新闻广播的符号系统

在日常用语里，符号一般指代表事物的标记，如俗话里讲的"人过留名，雁过留声"，其中的"名"和"声"就是一种符号。

在广播学里，按照最常见的划分方式，可将符号分为语言符号和非语言符号。其中语言符号是由音、义的结合构成的。"音"是语言符号的物质表现形式，"义"是语言符号的内容，只有音和义相结合才能指称现实现象，构成语言的符号。而非语言符号则有多种类型，如外貌与衣着、表情与眼神、姿态动作、触摸行为、空间与距离等。

广播的传播符号是广播赖以携带信息、表达思想和情感的物质载体，声音是其唯一的传播符号。在广播中，不仅最小的单元——节目由声音符号组成，节目与节目之间的衔接、组成、区分也由声音符号的变化来表示。广播是以声音符号传递信息的媒介，它与印刷媒介不同——它诉诸人的听觉。

一、声音符号系统

广播的声音符号系统分为三个部分，即有声语言、音响和音乐。

1. 有声语言

语言由文字符号或声音符号组成，其中，书面语言由文字符号所组成，口头语言由声音符号所组成。广播语言就是介于书面语言和口头语言之间，以一般口头语言为基础，既比书面语言通俗易懂又不同于日常生活语言的一种口头语言。它是传播者在节目中进行播报、解释、说明等内容的单纯语言表达，是广播运载信息最基本的符号系列。

人的有声语言在传递信息的时候，比文字更具有可信度和感染力，声情并茂的传播容易使人产生亲切感和信任感，而且大量的音响给人以强烈的现场感，让人仿佛置身其中，对语言的接受显得更加容易简便。

广播中的有声语言主要是用来报道新闻、叙述事实、提供娱乐和服务，它是交流思想、传递信息、表情达意的工具。在新闻类广播节目中，语言的基本形态有三种：一是新闻播音语言，二是新闻报道语言，三是实况语言。

新闻播音语言是指广播电视传播机构承担向受众口头传播语言信息工作的人，在播讲稿件时使用的语言，其特点是规范化，是经过加工的口头语言。即以北京语言为标准音、以北方话为基础方言、以典型的现代白话文作为语法规范的普通话。要克服广播中不规范的语言现象。

新闻报道语言是指在新闻信息传播机构中承担信息采集、编辑报道工作的人（记者、编辑）为报道新闻而播讲报道词、解说词时使用的语言，它比播音语言更自然。

实况语言是新闻记者在采访活动中发生的语言交流，具有原始的真实性，在三种声音中最为自然。

2. 音响

音响指广播中除传播主体（如现场记者、播音员、主持人、广播剧中的人物）的语言之外的其他一切声音，包括新闻广播中的实况音响和文艺广播中的效果音响。在广播新闻中，录音报道类和现场报道中的现场音响是报道的重要组成部分。

实况音响是指自然界中客观存在的真实音响。新闻报道中所说的音响都应该是实况音响，它要求确有其事，确有其声，不允许虚拟、模仿。实况音响在广播节目中起着传递信息、再现现场、增强广播新闻现场感、烘托气氛的作用。

效果音响主要指为烘托气氛、抒发情感而模拟的音乐或音效（音响效果），它常常在文艺节目中、广播剧中被使用，其作用是表达某种情绪，制造某种氛围，烘托某种气氛，调动听众的参与感和想象力。

3. 音乐

音乐是高度形象化的情感性符号，既不同于具体描绘事物的语言符号，也不具有视觉符号的直观性。它是通过演奏或演唱为听众所感受的非造型表演艺术，是由乐音、节奏、旋律组合而成的一种情感艺术。音乐是一种艺术形式，是通过有组织的乐章形成的艺术形象来表达感情、反映现实的艺术。它是所有艺术中最富有感染力、最适宜宣泄情感的艺术形式。

在广播的声音符号中，音乐担负着重要的角色。广播中的音乐一方面可以配合其他节目形式，另一方面则可以独立成为一种节目形式。

音乐要素在广播中的表现方式有两种：一种是以独立形态存在的音乐节目。音乐的认知功能、教育功能和审美功能使得音乐具有最广泛的群众基础，音乐节目也成为最受听众喜爱的广播文艺节目之一，在广播文艺节目中占据着主要地位。另一种表现形式是以声音节目的辅助成分存在的。当今广播节目与音乐有着不可分割的联系，几乎所有的节目都缺少不了音乐元素。广播中的音乐元素具体有以下几种形态：

标识乐——电台的标志音乐或节目（栏目）的开始曲。

间奏乐——节目（栏目）之间的过渡音乐或填补音乐。

背景配乐——节目中的背景乐或配乐，主要用于烘托气氛、渲染情绪。

下面，让我们通过一则录音新闻来认识这三种基本的声音符号（见图1-1）。

录音系列报道
——秭归人民的新生活

①③⑥ 招魂曲："三闾大夫听我讲，故里乡亲怀念你，年年一到五月五，招你魂魄归故里……"（压混）

② 每年端午节，屈原家乡秭归的乡亲们都会唱起这支招魂曲。在秭归县，端午节放假是一条不成文的规矩，节日里，吃粽子、投粽子入江、划龙舟的风俗已沿袭一千多年了。

看龙舟是屈原故里秭归最大的群众集会。

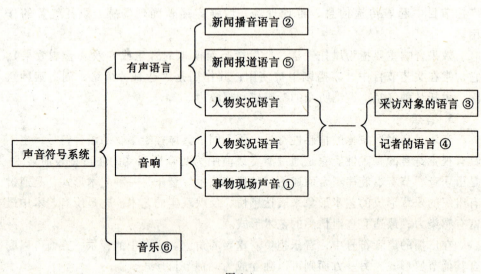

图 1-1

① 龙舟拉力赛现场解说:

听众朋友,好像为了考验运动员的意志和品质一样,上午还风平浪静的长江,这会儿太阳已被云遮起来,江面上刮起了 4~5 级的大风,您现在听到"呼呼"的声音就是江面上的风声……混

② 然而,随着时代的变迁,划龙舟已经演变成了一种体育项目,1992年,长江三峡国际龙舟拉力赛就在这里举行了首发式。

① 江水、机帆船单调的声音……混

② 这里的街道跟这里的历史一样古老,狭窄简陋得不能对开两辆汽车,甚至没有人骑自行车。公共厕所少得可怜,据说县里建公厕的报告上有这样的批示:归州位于淹没线一线,一切固定资产均停止。

① (江水、轮船沉闷的汽笛声)

② 不上不下的三峡工程,使得峡谷中的秭归县城归州像是一片飘移不定的云。

① 1992 年 4 月 3 日,全国人大通过兴建长江三峡工程的决议。中央电视台新闻联播音响:"大会通过了关于兴建长江三峡工程的决议,决议批准将兴建长江三峡工程列入国民经济和社会发展十年规划,由国务院根据国民经济发展的实际情况和国家财力物力的可能,选择适当实际组织实施……"(鞭炮声,混)

② 去年 12 月 24 日,秭归新县城的奠基仪式在距归州 25 公里的茅坪举行。

现场报道音响:

③"茅坪镇是坐落在群山万壑之中的普通而又古老的一个小镇,这么一个不显山不露水的小镇,如今因为和三峡工程联系在一起,为全中国乃至全世界所瞩目,成为坝上第一镇。这个小镇已经有了 1700 多年的历史,它现在连接秭归和宜昌,沟通整个三峡地区。秭归县是屈原的故里,近年来,每年接待国内外游客数十万人。按照三峡大坝的实际宏图,秭归县城的整个建设计划大约要到 2000 年完成,建成之后,将成为未来三峡大坝上游的第一个县城。"

① (起梽号:"我们开船喽……混")

② 三峡工程百万移民是全世界绝无仅有的移民工程,随着三峡工程前期准备工作的进展,秭归乡亲们开始陆续搬出自己的家园,他们是怎么想的呢?

① 拖拉机、流水、鸡叫、猪叫声……

现场采访移民:

① 听众朋友,现在我们已经来到秭归县三峡库区移民第一户的家里,采访一下主任韩先生。

④"您是什么时候搬来的?"

③"1992 年 11 月 26 日。"

④"当时坝区移民都还没有搬,你们是第一家?"

③"是的,是第一家,当时要修路了。"

④"动员您搬迁,您怎么想?愿不愿意搬?"

③"为国家建设哪会不搬走,国家搞这么大的建设。"

④"老房子住了多少年?"

③"整整十年。"

④"不住了不可惜吗?"

③"哎呀,那不可惜,我们山区要想富裕,只有搞建设,你舍不得我舍不得就搞不成气,当然我们也有考虑。"

② 据介绍,现在秭归已搬迁 160 户,共 582 人,在移民补偿政策还没有到位的情况下,没有发生一起因移民不动而影响工期的事情。

现场采访:

④"新房子住了才 10 年,经济收入也蒙受了一些损失,您觉得值吗?"

③"值得。主要是为下辈人,县城修起我们 70 岁了。"

①（小孩啼哭声）

②这是三峡工程上马之后出生的第一个小生命，孩子的父亲叫孙列奎。

现场采访：

④"今年多大？"

③"23岁，我爱人是茅坪人，我是上门女婿。"

④"挺胖的，孩子叫什么名字？"

③"孙路，路边生的。"

现场采访：

④我们现在来到陈家冲小学，现在正是下课时间，孩子们都在操场上嬉戏着。

④"您这学校有多少学生？"

③"175名。"

④"多少移民子弟？"

③"三四十个。"

④"你是搬家转到这个学校来的？"

③"是的，原来在七里湖小学。"

④"同学们在一起好不好？"

③"很好。"

①（上课唱歌，朗诵声……混）

②据学校介绍，这所学校收的方圆两公里以内的孩子，入学巩固率达百分之百，没有一个中途辍学的学生，听着这朗朗的读书声，看着这些孩子们，我们似乎明白了许多……

④（江水拍打船舷声……混）

②这奔腾不羁、一泻千里的大河，一直是令人恐惧和膜拜的偶像，从遥远的洪荒时代到20世纪的今天，治水的梦想已经成了我们古老华夏民族生存的主旋律，它是那样雄浑而又悲壮。

①（号子起……渐弱）①

从以上一则录音新闻的例子，我们可以清楚地看出各种声音符号元素的综合运用，多种声音符号的综合运用使得广播录音新闻生动、形象。

---

① 许蔚、孟宪力：《用耳朵寻找世界》，载《中国地市报人》1994年第1期。这组录音系列报道，中央人民广播电台1993年6月24日和7月4日共播出四次。

二、声音符号系统的分析

前面已经谈到，广播的声音符号系统分为有声语言、音响和音乐三部分。接下来，本文将从声音的表现功能及相关因素，对这三大部分进行系统分析。

首先说有声语言，语言是思维的外壳。

广播语言作为一种口头语言，它表达的过程实际上是一个复杂的心理和生理过程，是思维借助词语按一定句式迅速转换为有声语言的过程。运用广播语言，一要坚持口语化、通俗化的原则；二要注意语言声调、韵律、节奏的形象性与生动性。

运用口头语言表情达意一定要以词语为中心，同时还要兼顾声调、节奏、韵律等。同样一个词，声调的高低、节奏的快慢，会使所表达的意思完全不同。

其次说音响。

音响按内容分类可分为：人物的音响（主要是话语音响，也包括动作音响）和事物的音响。事物的音响包括两种：一种是自然音响，即自然现象存在的音响，包括风声、雨声、雷声，以及动物的鸣叫、吼叫声等；另一种是社会音响，指经人类劳动成果发出的音响，如机器、飞机、火车、汽车等。

音响按时间分类可分为两种：一是现场实况音响，属新闻事件现场采制的音响，要求具有新闻价值的时效性；另一种是背景音响，在时效上可以是过去时，甚至是历史性的音响，它类似消息的背景，是对主体音响的烘托或延伸。

从有声语言和音响的关系来看，语言和音响的关系是相辅相成的。音响使语言有了明确性，语言使音响具体化。因此，二者在一篇报道中相互补充就显得重要起来。在带有音响的报道中，二者结合的方式主要有以下三种：

（1）穿插音响，即在语言叙述中穿插音响，互相补充说明。其常见的结构是：音响——语言——音响；语言——音响——语言。有时候以音响为主、语言为辅；有时候则以言语为主、音响为辅。

（2）叠加音响，即音响与语言声重叠，甚至同时发出。在现场报道中，语言与纯粹的杂音（指非演播室的干净的录音）重叠，能给人一种现场真实感觉。

重叠的方法主要视音响与叙说的内容而定。有时音响声压低，语言声提高（音响为背景声，语言为主调）；有时语言声为辅助，音响声为主调。

（3）混合音响，即穿插式与叠加式的混合使用。也就是说，在一个节目中，时而采用交替式，时而采用重叠式。不管采用哪一种方式，都是根据报道内容来决定的。在录音采访或录音合成过程中，不必拘泥于已有的形式。

最后说音乐。

音乐在广播中的形态包括：音乐频率、音乐节目、配乐、音乐形成的听觉标识以及填空音乐。

音乐频率——如中央电台的音乐之声、北京电台的北京音乐广播。

音乐节目——综合频率中的音乐节目和音乐专业频率中的音乐节目。

配乐——非新闻类广播作品中为烘托气氛、渲染高潮或细节，选择或制作相应的音乐作为背景映衬，以求引发听众的联想。

音乐形成的听觉标识——为识别频率、节目而制作的特定音乐旋律。如中央人民广播电台的台标音乐，是以著名的民族音乐《梅花三弄》主旋律为依据制作的，给人以鲜明的听觉标识印象。音乐还可以作为节目的间隔、片花、过渡转场等。

填空音乐——节目之间作为补白和填空的音乐等。

总之，无论哪种形态的音乐元素都是对语言、音响的有机补充和延伸。语言、音响、音乐共同构成的和谐体，为广播创造出无限丰富和丰满的声音世界。

三、运用符号学分析新闻传播文本的符号系统

符号学是对各种符号以及它们作为文化意义运载工具的一般作用的一种研究。卡西尔认为符号化的思维和符号化的行动，是人类生活最富有代表性的特征。广播传播作为人的一项交流活动，在全部的活动过程中，充满着符号的意义。下面介绍几个符号学的关键词，它们是基本的分析工具。

索绪尔指出，符号包括两个构成性元素："能指"、"所指"。表示成分（能指）方面组成了表达方面，而被表示成分（所指）方面组成了内容方面。

符号是指能指和所指相连接所产生的整体。一个符号具有三个基本特征：必须有某种物质形式，必须指自身之外的某种东西，必须被人们作为某种符号使用与承认。

巴尔特举玫瑰为例：在通常情况下，一朵玫瑰就是一枝花，但如果某位年轻男子将它献给女朋友，那么它就成为一种符号，因为它代表浪漫、激情，而她也承认玫瑰的这种意义。

唐代大诗人王维《红豆》诗曰："红豆生南国，春来发几枝。愿君多采撷，此物最相思。"如果用传播学分析，这是喻物（红豆）寓情（情感信息）。如果用符号学分析，红豆在诗中成了象征意义的"红豆"，成为一种表情达意的符号。因为红豆一旦作为象征意义的"念想"赠送对方，它便代表友谊、友情或爱情，而对方也承认红豆这种符号所代表的意义。

"能指"和"所指"是成对出现的概念。这就是说，一个语言符号是由符号的概念和符号的音响—形象构成的。例如"树"这个词，是由一棵树的概念（即所指）和由"树"的发声形成的音响—形象（即能指）之间的结构关系构

成的。

所指和能指是索绪尔语言学理论一个重要术语，它不仅指出了语言符号的本质，而且适用其他符号系统。索绪尔用下面这一模式来说明两者之间的关系。他说："能指，是我们通过自己的感官所把握的符号的物质形式（the physical form）——如一个词的发音或一张照片的外观。所指，是使用者对符号指涉对象所形成的心理概念（mental concept）。"

能指和所指之间的关系通常并不是一次性的，它们之间具有某种序列关系。在第一级序列中，由能指和所指联结成一个整体，即符号。在第二级序列中，前一级序列中的符号又变成了能指，与另外的所指共同组成第二级序列的符号。说不定还有第三级、第四级序列等。巴特尔给出的模式如下：

1. 能指　　　2. 所指
　　　　　　 3. 符号
11. 能指　　 11. 所指
　　　　　　 111. 符号

接下来，我们将对录音系列报道《秭归人民的新生活》作细致的符号分析。

作为符号系统，录音系列报道《秭归人民的新生活》提供了广阔的听觉空间。

首先来看"能指"方面，录音系列报道《秭归人民的新生活》调用了丰富的能指。其中，声音型的能指有自然形态的声音符号，例如猪叫、狗叫、鸡叫、溪水哗哗声等音响；语音型的能指有电传输的声音符号，例如，"三峡工程决议通过"的实况音响、秭归新城迁址现场报道实况音响、记者后期的文字配音等。

总之，所有这些能够被识别的"物理环境"构成了录音报道的能指系统。

其次来看"所指"方面，与能指相比，所指对于听众的读解能力有更高的要求。因为所指并不像能指那样直观、外露、相反，它所指内隐而含蓄，因此，面对相同的能指，不同的听众由于阅历、文化、爱好、性格、习惯、心理环境等不同，品位的所指经常会不同，有时甚至截然相反。格式塔学派心理学家考夫卡把这两者分别称为"物理场"和"心理场"。

为了解释清楚什么叫录音报道中的"心理场"，让我们再讲个故事：冬天，一个暴风雪的夜晚，有一个人经过几个小时的骑马跋涉，穿过一片冰雪覆盖的大平原，来到一家旅店门前，店主人迎着来客惊讶地问："你从哪里来？"当知道客人来的方向，店主人惊叫起来："啊，你知道你已经越过了康斯坦斯大河吗？"客人听后，一下从马上摔了下来，晕了过去。

在这里，对于这位远方来客实际上经过那段深不可测、冰雪封闭的大河这一"物理环境"，已为感觉上的一片"大平原"这一心理环境所取代。考夫卡把这两者分别称为"物理场"和"心理场"。

所谓"物理场"就是客观存在的物理环境，所谓"心理场"，就是主观上对环境的感知。

从某种意义来说，录音报道中的审美问题，也正是在于努力去寻找、追求并完善听众"心理场"的问题。因为客观上的"物理场"与主观上的"心理场"两者之间，是存在着巨大的差异的。

在《秭归人民的新生活》中，广播记者也十分清楚这个问题，所以他们在录制声音时，有意识地借鉴画面蒙太奇的镜头组接方法，即通过语言、音乐、音响效果的密切配合——连续的声音形象，来表达人物感情、环境气氛、情节发展等。一方面，它保留了自然形态最核心的听觉元素——川江号子、招魂曲；另一方面，它又加入了新的听觉元素——"三峡工程决议通过"的实况音响和秭归新城迁址现场报道的实况音响。这原本是两个截然不同的语境，通过声音蒙太奇的手法，广播记者将川江号子、招魂曲的原始语境纳入新版录音报道的语境之中，于是组接而成了《秭归人民的新生活》。

由此，该录音系列报道的所指也就迎刃而解。单调而沉闷的机器声，所指是几十年不上不下的三峡工程（给秭归人民造成的抑郁）；"三峡工程决议通过"的实况音响和秭归新城迁址现场报道实况音响，所指是秭归人民新生活的向往和追求；掌声和"川江号子"结合起来，所指是受到欢迎的表演；江水和"川江号子"结合起来，所指是船工纤夫的生活。进一步而言，在录音报道里，"江水音响"和"情绪音响"是两条线索，它们都各自包含了一个巴尔特的符号序列结构。

通过剪辑技术，两条线在听觉上时而平行，时而交错，时而叠合。"江水音响"和"情绪音响"之间也就有了相似性，两个自成系统的能指——"江水音响"和"情绪音响"由此达成聚合，完成了客观层次上的所指：三峡工程的伟大意义在于实现了中华民族几千年的治水梦想，世界上最大的电站将造福人民，而艰巨的任务还在后面。

上面，我们对录音系列报道《秭归人民的新生活》作了细致的符号学解读。由此，我们深刻地感触到：符号学方法是解读大众传播文本的一种行之有效的工具，对于新闻、广告、肥皂剧、真人秀等大众文化文本都适用。对于一个广播记者来说，如果仅仅满足于发现新闻、会写点文字解说词、录几段现场音响，是远远不够的，还得懂得符号学的意义，掌握广播新闻传播的规律和特性，学会用耳朵寻找世界，善于运用声音蒙太奇表现一个真实、丰富而生动的世界。

第三节　新闻广播的传播方式

所谓传播方式，是指传播活动借以正常进行的基本形式和方法的总和。新闻广播的传播方式是广播媒介和新闻传播互为作用的结果，具有不同于其他媒介传播方式的特征。

广播以发射、接收设备和电波（无线或有线）为传播信息的物质载体，其信息传送全过程包括四个环节：广播节目的采集、编辑、加工、制作；广播节目信号的发射和传输；听众通过接收设备收听广播节目；听众对广播节目的反应和回馈。我们所说的广播传播方式，特别是广播节目信号的发送和传输方式，也就是广播节目内容转换为音频信号发射和传输的基本方式。广播传输方式是介于广播节目和受众之间的重要环节。

一、广播的传播系统

广播节目的传播包含三个主要因素：声音、电波、发射与收听装置。声音是表情达意的符号，声音直接诉诸听众；电波是声音的载体，当声音变成音频信号后，电波就可以载着它由发射机发射到天空，再由收听装置的拥有者收听声音节目。传播技术渗透在节目传播过程的每一个环节，是实现节目传播的基本条件。广播的传输方式大体上分为两类：有线广播和无线广播。

有线广播是通过导线或光导纤维所组成的有线传输分配网络，将广播节目信号直接传送给用户接收设备的广播传输方式。

无线广播的基本原理仍是无线电波的发送和接收。它利用代表声音信号的电流来调制负载电波的振幅（或频率），并以被调制的无线电波为载体，将声音信号发传出去。在接收端，收音机通过调谐电路，将一定频率的广播信号接收下来，然后经过检波，将代表声音信号的电流还原出来，进而变成声音播放出来。

广播是诞生在传播技术之上的。在近百年的发展过程中，广播技术从模拟电子信号到数字信号，从调幅广播、调频广播到当今全球广播界为之瞩目的 DAB（数字音频广播）、网络广播、手机广播……传播技术的进步促使广播不断焕发出新的生机。数字化是一种趋势，也是一种必然，目前数字声音广播的方式有地面数字音频广播、卫星数字音频广播、数字中短波和网上广播技术。电台采用数字的、网络的音频处理系统，可以降低节目制作过程中的失真度，提高节目品质；同一网络工作站可共享节目资源，使节目制作方便，简单易学，可节省大量制作时间；还可反复播放某一节目，不必担心由于磁带磨损而带来音质的恶化，也不需要反复倒带，简化了播出手续。此外，数字化节目易于保存和查找，可方便地实现非线性播出和自动化播出。

二、广播传播方式的基本特征

广播传播方式的基本特征就是：原态性、实证性、派生性。

广播新闻以声音为传播符号进行报道，非文字化的新闻形态使它传播的信息不经由文本承载，具有声音表现的原态性；非图像化的新闻形态使它传播的信息没有可视符号的同步显示，具有声音实证的唯一性。此外，调幅、调频、立体声、数字压缩技术等新电子技术的运用，收音机的小型化、数字化和多功能化，又使广播新闻具有了派生性的特征。这就决定了以采录声音为目的的广播新闻采访，必须保证这种声音的原态性、实证性和派生性，促使广播由单向传播向双向传播转化。因此，广播新闻采访要严格地坚持客观精神，要遵循广播新闻的传播规律，为整体报道提供真实的声音素材和客观的音响表现。

1. 原态性特征

（1）远距离传播。广播传播是一种远距离传播，广播以电波为载体，可以超越国界长驱直入。广播传播范围广，传播速度快，穿透能力强。无论是对内广播还是对外广播，这一特点都是广播的优势，尤其是在对外传播中，广播的这一优势表现得更为突出。广播比报纸和电视具有更强的穿透力，因而它所能达到的范围以及传播信息的速度，远远超过报纸和电视。这一点早已被国际传播的实践所证明，如中国国际广播电台目前已能向世界绝大多数国家和地区进行广播。据了解，2000年，该台共收到全球153个国家的68.9万封听众来信。其传播范围之广、受众之多，是其他传统媒体所望尘莫及的。

（2）线性传播。音频信号是顺时连续传播，不宜选择接收，这是广播新闻与生俱来的时序性特质。广播是按时间顺序播出，在正常情况下，哪一天、哪一时段、何种节目都已事先安排，只能按时间顺序一个节目一个节目地听。"广播一条线，报纸一个面。"广播传播方式的线性特征，如同报纸的平面特征一样，是媒介的传输系统和符号系统共同"决定"的必然。线性传播的弱点多于长处。

（3）非实体。声音不是实体，由电波携带的声音，可以飞越高山大海，把信息送到受众的耳边，但受众却只能听，而不能看到或触摸到它。正因为非实体传播，广播才能不受空间和其他传递条件的限制，高速度、远距离地传播信息，为传、受双方提供了很大的方便。

（4）一对众。广播传播是一种"一对众"的传播模式，这也是大众传媒的共同特征。既然面向大众，新闻广播所运用的声音符号就应当做到通俗易懂，采用一听就懂的语言或音响，而不能在语言上咬文嚼字，在音响上弄虚做假。只有以"一对众"的观念对待声音符号，声音符号才能真正成为新闻广播的犀利手段，新闻广播也才能真正赢得广大听众。

2. 实证性特征

（1）口述历史。录音新闻要对历史负责，新闻是明天的历史，广播记者是当代的历史学家。录音新闻不允许做假、导演或拼接录音。文字可以见证历史，口述声音同样可以作为实证的依据。

例如：荆州电台和湖北电台合作的《血防站的两本账》（2003 年度全国获奖广播长消息）是一个批评性报道。面对血防站瞒报血吸虫疫情的现象，该报道把重点放在探查原因上。记者采访了三位有相关责任的血防站领导，他们的回答都"十分坦率"，既不遮掩事实，也不否定错误，又都表示不得已且只能这样做。显然，问题的症结不在事件本身。报道真实记录了被采访者的原话，在他们反感、自责但又无奈的真话中，透视出更深层次的问题性质，发现了更大范围的问题根源。报道在这方面没有作更多的分析，但那些客观记录的真话，已经使人们意识到现象背后的东西。

（2）声音实证。录音新闻报道除了采用当事人、目击者的口述外，凡当时、当地自然与社会所发生的音响，如自然界的鸡鸣狗吠、风声雨声雷声、社会生活中的汽笛声、机械轰鸣声，都应该是现场所发生的音响，切不可移花接木，否则，便弄巧成拙，误导听众。

（3）用事实说话。广播广播，广播就是播；然而，广播的"说新闻"，只是叙述事实，不是在广播新闻中掺杂大量议论话语，应不用或尽可能少用评述语言，注重选取有说服力的事实。采制者可截取被采访者的声音，使听众从客观报道的事实中，意识到现象背后的本质。

3. 派生性特征

（1）"随身听"。收音机具有小型化的特征，这使收听广播越来越成为个人的接收行为。具有自动录存功能的数字收音机出现后，在提高接收质量、提供收听方便的同时，进一步增强了接收的机动性，特别是"随身听"的特点，深受听众喜爱。人们在开车、骑车、读书、写书、爬山、走路、料理家务的同时听广播，既是一种方式，也是一种行为；既是一种消遣，也是一种自娱。

（2）"硬件"功能多样化。要增强广播的传播效果，"硬件"是基础，"软件"是关键。改善和提高"软件"质量，包括从内容到形式，从稿件、节目到整个节目系统的日常播出质量，都是各电台常抓不懈的工作。当然，"硬件"的改善和提高也不可忽视。随着电子技术的发展，广播从制作到传送各个环节朝多样化的方向发展。调频、调幅、立体声、数字压缩技术等"硬件"都在扬广播之长、抑广播之短方面，发挥着日益显著的作用。这个以技术进步为基础的特征，不仅扩大了广播的频谱资源，改善了传输性能，提高了声音质量，提供了存储条件，而且为听众提供了更多选择机会，增强了听众收听的自主权，改变了听众被动接收的状态。目前正在开发的交互式广播，甚至还可能导致广播由单向传播向真正的双向传播转化。

广播传播方式的基本特征，主要就是这"三性"，即原态性、实证性和派生性。原态性特征虽然具有不可忽视的作用，但多数具有远距离传播、"一对众"的优势与现行传播、非实体传播的劣势并存的两重性。在克服这种两重性的过程中，新闻广播更应注重其实证性，孕育并发展派生性特征。实证性体现了广播新闻的内容，即口述历史、现场音响、用事实说话。广播的派生性特性，在"随身听"和广播"硬件"功能多样化方面，表现得尤为明显。而随着派生性特征的不断发展和完善，原态性特征的积极作用也将不断增强，消极作用将能得到更有效的抑制。同时，随着我国民主化、科学化建设的推进，广播的实证性作用也将在实施新闻自由、舆论监督、构建社会主义和谐社会方面，发挥日益重要的作用。从这个意义上可以说，正视原态性特征、强调实证性特征、发展派生性特征，是广播传播方式通向未来的必由之路。

三、新闻传播活动的一般环路

新闻传播是一个有规律的新闻信息流动过程，这个过程包括一系列相互关联的中间环节，而传播者、新闻媒介和受众是其中不可缺少的主要环节。由新闻传播者通过新闻媒介源源不断地向受众传递新闻信息，构成了最简捷的新闻传播过程。

新闻传播过程大体上可以分为5个要素：新闻事实、新闻传播者、媒介、受众、反馈。

1. 新闻事实

所谓新闻事实，指的是记者经过调查采访，利用手中掌握到的各种证据，根据一定的逻辑规则，以新闻的语言还原出来的事实状态，它是可以作为新闻报道对象的自然和人类社会的新近变化。只有具有新闻传播价值的事实，才能够进入新闻传播的流程。对新闻事实的报道要做到及时、客观、准确，这样才能使得新闻传播过程能够顺畅运行。

2. 新闻传播者

新闻传播者又称信源，是传播行为的引发者。新闻传播的传播者即编辑、记者，是职业的新闻报道者，他们不仅要采集事实、选择事实、报道事实，还要解读事实。所以，要从信息的深度、广度上来满足受众对信息的期望值。作为新闻传播者，不仅要熟练地驾驭新闻报道的规律，熟练地驾驭这个媒介传播的规律，还要具备对自己所传播的内容和节目所需要的专业化背景和水平。新闻传播者只有具有相当的专业化水平，才能够制作出具有深度的新闻报道，才能够成为一个具有创新素质的新闻报道者。

3. 媒介

媒介又称传播渠道、信道或工具，是指介于传播者与受传者之间，用以负载、扩大、延伸、传递特定符号的物质实体。媒介是信息的搬运者，如邮政系统、电话系统、互联网络系统、大众传播系统等都是媒介。

4. 受众

在传播学概念中，受众是指一切大众传媒的接受对象，比如电视的观众、广播的听众、报纸的读者，是信息传播的终端或次终端。

5. 反馈

反馈指受传者对接收到的信息的反应或回应。体现了传播的双向性和互动性。新闻传播中的"新闻热线、读者来信、来电"等是反馈。听众的意见反馈形成受众反馈渠道机制，受众反馈渠道机制是优化新闻传播过程的一个重要环节。

传播的过程模式在传播史上第一位提出的是美国学者 H. 拉斯韦尔，其突出的贡献是发明了"拉斯韦尔程式"的过程模式，也被称为"五 W 模式"——who（谁）；says what（说了什么）；in which channel（通过什么渠道）；to whom（向谁说）；with what effect（取得什么效果）。将其转化成图表模式，就如图 1-2 所示：

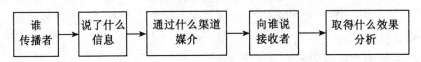

图 1-2　拉斯韦尔公式及其相应的传播过程基本要素

从拉斯韦尔的这一模式中可以看出：传播过程是一个目的性的行为过程，具有企图影响公众的目的。因此可以说，他所谓的传播过程是一种说服过程。他认为，对过程中的每个环节都可以进行独立的研究（见图 1-3）。拉斯韦尔的模式奠定了传播学研究的范围和基本内容。

新闻传播的信息流程，就是事实→新闻传播者→媒介和受众。而广播电视新闻直播中间的反馈机制，是优化广播电视新闻信息质量的一个非常大的优势。新闻事实、新闻传播者和受众，这三者之间不是一个单向的传播，而是通过反馈这样一个重要的环节，使这个流程成为一个流动的、生生不息的一个动态的信息优

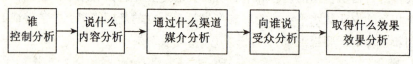

图 1-3　拉斯韦尔公式及其相应的传播研究领域

化过程，这也是信息传播所追求的一种理想模式。

第四节　新闻广播的传播特点

一、广播传播的优势

1. 传播迅速、信息量大

广播传播以电波为载体，电波的速度为每秒 30 万公里，相当于绕地球七圈半，传播者至收听者之间的时间差几乎等于零。广播的直播方式使得记者可以在新闻事件现场同步报道新闻事件的最新动态，电子媒介可以在突发性新闻事件发生时同步进行报道。在这一点上，广播甚至比电视还更为快捷。广播的直播极为方便，几乎不需要什么设备，不需要文字录入、排版、印刷、发行等环节。一旦有重大突发性事件发生，广播电台最容易在第一时间作出反应。2001 年 12 月，北京忽降大雪，冰雪封路，在交通几近瘫痪、交通报警台故障的情况下，北京交通台担负起了疏导交通、互传冰雪道路驾车经验的任务。同时，广播新闻的"滚动式"传播使其"快"的优势得到了充分发挥，人们可以在需要新闻时随时打开收音机。

2. 受众众多、覆盖面广

广播节目的收听不受听众文化程度的影响。受众对广播的接受不需要识字能力，因而广播能适应各种文化程度的受众。广播是面向全体人民的，从学龄前儿童到年逾古稀的老人，从文盲到专家学者，只要具备听觉能力，都可以成为广播的传播对象。仅以我国为例，据统计，文盲和半文盲有 2 亿多人，他们不可能或很少读书看报，但可以毫无障碍地听广播。同时，广播收听限制少，覆盖面广，由于广播可以通过中波、短波、调频、通信卫星或广播卫星等多种传输方式进行传播，一个国家或地区的节目通过无线电或卫星可以覆盖到比报纸大得多的人群。不管天南地北、高山海洋、平原沙漠、城市乡村、居室内外、田间地头，广播都能到达，目前广播是所有大众媒介中覆盖面最广、渗透性能最强的一种。

3. 伴随接收，动态收听

有人把广播称作"伴侣性"媒介，收听广播的唯一渠道是通过耳朵实现听觉传播功能。因此，听众收听广播节目，可以不受时间、地点、空间的限制和影响。同时，如今广播接收装置不断更新，各种轻便廉价的收音装置便于随身携带，这就使得听众无论是居家还是外出，无论是乘车还是走路，无论是休息还是干活，都可以收听广播。相比较而言，看报纸和电视则不能在这样随意的状态下进行。这种灵活、自由、不受限制的随意性和非专注性，使广播能渗透到社会生活的各个领域，适应现代生活的快节奏和现代人对密集资讯的需求。据美国某机构的数据显示：所有 18 岁以上的美国成人听众中，在汽车中听广播的比例达83.8%。从发展的观点看，广播的动态收听适应了社会变革需要。

4. 多媒体互动，参与性强

现在广播电台数量多、频道多，节目、栏目、话题设置多，同时，广播的参与方式灵活多样，包括写信、打电话、网络参与、手机短信参与等。广播记者获取信息后可以在第一时间传回直播间或编辑室，同时，听众可以通过电话或互联网与节目主持人沟通。因而最大程度地满足了听众的需求，也提供了广播节目信息量。中央人民广播电台关于伊拉克战争的直播报道《海湾零距离》的节目构成为：新闻+连线前方记者+专家分析+听众手机短信参与互动。节目播出 35 天，累计收到听众手机短信四万多条，不仅开发了广播媒介参与互动的潜质，也带来了较好的社会效益和经济效益。

5. 成本低廉，灵活便携

广播节目相对于电视、报纸和互联网，广播成本要低得多。业内人士估测，开办一个小型电台频率，投资 200 万元即可启动，并能做到当年赢利。从广播技术的发展来看，数字技术被广泛采用，广播技术的每一次更新都能带来广播传输、制作成本的降低和收听质量的提高。广大农村遍布有线广播网，城市家庭音响普及，现在的收音机灵活便携、价格低廉、便于接受，拓展了广播的生存空间。同时，制作广播节目所需的人力、设备以及工作人员的劳动时间比电视要少得多。受众通过广播获取同样多的信息，要比电视、报纸、互联网更便宜。

6. 声情并茂，感染力强

广播是声音传播，受众通过声音符号（包括各种音响及有声语言）接收信息。广播节目中来自播音员、主持人的声音，来自事件现场的各种背景声混合在一起，成为广播节目重要的组成部分，共同架构起广播节目的支柱。俗话说："闻其声如见其人。"声音具有很强的传真性和丰富的形象性，可以表达人们各种情感和气氛，如喜、怒、哀、乐。它比印刷媒介更能在情绪上感染人，使得听众能够从播音员、主持人的语音、语调中感知到单纯字面无法表达的内涵。

二、广播传播的劣势

1. 转瞬即逝、不易保存

广播为非实体传播，虽然不受空间等传递条件的限制，但它同时也带来了一些问题，如只能即时收听、不易保存，从而也不利于再传播。广播节目借助电子信号传输，转瞬即逝。受众稍不留神，就很有可能错过一些重要信息。对于报刊上文字提供的信息，如果一时没有看清楚、没看懂，可以停下来反复读、细琢磨，也可以留下来作资料，有时间随时可以再看。但广播却是一播而过，一时没听清、没听懂、没理解、没记住，也只好作罢。有些东西虽然听到了，却没有听清，又不可能重复收听，就可能在人际二次传播中出现以讹传讹，这些对传播效果的影响在所难免。另一方面，虽然如今录音技术和设备高度普及，但是磁带、MP3 等的保存需要特殊的技术保障，信息保存比报纸困难。

2. 听觉信息的不确定性

诉诸声音的广播通过播音员、主持人的语音、语调的变化可以传达出不同的信息含义。对于听众有效理解信息有着积极作用。但是，通过研究发现，人在信息传递中只有 7% 用语言，38% 用声调（高低、快慢、长短），其余 55% 靠表情。在失去了手势、表情等非语言手段的辅助后，单纯依靠词语、语音、语调、节奏等传达信息可能会产生偏差。同时，由于听众处于一种半接收状态，从无意注意到有意注意，稍不留意难免产生理解上的偏差和误解。

3. 线性传播、选择性差

音频信号是顺时连续传播，不宜选择接收，这是广播新闻与生俱来的时序性特质。相对来说，广播听众在收听节目时处于一种被动状态。听众可以选择收听哪个台的哪套节目，但不可以选择在哪一时间段收听什么样的节目。人们往往说报纸是个"面"，广播是条"线"，在收音机前，有时听众会感到受限制，缺乏选择的自由。广播节目按照时间顺序进行编排，哪一天、哪一时段、何种节目都是事先安排好的，受众只能适应这种安排，而不能够按照自己希望的那样在自己方便的时间接收节目。这一点是不以人们的意志为转移的，除了在认识和适应这一特征的前提下设法消除它的弱点，别无其他选择。

第五节 新闻广播的属性与功能

一、新闻广播的三重属性

广播作为一种大众媒体，具有三重属性，即：政治属性、经济属性和公共属性。这三重属性体现着广播电视业所固有的性质、特征。政治属性指的是广播必须坚持党性原则，牢牢把握正确舆论导向，以正面宣传为主。必须坚持党和政府的领导，坚持意识形态的导向性。在政治上，广播要及时宣传党的方针、路线、政策，实现广播在意识形态方面的宣传、引导、调解、沟通功能。经济属性指的是广播是一个在市场经济中可以赢利的产业。公共属性指的是广播的频谱资源属于公共资源、公共财产。"电波稀缺论"认为，广播所使用的电波在物理意义上是稀缺的资源，属于公共性资产，技术上不允许无限制地开发和使用。

广播的这三重属性的区别在于是否以营利为目的，资金来源是财政还是市场。广播的经济属性是以营利为目的，追求的是经济效益，而广播的公共属性是不以营利为目的，它是公益性的，追求社会效益。"公共服务"的理念意味着广播为全体人民服务，提供公平、均衡、优良的传播内容。公共广播为社会的不同群体提供交流信息、发表意见与建议的公共空间，以促进社会民主与廉政建设。广播媒体是社会公器，是社会的"良心"，不是谁有钱谁就能"御用"的，要把坚持正确导向放在新闻宣传工作的首位，把提高舆论引导能力放在突出位置。

二、新闻广播的功能

我们对广播功能的看法，也必须由单一的功能向多功能转变。现在，不仅要发挥广播的信息功能，还要注意发挥以下的功能：

服务功能 各电台从听众生活出发，设置的有关医疗、交通、气象、股票、谈心、征婚、祝福、友谊、点歌、咨询、求职、交友、家庭、饮食、文化等方面的节目，都是立足于为群众排忧解难、释疑解惑，或"雪中送炭"或"锦上添花"，听众需要哪方面的服务，就开办哪方面的节目。

监督功能 怎样搞好新闻舆论监督，是新闻界都在努力探索的问题。将"热线电话"引入电台使广播在舆论监督上迈出了新的一步，从"市民与消费投诉"、"社会论坛"等节目的播出效果看，广播的监督功能已为听众所公认。

教育功能 面对新的形势，广播的教育功能不再是通过单向灌输实现的，而是通过双向交流、平等谈心、寓理于情和自我教育实现的。例如：有的听众绝望轻生，有的家庭不和，有的人际关系紧张，当他们把这些烦恼事在夜深人静时向电台主持人倾诉，通过主持人和嘉宾的动之以情、晓之以理，拨开了他们眼前的迷雾，使他们看到了温暖的阳光，又重新尝到了生活的甘甜。

娱乐功能 现在，许多电台在文艺节目里，已不再是单纯地播录音带了，而是把节目办成"空中娱乐场"。广播提供的娱乐主要是音乐，音乐的韵律和节奏能给人听觉以极大的快感。广播技术从调幅广播发展到调频广播，又发展出双声道广播，这一切的努力，目的都在于满足人们的听觉要求。除了音乐外，广播小说、评书、戏曲等，以及配乐广播、录音评论、连线直播、现场直播等新闻广播，也是人们喜闻乐见的。

除了以上功能之外，广播还具有传播知识的功能、促进经济发展的功能、传播新闻的功能、组织宣传影响舆论的功能，等等。这都是广播所承担的社会功能。广播的社会功能与听众的物质需要和精神需要都有密切的关系，而广播电台的"产品"——节目，是根据听众的需要来制作的。了解广播的社会功能，才能为设置节目找到起点。

第二章　广播新闻事业的发展历程

　　什么叫"事业"？就是指人所从事的具有一定目标、规模和系统而对社会发展有影响的经常活动。什么叫"广播新闻事业"？就是指人们所经常所从事的具有独立机构、专业人员、传播覆盖范围而对社会发展有影响的新闻传播活动。广播新闻事业兴起的最直接、最根本的动因是社会生活的需要，是当时社会经济、政治和思想诸方面的需要。

　　就世界范围内来讲，20世纪20年代是广播事业的开创时期，至30年代广播事业蓬勃兴盛。目前，在全世界164个独立国家和地区中，几乎都有无线广播电台，多数国家使用中波、短波、调频等波段，播出两套以上的广播节目。全世界收音机数量达17亿多台，即全世界人口平均为每3人1台。

　　就中国范围来讲，1923年，外国人首先在上海办起了广播电台。1926年，中国人在哈尔滨办起了一座广播电台。北洋政府之后，中国的广播事业呈现"三足鼎立"之势，即民办商业广播、国民政府的广播事业、共产党的人民广播事业。中华人民共和国成立后，中国广播事业的发展经历了一个曲折的过程，大致可以分为三个时期："文化大革命"前17年、"文化大革命"时期和改革开放新时期。

第一节　中国广播新闻事业

一、中华人民共和国成立前的广播事业

1. 北洋政府时期的广播事业

　　我国境内的第一批广播电台出现于20世纪20年代初，与早期的近代报刊、通讯社一样，是由外国人创办的。1922年12月，美国工程师、商人E. G. 奥斯邦在上海创办中国无线电公司，并与英文《大陆报》报馆合作，由一位旅日华侨曾某出资，开办了"《大陆报》——中国无线电公司广播电台"，呼号为XRO，发射功率为50瓦，于1923年1月23日晚首次播音。这是我国境内开设

的第一座广播电台。

早期外国人在上海开办的电台中影响较大、时间较长的是 1924 年 5 月开始播音的美商开洛电话材料公司所办的电台。开洛公司广播电台与《申报》合作，在报馆安装播音室以报告新闻，播音持续了 4 年之久（1929 年 10 月停播），之所以能持续四年之久，原因一是当时北洋政府改变了严厉取缔无线电广播的法令，二是该台的节目深受听众喜爱。外国人在上海接二连三地办电台，人们对收听广播的兴趣与日俱增，当时广播被称为"空中佳音"。

中国人自办的第一座广播电台是由哈尔滨人刘瀚在奉系军阀当局的支持下，于 1926 年 10 月所创办的哈尔滨广播无线电台，呼号为 XOH，发射功率为 100 瓦，后扩大为 1000 瓦。广播内容有新闻、音乐、演讲、物价报告等，每天播出 2 小时。次年 5 月 2 日开播的交通部天津广播无线电台是我国第一座政府电台，由北洋政府主办。北洋军阀统治时期的中国广播业已经粗具规模，共有十来座广播电台，发射功率一般较小，收听范围只限于广播电台所在的城市及其周围地区。当时没有一个全国性的广播电台，全国大约有收音机一万台。

2. 民办商业广播

早期中国人自办的广播电台除官办以外，在 20 年代后期还出现了民办电台。1927 年 3 月，上海新新公司为推销自造的矿石收音机，开办了一座设备相当简陋的电台，发射功率仅为 50 瓦，主要播送唱片，并转播游艺场的南方戏曲，这是我国第一家私营广播电台。

3. 国民政府的广播事业

1928 年 8 月 1 日，"中国国民党中央执行委员会广播无线电台"，简称"中央广播电台"，在南京开始播音，呼号为 XKM（后改为 XGZ），发射功率为 500 瓦。这是国民党当局继中央通讯社、中央日报社之后创办的第三个中央宣传机构。该台所有的新闻稿都由中央通讯社提供，内容包括演讲和新闻，并统一播发所有国民党中央重要决议、宣传大纲、通令通告等。然而由于发射功率较小，收听效果欠佳，许多地方很难听到。1932 年 11 月 12 日，国民政府在南京新建的中央广播电台正式开播，发射功率高达 75 千瓦，呼号改为 XGOA，它是当时亚洲发射电力最强的广播电台。继"中央台"之后，国民党在全国一些主要城市和地方建立起一批地方广播电台，截至 1937 年 6 月，国民党办的广播电台共有 23 座，全国收音机总数约有 20 万台。

1937 年"七七事变"后，抗日战争全面爆发。国民党的广播事业在抗战初期遭受严重挫折，各地广播电台部分落入日寇手中，部分则离开城市迁往边远地区。到 1938 年底，国民党的广播电台仅存 6～7 座。

进入抗战相持阶段后，在英美的援助下，国民党的广播事业有所恢复。1939年2月6日在重庆建成"中央短波广播电台"，1949年1月5日更名为"中国国际广播电台"，英文名称定为"Voice of China"（中国之声，VOC）。该台使用美、德、法、西班牙、俄、日、泰等多种外语以及汉语普通话、粤语等，向欧洲、北美、东南亚、苏联、日本和我国东北、华南等地区播音，每日播音时间长达10小时。

除官办电台外，这一时期还出现了一批教育性、商业性、宗教性的民办私营电台，播音内容主要包括文化教育、戏曲娱乐以及宣扬宗教教义。

国民党在大陆统治末期的广播事业受到政治、经济危机的严重影响，1949年4月23日，人民解放军攻占南京，国民党的中央广播电台停止播音。

4. 共产党的人民广播事业

中国共产党领导下的人民广播事业创始于延安。1940年12月30日，第一座人民广播电台"延安新华广播电台"建成开播，呼号为XNCR。由于设备简陋，早期的广播断断续续，播出效果极不稳定，收听范围也很有限，试播两年之后就停播了。抗日战争胜利以后，延安新华广播电台恢复播出。然而在接下来的国共内战中，电台又经历了数次转移，后更名为"陕北新华广播电台"。1949年3月，它随解放军进入北平，又更名为"北平新华广播电台"，同年12月5日，北平新华广播电台第一台正式定名为"中央人民广播电台"，第二台改名为"北京市人民广播电台"。

1941年12月3日，延安新华广播电台开办日语广播，这是我国人民对外广播事业的开端。1947年9月11日，陕北新华广播电台开始英语播音。

二、中华人民共和国成立后的广播事业

1. 中华人民共和国成立后的对内广播事业

我国人民广播事业对国内的无线广播系统是由中央人民广播电台和各级地方广播电台共同组成的。1949—1956年是广播事业的大发展时期，完成了对旧中国遗留下来的34座私营广播电台的社会主义改造，在全国各省、自治区、直辖市和一部分省辖市（指直接接受省政府领导和管理的市，在改革开放之后改称为"地级市"——作者注）继续建设广播电台，并集中力量建设中央人民广播电台，逐步增强发射功率、改进收听效果，发展农村有线广播，培养了一大批广播新闻和广播技术人才。到1960年年底，全国无线广播发射总功率达17462千瓦，广播电台恢复到78座。

"文革"十年，广播新闻事业遭受严重摧残，林彪、"四人帮"为了控制舆论，责令地方电台全部转播中央电台节目，颠倒黑白、混淆是非，严重损害了广播在群众中的声誉。这段时期的对内广播事业发展极不平衡，中央广播有一定发展，地方无线广播完全陷入停滞状态，中小城市和农村的有线广播得到较大发展。

自20世纪80年代以来，我国广播电视积极投入改革创新，从内容到形式都发生了许多可喜的变化。一是"新、快、短、活"成为广播新闻报道的重要原则，能够发挥广播特点的自采性录音报道大量增多。二是新闻评论节目迅速崛起。1979年4月，中央人民广播电台恢复了广播新闻评论，此后，地方电台和国际电台都相继组建了评论队伍。三是广播电视主持人开始以个人身份和个性风格出现于广播电视节目中，与听众亲切交谈、平等交流。当时广播界崭露头角的著名主播是"北徐南李"，即中央人民广播电台《空中之友》栏目主持人徐曼和广东人民广播电台《大众信箱》的主持人李一萍。

1983年，第十一次全国广播电视工作会议在北京召开，确定了"四级办广播，四级办电视，四级混合覆盖"的对内广播网发展方针。广播电台建设在中央、省、地、县四级迅速展开，电台数量大幅增加。1980年，全国有广播电台106座。1985年年底发展到213座，增加了一倍。一个遍布全国、从中央到地方、无线与有线相结合的广播传播网基本形成。

1985年中央人民广播电台新办的《午间半小时》、《今晚八点半》两个节目，带动了一批集新闻性、服务性、知识性于一体的综合板块节目的开播，使电台专题节目焕然一新，一批名牌栏目脱颖而出。1986年12月15日，珠江经济广播电台正式开播，并迅速以广播内容综合化、节目设置板块化、栏目主持固定化、栏目播出直播化、开通社会热线、鼓励社会参与等特点赢得了大量听众。这是我国第一个专业经济广播电台，它改变了中国广播长期以来只在四级纵向发展的局面，开拓了横向发展的新空间，同时拓展了广播媒介的社会功能。"珠江模式"的诞生推动了新闻广播的结构性改革，为我国广播事业注入了新的活力，树立了改革榜样，使广播改革从节目单项改革进入板块式整体改革阶段。

1992年10月28日，秉承以信息性适应时代、以服务性争取市场、以参与性赢得听众、以明星主持为标志的节目宗旨，上海东方广播电台开始播音。上海东方广播电台大胆进行体制改革，率先实行并运转的双台体制，引入竞争机制；在经济上，实行独立核算、自负盈亏，以广告作为收入来源；采用公开招聘、双向选择的用人机制；开创新的节目形式，着力开拓直播节目，并大力开展社会活动。上海"东广"的运作模式在当时成为典范，上海东方广播电台开播后不久立即形成一股强大的电台"冲击波"，商店里的便携式收音机销量扶摇直上，一种全新的都市文化现象悄然兴起。在上海"东广"的带动下，各地纷纷建立专业台、系列台，形成全国范围的第二次"广播热"。

从2000年开始，伴随着我国城市发展和汽车时代的来临，北京交通广播电台异军突起，掀起了新世纪我国广播发展的新高潮。北京交通台隶属于北京人民广播电台，成立于1993年12月18日，与北京市公安交通管理局合办，是北京人民广播电台7个系列台之一。北京交通台的节目设置以交通新闻和路况信息为龙头，辅以服务性和娱乐欣赏性节目，及时、全面地宣传交通政策、法规；报道交通新闻，传播交通信息，服务疏导交通，提供交通专业知识和服务。北京交通广播电台在北京交通管理局交通指挥中心大厅设立了直播间，随时在节目中插播重要路况信息、突发事故和处理进展情况，疏导城市交通。同时，电台率先在节目中开通手机短信互动，听众可以利用短信报告路况，讲述出行见闻，可以通过短信问路、修车，甚至找加油站等，为听众提供贴身及娱乐服务。经过多年探索实践，北京交通台打造出许多名牌栏目，如《一路畅通》、《欢乐正前方》等，也推出了一些品牌主持人，赢得了广大听众、特别是深受司机和"有车族"朋友们的喜爱。在流动群体中，北京交通台以84.7%的高收听率占绝对优势，被群众誉为"出门离不开的伴侣"。巨大的市场份额使电台的广告收入连创历史新高。从2000年起，北京交通台连续三年创下全国广播电台单频率广告收入第一的骄人业绩，尤其是2002年，其广告收入突破1亿元，撑起北京电台全台广告收入的半壁江山，成为目前全国收听率最高、经济效益最好的城市广播电台之一。

2003年是广电总局确定的"广播发展年"。这一年，全国新增34个专业性广播频率，广播覆盖率达93.56%，广播广告额达25.57亿元。

2. 中华人民共和国成立后的对外广播事业

中华人民共和国成立以后，为促进对外广播的发展，1950年4月10日，中央广播事业局成立国际广播编辑部，同一天用"北京电台"（Radio Peking，后改为Radio Beijing）的新呼号开始播音。到1965年年底，对外广播语言达27种，每天累计播音100多个小时，覆盖面包括亚洲、欧洲、非洲、拉丁美洲、北美洲、大洋洲的大部分地区。当时，中国对外广播的规模、语种和播音时数，仅次于前苏联和美国，位居世界第三。

1978年5月，中国对外广播机构改名为"中华人民共和国国际广播电台"（China Radio International，简称CRI）。到1984年年底，国际广播电台已经使用38种外语、汉语普通话和4种方言，共43种语言对世界各地广播，每天播音总时数为144小时30分。之后，国际台又陆续开办了面向在华外国人的英语、法语、日语、西班牙语、德语节目。为加强国际时事的报道，中国国际广播电台还在世界各地和香港、澳门地区建立了 27 个记者站。

进入 20 世纪 90 年代中期，中国人民对外广播事业又有了新的发展。1997年 5 月，采用世界最新数字广播技术的中国国际广播电台新大楼正式投入使用，节目传送实现数字化，节目制作也于 1998 年全部实现数字化。此外，国际电台各语种节目也被送上卫星，连同与国外电台开展的互转、租机、传送、寄送节目等合作，我国对外广播基本实现全球覆盖。①

第二节　广播改革的两次高潮

今天，各种现代化传媒竞争日益激烈。广播电台如何在竞争中搞好改革，在广大受众的心头占有一席之地？研究一下改革开放以来广播出现的两次高潮，可为探讨这一问题提供一些参考。

广播改革的第一次高潮出现在 1986 年 12 月，这次高潮是由广东珠江台掀起的。它以灵活机动的"大板块"编排，"短、密、快"的新闻，大众化的社教节目，"近距离，低音调，一对一，生活化"的播音风格一下子把不少听众收音机上的旋钮，从香港台转到了珠江台，平均每天来信 2000 封以上，一个值班编辑每 8 小时平均要接 200 多个电话。

"珠江台热"迅速波及全国。宜昌人民广播电台学习珠江台的经验，在 1988年 8 月 7 日推出了"星期天特别节目"，令人耳目一新。《中国广播报》在 10 月12 日头版头条以《快、活、近——记宜昌台〈星期天特别节目〉》为题，报道了该节目受欢迎的情况。随后，湖北人民广播电台等台也相继推出了"星期天特别节目"，并有后来居上之势。广播电台的广播节目板块式的编排、直播、热线电话等传播方式，很快在全国遍地开花。这次高潮把广播改革大大向前推进了一步。

广播改革的第二次高潮出现在 1992 年 10 月，这次高潮是由上海东方广播电台掀起的。它以全天 24 小时的直播，推出"东方大哥大"、"今日新话题"、"夜鹰热线"、"飞越太平洋"、"东方大世界"等一批有鲜明特色的节目。开播仅一个月，就在上海掀起了"满城皆说东方台"的热浪。

如果说广播的第一个高潮，还只是在广播界震荡，那么，这第二个高潮，则波及整个新闻界，引起了新闻界的震荡。毫无疑问，这第二个广播高潮，不仅对

① 参见吴玉玲：《广播电视概论》，中国传媒大学出版社 2007 年版，第 40~44 页。

广播界的改革是个强大的推动力，对整个新闻界的改革也起到了促进作用。

广播的这两次高潮，再次向我们提示：广播的潜力大得很，广播不是无所作为，而是大有可为！

一、传播内容、传播方式和传播者方面的改革

这两次广播高潮之所以能掀起来，主要是在传播内容、传播方式和传播者方面作了如下的种种改革。

1. 从录播到直播

录播有它的优点，但不管哪家电台，哪个节目，一律几十年一贯制的录播，显得呆板，采、编、审、录、播，操作环节多，运转慢，不能充分发挥广播快的优势。直播集采、编、审、播于一身，提高了广播的时效，方便灵活编排节目；对话式的播音方式，更加贴近群众。

2. 从"静"到"动"

录播新闻，一天固定几次，没有变化。改革后的广播新闻，实行"滚动式"播出，有新闻出现，及时插播、更换旧新闻，对重大新闻可作进行式的连续报道。如上海市 1992 年 12 月 7 日出现大雾，东方广播电台及时对大雾情况作了连续报道。报道是变动的，由此现场报道和新闻事实是同步进行的。

3. 从单向到双向

过去广播，信息是单向流动的，播后听众反映如何，当时无法得知。当热线电话进入广播后，单向流动变成了双向流动，电台随时可了解听众的需要和反应，能及时根据听众的需要调整信息，提高了传播的针对性，增强了宣传效果。

4. 从封闭到开放

过去电台的播音室，除播音员外，其他人员不得随便涉足。主持人成为主要传播者以后，常常请嘉宾、有关领导和听众到播音室，和主持人一起与广大听众谈天说地。陕西经济台每天要请十几位听众和各界人士到播音室，既论天下大事，又议身边小事。开播以来，已有 6000 多位听众被请进播音室，使电台和听众贴得更近了。

5. 从十几个小时到全天播出

全天 24 小时，有人工作就有人休息。听众在 24 小时内，也有不同的需求。但过去在深夜或零点，电台都休息了，有部分听众的特殊需求就无法满足。

现在，东方广播电台、北京音乐台和杭州"西湖之声"等电台，都是全天24 小时播出，成为"永不消逝的电波"。如东方台的"相伴到黎明"、"西湖之声"、"孤山夜话"等播音节目，受到不眠者的交口称赞。

6. 从传播信息到全面服务

浏览一下各电台的栏目设置就会看到，它已不再是单纯传播信息，而是全方位地为听众服务。除以往的新闻和文艺节目以外，有心理咨询的"倾心夜静时"（佛山台）、情感诉说的"今夜不寂寞"（湖北台）、咨询医疗的"空中诊所"（常州台）、指导消费的"空中导购"（宜昌台）、法律咨询的"王律师事务所"（南宁台）、问题投诉的"健康消费热线电话"（安徽台）、交通安全的"红绿灯"（宜昌台）、社会沟通的"社会论谈"（广东台）、释疑解惑的"今周话题"（湛江台）、家庭生活的"家庭奏鸣曲"（深圳台）、关心股民的"每周股市纵横谈"（深圳台）、综合反映听众需求的"午间直播室"（宜昌台）……凡是群众在学习、工作、生活、娱乐、情感等方面的需求，都可从电台得到满足。

7. 从上情下达到下情上达、上下沟通

现在城市广播电台不仅及时把党的路线、方针、政策传达下去，还能及时把群众的呼声、需求反映上来，努力做到上下沟通。

上海台的"市民与社会"节目自开办以来，时任上海市市长的黄菊同志和其他几位副市长，先后到直播室与听众直接交谈。听众称这个节目"在听众与领导之间架起了一座相互沟通、相互理解的金桥"。

时任中共中央政治局委员、中宣部部长丁关根在沪视察工作时，对"市民与社会"充分肯定，回北京后，还把这一节目作为新闻改革的突破性尝试，向《人民日报》和首都新闻界的负责同志推荐。北京台的"星期三热线办公"、常州台的"公仆专线"、辽宁台的"午间热线办公"等节目，都在沟通方面做出了成绩，受到上下好评。

8. 从综合台到系列台

为了充分满足听众多方面的需求，有条件的地方，已开办了新闻台、经济台、音乐台、儿童台、证券台，这些系列台的开播，不仅拓宽了传播的广度，也增强了传播的深度。

9. 从"广"播到"窄"播

上海台的"今晚没约会"是一个谈话型节目，它不求拥有所有听众，只希望抓住那些有一定水准的一代年轻人群。这个节目被年轻知识分子称为"一个能真正抚摸我心的朋友"。听众的年龄、文化、经历各有不同，每个节目都要求适应所有的听众，这是不可能的。既要注意共性，也要注意个性，既要照顾一般，也要照顾特殊。每个台有一二十个节目，每个节目能有部分听众，从一个节目看是"窄"的，从整个电台看，它又是"广"的。

10. 从台内到台外

1993 年 3 月，珠江台将常规直播节目直接设于公共场所——广州南方大厦百货商店，直接介入社会生活，让千万名消费者享受"嘉宾"的听众礼遇，商店当天的零售量创一周最高纪录，宜昌台也曾把话筒架到八一钢厂和通达商场，得到企业和听众的赞许。

11. 从国内到国外

东方台的"飞越太平洋"是一档国际性直播节目，由东方台和美国洛杉矶美加华语广播电台的节目主持人共同主持、同步播出，目的是沟通大洋两岸华人同胞的联系，增进彼此的了解。两地听众反映这个节目为他们建起了一条充满真情与爱心的"友情双通道"。

二、思想观念上的种种转变

思想支配行动，广播两次高潮中的种种改革主要来自思想观念上的种种转变。这两次高潮带来的主要转变是：对广播地位的认识，由长期计划经济体制形成的观念向市场经济体制观念转变。

以前播出什么节目，也像过去的工厂生产品一样，只管生产，不管爱听不爱听，反正是"我播你听"，当时，还没有什么危机感。随着经济的发展，特别是向市场经济转变以后，无线电视、有线电视、各种报刊日益增多，而且所有新闻媒介的发展，都不是伸手向国家要钱，主要靠自己创收。这样，争夺受众市场的竞争就必然在各新闻媒介之间激烈地展开。广播要在争取受众的竞争中立于不败之地，需要摆正电台和听众的关系，做到"知己知彼"。

"知己"——要看到广播不仅是传播媒介，也是文化信息产业；不仅是宣传单位，也是经营单位；不仅是党和政府的喉舌，也是为听众服务的工具。

"知彼"——要看到听众不仅是宣传对象，更是服务对象；不仅要求"听"，更要求参与"播"；不光满足于听节目，还有强烈的自娱自乐的欲望；不仅要求了解多方面的信息，还要求渴望在思想感情上有个交流场所等。有了这些观念上的转变，正确认识电台所处的地位，才会自觉地把立足点从"我播你听"转移到"你听我播"上来。

另外，对广播规律的遵循，由不自觉向自觉转变。

一是特别重视听众的需求，听众需要什么就播什么。珠江台、东方台信息量大，又注意巧安排，而且注重了解听众对新闻的要求；不仅做到真、快、活、强，还做到新、实、奇、多、美，所以取得了巨大的成绩，收到了良好的经济效益与社会效益。

　　二是尊重听众的收听习惯。对听众进行 24 小时认真分析，听众何时便于听新闻，何时便于听服务节目，何时便于参加娱乐，何时便于谈心，都要详细了解，而且还要考虑不同听众的忙闲时间，科学地安排节目，力求方便听众收听。

　　三是不断满足听众的求新欲望。求新是听众永恒的要求，因而节目的内容不可能"万岁"。要随着形势的发展，适应听众口味的变换，不断调整节目内容。东方台在节目设置上，有个指导思想：不搞"永不凋谢的鲜花"，提倡多开"月季花"，力争常办常新，这个指导思想是符合广播规律的。①

第三节　新媒体生态下的中国广播

　　今天，随着高科技的发展，特别是互联网的普及和新媒体的出现，使得中国城市广播面临着前所未有的危机和挑战，出现了听众锐减、广告稀少、资源短缺的现象。与此同时，中国经济持续高速发展，人民生活水平步入小康，城市化空间扩展，购车族的不断增加，我国广播电视管理的制度创新，又给城市广播的发展带来了新机遇。拥有 13 亿人口、3.4 亿家庭和超过 1000 家电台的中国大陆，已成为仅次于美国的全球第二大广播市场，中国广播正在迎来第二个春天。

　　本节力求对新媒体生态下的中国广播进行分析，探讨中国城市广播市场化运作中的新问题以及未来发展的新机遇；并对中国城市广播的市场化运作进行研究；探索广播事业与广播产业的新发展；最后对中国广播的市场化运作、新媒体发展战略提出对策。

一、城市广播市场化运作的新问题

1. 新媒体冲击广播市场

　　随着高科技的发展，特别是因特网在全球范围内的飞速发展和新媒体的出现，使中国城市广播面临着前所未有的危机和挑战。根据中国互联网络信息中心统计，截至 2008 年 12 月 31 日，中国网民规模达到 2.98 亿人，其中宽带上网用户 9700 万户。按照信息产业部"十一五"规划，到 2010 年，我国互联网网民数有望达到 3 亿。互联网的交互性、娱乐性、时效性对于传统媒体产生了很大的冲击，也吸引着越来越多的受众，许多年轻人以"从来不听广播"而炫耀。互联网连年高速发展加剧了媒体业界的竞争，它的扩展意味着其他媒体"蛋糕"的相对缩小。面对网络、手机等新媒体的迅速发展和挑战，就连处于传媒霸主地

---

　　① 参见陆先荣：《从广播的两次高潮看广播的改革趋势》，载《中国广播》1995 年第 3 期。

位的电视业也感到了危机,并同时把广播逼到更狭小更难以作为的空间里。

根据信息产业部统计数据显示,截至 2006 年,中国移动电话用户数已经达到 4.3 亿,中国博客数量已达 1750 万,并以每天十多万的速度增长。①

目前,智能手机已经可以实现 PC 机上的一切功能,随着 3G 时代的提前到来,CDMA、GPRS、EGPRS 网络的不断完善,人机界面更加人性化,手机必将逐步成为个人无线信息终端。

声情并茂是电视节目和网络媒体打压广播的最大利器,"人类接受信息 80% 以上来自画面"。因此,在广播业内,很多人相信既然只有 20% 的信息来自声音,那么广告客户流向电视就是必然趋势②。

据国家工商管理总局统计数据显示,2006 年广播广告收入为 47 亿元,比上年增长了 18%,占全国广告市场的 3.37%,③ 位于电视、报纸两大媒体之后,仅略高于杂志媒体。由此可见,广播媒体的广告市场份额依然很小,还有很大的上升潜力和空间。在媒体竞争博弈和整合并存的今天,广播尤其是广播传媒,受到了其他新生媒体的威胁和分流受众的竞争压力。

2. 作坊式经营阻碍广播发展

1)广播低投入低产出,处于相对不对称竞争状态

在广播业的经营管理中,仍存在着保守的、不思变革和进取的思想观念。有的电台至今在许多方面仍保留着小农作坊式经营模式,在机制、制度、设备、资金投入使用上,都能见到这种现象。现代广播作为一种依靠高科技装备和高素质人才才能有效高速运转的电子传媒,资金投入往往需要非常之大,投入少就会成为发展的障碍。因此,广播行业面临着严峻的体制改革和创新。

近年来,广播收听率调查和广播广告检测的市场需求已经有了较大的提高。但是在全国一千多家电台中,开展广播收听率调查的电台仍不过 1/10。④ 可见,无论在市场、在调查范围还是深度方面,都有很大的不足。这就在面对客户的时候,电台缺乏数据的支持,也就缺乏了准确有效的广播广告投放和广播价格报价的参考依据,不利于拓展广播广告市场。

2)广播广告经营机制滞后

(1)营销手段盲目。由于缺乏收听率数据,"高报价,低折扣"成了广播媒

---

① 参见中国互联网络信息中心(CNNIC):《2006 中国博客调查报告》,2006 年 8 月。

② 参见闫海生:《广播广告:2006 又是春天?》,载《中国广播影视》2006 年第 3 期。

③ 参见丁俊杰、黄升民:《2006 年中国广播产业服务》,中国传媒大学出版社 2007 年版,第 3 页。

④ 参见黄彩虹:《广播广告持续发展探析》,载《媒介方法》2006 年第 1 期。

体的广告"促销"方法之一。这使得广播广告收入降低，广播广告市场也受到限制，不利于广播媒体的循环发展。

（2）广播广告代理制尚未成熟。广播广告代理制尽管在电台广告经营中取得了不错的成效，但推广代理制的推广仍存在困难。代理公司的规模和能力有限，代理行为的混乱等弊端，都有待于在广播发展中不断加以解决。

（3）广播资源有待整合。广播广告的整合主要指两方面：一是广告节目的整合；二是客户服务的整合。在广告节目方面需要科学设置与配合；在客户服务方面，要为客户进行科学的广告策划，合理制作广告创意，有效地投放广告。

3. 广播专业频道不专

广播已进入窄播时代。数量众多的小众广播，可以更好地满足听众的多元需求，是"窄播"时代电台的理想类型。目前，国内大多数经济广播基本上都在走一种"大众化"道路，即以小众"窄播"的名义进行着大众"广播"，其听众类型并未如先前渴望的那样细分为目标受众。以湖北省几家电台的节目设置为例，如"楚天交通体育频率"将交通与体育频率合二为一；楚天音乐台全天的节目中有将近一半的节目内容与"音乐"无关。除了"音乐"类节目外，其余广播时间则被"疯狂不打折"等娱乐节目填满。节目内容与栏目名称中，找不到多少"音乐广播"的痕迹。再来看"楚天新闻台"，除了转播中央人民广播电台《新闻和报纸摘要》和每天一次的"新闻半小时"之外，其余广播时间被大量的健康、娱乐类节目所挤占。这类经济广播面对的是大众而不是小众，很难为其找到一个清晰的受众群，没有发挥个性化经营服务，节目也就很难成功。

4. 人力资源管理滞后

广播的竞争归根到底是人才的竞争，特别是在新形势下，广播要加快发展，人才显得十分重要。目前，广播人才面临新的问题：广播人才结构不能适应产业化、集团化发展需要，人力资源存在结构性缺失以及管理模式的陈旧。

（1）管理观念滞后，缺乏现代人力资源管理理念。长期以来，由于对广播电视从业人员采取行政命令式管理，重身份、档案、级别，采取的是一种标签式管理，以及长期行政事业单位管理模式的影响，使得我国广播电台不少主管领导人力资源管理观念淡薄，官本位思想严重，缺乏现代化高效率的管理知识，广播电台机构臃肿、职责不明确、人浮于事，严重制约着从业人员能动性和创造性的发挥。

（2）人才结构不合理，尤其缺乏经营管理人才。目前，我国广电系统专业技术人员与管理人员比例大致为 8：2。经济管理和科研类专业技术人员偏少，这两类人员仅占 5.6%。此外，经营管理人才缺乏，复合型人才不足，策划人员偏少，也是人力资源滞后的重要表现。

随着市场经济的发展，广播电台在负担宣传任务的同时，也必须承担经营任务；管理人才既要把好政治关，又要搞活经营，进行经营管理。在这种情况下，作为广播电台的管理者，只懂宣传业务，不懂经营是不称职的。从这个意义上说，广播电台缺乏人才，尤其是缺乏经营管理人才。

策划在广播节目中越来越重要，它不仅是精品节目创作的重要一环，也是提高收听率的重要一环。但是，目前广播策划人员相当缺乏，具有超前意识和敏锐触觉与具备挖掘和形成有关主体或节目的社会效益和市场潜在的能力，把握整个节目制作的全过程，确保节目水准及受众群定位的复合型的专业策划人才，更是凤毛麟角。

（3）专业人才教育与市场实际需求脱节。随着改革的不断深化，对广播人才的知识水平、业务技能提出了新的需求。传统高等教育培养的是记者、编辑，而现代传媒的产业化对于人才的需求，已不是传统的新闻人才，而是具有整合传播能力的传媒人才。他（她）们既需要有高水平的专业能力，又要有一定的媒介素养；既可以胜任多种媒体，又能同时为多种媒体提供信息支持。

5. 广播市场化运作束缚重重

我国传媒产业的体制处于转型期，既不是彻底的产业化，也不是原来的事业化。"事业单位、企业经营"的双重定位，混合了公共和商业两种功能和属性。在欧洲很多国家实行"双轨制"，即公共广播和商业广播，而中国广播的所有制形式和经营模式，都没能把公共和商业有效分离，以致定位模糊，角色错位现象严重。

二、城市广播发展的新机遇

截至 2007 年 5 月，中国城镇总人口已达 5.77 亿人，城镇化水平提高到43.9%，这为城市广播的发展创造了条件。随着新媒体的发展，也给广播带来了新的机遇。广播所需付出的费用近乎为零，收音机设备轻巧，也使广播容易普及，具有吸引力。广播与平面媒体、网络等其他多数媒体，都具有辅助功能而非替代性质，因此，广播比许多媒体有更多、更大的生存发展空间。

城市发展，城市人口剧增，购车族增加，广播新媒体整合等有利条件为中国广播赢来了新的发展机遇。

广播媒体是非视觉性媒体，这对需要解放眼睛的听众——年轻白领、学生以及老年人有很大的吸引力。调查结果显示，收听广播的听众分别有约 20% 和15% 是老年听众和学生听众。

老年听众群：相当多的老年人是广播的忠实听众，约占整个听众群的20%。他们中大部分都是离退休人员，虽然收入比较低，但仍具备一定的消费能力，特别是某些精神领域产品的消费能力。

学生听众群：学生是广播听众的重要组成部分，大约占整个听众群的15%。他们中在校大学生占较大份额，这一群体的文化程度较高，虽然他们没有固定的收入，但来自家庭较强的经济支持，他们必将是未来文化产品的消费主力军。

最近几年，新出现了两个听众群体：白领听众群和私家车车主听众群。这两个听众群的出现，令广播听众的含金量，即听众的市场价值大大提升。因为白领人士和私车车主阶层的购买力和消费能力，是任何一个商家，包括广告主和广告公司都不会忽视的。

"移动人群引爆了广播媒体"——中国传媒大学广告学院黄升民教授如此断言。这里提到的"移动人群"包括出租车司机、乘客、私家车车主。在中国大中型城市中，交通拥堵是常态。北京交管局人士说："北京95%的道路处于饱和与超饱和状态，一天有16个小时是高峰。"交通拥堵在影响社会经济效益的同时，却产生了"堵车经济"，即如何有效地在堵车时间，吸引司机和乘客的注意力，打发他们的时间，消除他们的烦躁。

据交通部数据统计，截至2006年，中国出租车数量约为160万辆；北京市出租车数量已经达到6.7万辆，这为北京广播电台的异军突起打下了坚实的基础。① 出租车的发展，将有助于广播的复兴。出租车司机是广播最忠实的听众，出租车还是一个流动广播站，为广播带来了相当庞大的听众群。

根据国家统计局发布的权威数字统计，2006年底中国私人汽车保有量首次超过两千万辆。广播媒体是一个"流动"媒体，这种客观优势决定了私家车车主甚至车内乘员，将成为广播媒体的忠实听众。家庭轿车具有一流的收听设备，据调查，80%的家庭轿车车主开车时，都在收听广播以了解路况和新闻，欣赏歌曲和文艺节目。

三、城市广播发展的新探索——充分发挥广播独家优势，交通台与交通频道效益凸显

2006年，国内电台经营市场化程度加快，广播媒体继续高速增长。综观全国广播市场，诸多电台都有不同程度的增长，其中，广告收入超过亿元的电台达

---

① 参见申剑丽、刘洋：《数量已达6.7万辆趋于饱和，北京将不再新增出租车》，载《新京报》2005年9月17日头版。

17 家之多，比 2005 年的 12 家增加了 40%。另外，在过亿的电台中，省台占了绝大多数，表现尤为突出的地方台是深圳台、佛山台。

广播的传统优势是"传播快捷、方便收听、容量巨大、覆盖面广"。这些优势随着时代的变化已成为现代媒体的共同优势；广播体现在"移动、互动和低成本"，"移动"指广播听众的收听形态，已由固定收听转向移动中的伴随收听；"互动"则是指电台和听众通过电话、信件、短信等方式，缩小受众与媒体的距离，使媒体的传播效果最大化；"低成本"是指电台在所有媒体中的营运成本最低，花很少的钱就能完成传播，相对于电视的高投入和报刊的印刷发行等大量的人力物力投入，广播的低成本优势不言而喻。

据央视索福瑞调查数据显示：2007 年 1—4 月，北京交通广播台成为当年广播市场份额增长值最大的单频电台，24.78% 的市场份额使它已经拥有了绝对的市场垄断能力。截至 4 月底，交通广播收听市场份额比去年同期增长了 4.96%，呈现出"强者愈强"的态势。交通广播是目前听众数量最多的电台，2007 年该台日到达听众数量还在增加，增加总量名列北京所有广播频率之首。北京交通广播台日到达听众的增长数量，与其他广播频率增多的听众数量之和几乎相当。

北京机动车数量为北京交通广播台的顺利发展提供了先决条件。截至 2006 年 11 月 7 日，北京市机动车已达 282 万辆，其中 197 万辆为小轿车，私家车数量为 156 万辆，占北京机动车辆总数的 55.32%，占全国私家车总数的 7.8%。由北京人民广播电台与英国广播公司联合主办的"北京能源与交通广播论坛"于 2006 年 11 月 7 日召开，相关部门负责人披露了上述数字，而且这一数字还以每天 1000 辆的速度增长。① 截至 2007 年 6 月，北京机动车数量突破 300 万辆，而每天有 16 个小时的行车高峰时间，由此产生的经济效益可见一斑，这为北京交通广播台的霸主地位打下了坚实的基础。

北京广播电台的发展一直是中国城市广播发展的风向标。其实，目前国内所有发展势头良好的广播媒介，无一不是在体制上、经营上获得了突破，找到了出路。综观广播发掘自身特点、适应传播规律的过程，其实也就是打破过时的经营管理体制、形成符合市场经济的管理模式的过程。

近年来，深圳广播电台交通频率迅速发展，其做法就是实现了对深圳市交通新闻和交通动态的高密度同步报道，发动广大听众通过短信平台的方式，提供最

---

① 参见李晨光：《截止到 11 月 7 日本市机动车数量已达 282 万辆》，载《北京晨报》2006 年 11 月 8 日头版。

新的路况信息，并针对听众短信进行抽奖活动，以鼓励听众广泛参与。

首先，在受众方面，交通广播一直以"为交通参与者服务，为移动人群服务"的频率为"主题"。其次，在服务方面，北京交通广播将这个功能发挥到了极致。尤其是路况信息，对越来越拥挤的城市交通参与者来说，有时就是行路的指南。北京交通广播电台把直播室搬到了北京市交管局指挥中心，通过7200个摄像头24小时实时监控北京市2000余个路段。信息发布人是交管局的交警，发布的路况信息不仅及时、准确，而且权威、实用。最后，娱乐性的音乐广播给司机和乘客以美的享受。这些节目融娱乐性、新闻性、服务性、互动性等多种功能于一体，能使枯燥的行车时间变得丰富多彩。

节目与受众融为一体，新闻和资讯融为一体，娱乐和服务融为一体，这就是交通广播受欢迎的理由。

四、广播媒体市场化运作的对策

1. 调整广播影视产业政策，实施广播制度创新

长期以来，我国广播影视在计划经济条件下形成了事业、产业高度混合的管理体制。广播电台既有政治属性，又有经济属性；既要满足社会公共服务，又要提高个性化的市场服务。但在市场化的运作中，这种传统的管理模式已不能适应市场发展的需要。我国所有制形式是以公有制为主体，不能将西方的管理制度生搬硬套。这就要求我们建立适应具有中国市场和中国国情特色的、创新的管理机制，可以从以下六个方面入手：

一是政府要针对不同类型的广播服务，制定有针对性的运行规则和管理办法，做到市场运作，自主经营，依法管理；加快法制建设，推进依法行政。用法律来保护和规范广播产业的发展，为市场提供更为广阔的空间。

二是积极探索更为结合市场的管理机制。引入市场机制，节目采购采用招标的形式，以丰富节目资源、提高节目质量、降低节目成本、改进管理办法、提高管理水平。

三是加快推进事企分开，将经营性部分转为企业，并实行公司化改造、企业化管理，做到产权清晰、责任明确，培育市场主体，健全市场体系；切实加强公共服务，全面履行政府职能。通过创新的管理机制，确保广播产业高效率、有秩序、又好又快地发展。

四是扩大融资渠道，在政策法规范围内，最大限度地吸引民间资本和海外资本进入中国广播市场，适当改变所有制形式，使其更加适应市场化需要，用资本激活市场。

五是建立制度与机制，规定新闻资源、公共性资源和各类优势资源的充分共享。此举可以节省大量人力、物力与财力。相关频率可以收缩战线，在各类专业化节目上作重点投放，获取最大化的比较效益。

六是成立节目交易、交换的经营性中介机构，构建和活跃节目交易市场。

2. 整合媒介资源，发展新媒体业务

随着数字技术的日臻成熟，网络、手机等新媒体应运而生。中国传媒研究中心日前发布的《中国新媒体产业现状及发展趋势》显示，2006年中国新媒体产业市场总值达到1140亿元，占中国传媒产业总值的近三分之一。如何有效地将广播与新媒体整合，成为广播发展的关键因素。

（1）广播与互联网资源的整合。我国网络广播的发展几乎与世界同步。但中国广播电台网站的发展现状参差不齐。相对而言，美国广播电台做到了大多数网络广播都能实时收听。在国内，实时广播做得比较好的有中央人民广播电台和中国国际广播电台等少数几个大台，多数电台的实时广播还没有充分发展起来。

（2）广播与手机资源的整合。所谓"手机广播"，就是利用具有收音和上网功能的智能手机收听广播。有关资料显示，到2010年全世界将有1.2亿用户收听收看手机广播电视节目，"手机广播"的出现加快了电信产业和广电行业的进一步融合。① 如上海文广传媒集团与上海和江苏移动签署战略合作协议，"手机广播"可以收听到上海文广传媒集团下属上海电台、东方电台的节目。手机广播以全新传播形态为中国广播注入新的活力。

（3）广播与播客资源的整合。在国内，中央人民广播电台、上海东方广播电台都在播客节目提供上做了有益尝试。中央人民广播电台的银河台在2006年3月1日改版时加入了"播客"元素；北京电台推出"听吧"频道，为网友提供小说、评书等节目；上海东方广播电台开设了"波哥播客秀"，这是国内播客首次登录传统广播平台；波普网lifepop与全国37家电台联手，只要上传播客到lifepop，就有机会让你的声音传遍中国。

广播新媒体具有数字化、网络化、交互性、多媒体、个性化等特点，拓展了广播电视服务领域和服务功能，呈现出全新的形态。此外，广播与新媒体资源的整合，开发了新的经济增长点，进一步提高了传媒产业化水平。

3. 确定专业频道定位，建设整体精品频道

今天，广播从大众传媒走向"分众"传媒已成为趋势，受众也更加细分化。

---

① 参见惠东坡：《"借力"新媒体 广播成为"超级媒体"》，载《中国记者》2007年第5期。

广播要赢得稳定的受众，必须形成稳定、独特的风格。要以受众为本位，从卖方市场走向买方市场，将"窄播化"进行到底。具体说来，要做到以下几点：一是频率专业化，二是受众对象化，三是节目设置系统化，四是突出对受众的服务功能。窄播化设置，可使得听众以类聚、以群分，形成该台的忠实听众群，可以使广告目标手中的投放也更加有针对性，以吸引更多的广告投放，实现更大的盈利。

4. 强化人力资源管理，提高传媒核心竞争力

现代人力资源管理理论中的"复杂人假设"认为，人是一个复杂的自然属性与社会属性的结合体，社会属性包括人有社会心理需求和发挥自己的潜能、自我实现的愿望。

广播行业具有知识密集型、智慧密集型的特点，员工的心理需要是一个多类型、多层次、多水平的复杂系统，因此，一要树立"以人为本"的管理理念，制定人力资源战略规划，合理调配人力资源；二要改革用工制度，全面实行聘用制，并建立绩效考核（KPI）机制，以招标的形式请专业绩效考核公司进行统一绩效管理；三要完善育人机制，企业与高校联合培养人才，在企业中建立教学基地，完善学生实习体系，将实习与就业挂钩，做到产、学、研有机结合，并将此制度化、常态化。四要建立完善的广播传媒经理人制度。市场化程度的加深，势必会使得从业人员职业化程度相应加深，这就对经营管理人员提出了新要求：他们必须转换经营思路；搞新闻的要有经营头脑，搞经营的要会管理、懂财务，要学会看数据与财务报表。一切要以市场为中心，既能够在传媒产业领域从事专业性的经营管理，也要懂得从中国传媒产业的特殊性出发去运营发展，实现传媒经济效益和社会效益的最大化。传媒经理人制度的完善，对于未来广播的发展具有重大的战略意义。

21世纪的都市广播要实现跨越式发展，广播经营者在秉承传统广播脉络的基础上，更重要的是要实现资源整合营销。这其中还包括广播经营创新模式、广播策划创新策略、广播受众创新营销和广播技术创新市场等。在信息时代，中国城市广播应改变点对面、分割经营、事业管理的思维，代之以点对点、跨越性、产业化和整合营销的理念，以市场需求作为导向，努力打造中国广播的新篇章。①

---

① 参见肖峰、夏祺：《新媒体生态下中国广播应对的挑战与对策分析》，载《广播记者》2007年第5期，第10~16页。

第四节　地方广电文化产业的新发展

党的十七大报告指出，要"兴起社会主义文化建设新高潮"，"推动社会主义文化大发展大繁荣"。只有以产业为载体，以改革为动力，才能推动社会主义文化的大发展、大繁荣。

在这种新形势下，地方广播电视传媒如何求生存谋发展、加快文化事业和文化产业发展步伐，已经成为目前广电传媒面临的重大课题。

一、新形势给广电传媒发展带来的挑战

地方广电传媒是我国新闻传播媒介大家庭中的重要组成部分，是我国宣传体系中的重要力量，是党和国家、各级政府引导和调控舆论，加强思想政治工作，传播党和政府声音，凝聚和统一广大干部群众思想，反映人民呼声的主流媒体，发挥着其他媒体不可替代的作用。

与此同时，我国各级广播电视媒体经过几代广电人的奋斗，打下了一定的基础，也成为我国文化事业发展中的主力军。党的十七大提出高举建设中国特色社会主义伟大旗帜，进一步解放思想，实事求是，与时俱进，以人为本，构建和谐社会，全面建设小康社会的奋斗目标，既给广电传媒的发展带来了很好的机遇，同时也带来了严峻的挑战。

1. 来自多媒体多元化信息产生的市场竞争

为应对"入世"，中央级、省级报业集团和广电集团纷纷组建，并以其强大的实力迅猛拓展自己的发展空间。这些媒体"航母"不仅在全国和省级层面上展开竞争，而且纷纷把触角伸向中等城市。

同时，中央台、省级台频道频率增加，覆盖面遍及天涯海角。广电部门的优质资产——有线网络，将实行归并重组垂直管理，所有权经营权分离。各类代理公司如雨后春笋，争相发布信息、网罗人才，与主流媒体争夺广告资源与市场。

地方广电传媒的生存空间越来越小，生存危机越来越大。就广电媒体赖以生存的广告而言，有资料表明，在发达国家如日本、美国，电视媒体的广告份额约占全部广告行业的50%，我国约占25%。

2. 来自网络媒体的冲击

作为高新科技的新兴媒体的网络，正以其时效性、互动性、图文并茂等特点，对传统媒体构成巨大冲击，而以声音、声频为主要优势的广电传媒又首当其冲。

随着高科技的发展，网络进入家庭和办公自动化的实现，上网人数逐年大幅增加，在不太长的时间内，网络有可能发展到无所不在、无所不包的程度，那时网络有可能成为人们获取信息的主渠道，势必导致听广播看电视、阅读广播电视报的人数逐年减少。

3. 来自入世后的严峻考验

我国加入世贸组织后，一些国外传媒集团筹划携带雄厚的资金，进军中国传媒经济领域。2001 年 9 月，我国政府允许外国新闻集团美国在线时代华纳在广东地区有线网落地，条件是帮助 CCTV9 频道进入美国。

2002 年 12 月 8 日，媒体大亨默多克执掌的澳洲新闻集团与中国湖南广电正式结盟。据悉，澳洲新闻集团是获准与中国电视传媒合作的首个外国公司，也是中国政府第一次允许外资电视机构与中国的影视机构进行全面合作的外国公司。

在这之前，中央电视台 2002 年 10 月 22 日播出的"对话"节目中，星空传媒（中国）总裁戴杰明作为在场的唯一外国观众，向节目嘉宾中时任中宣部副部长、国家广播电影电视总局局长徐光春问道："随着中国广播影视业改革开放的深入，星空传媒集团和中国媒体还可以有哪些合作领域？"徐回答，今后中外广播电视的合作应该秉持四条原则，即"互相了解、互相信任、互相有利和长期合作"。徐进一步提到，新闻集团的 20 世纪福克斯公司可以和中国合作拍摄电影，还可以与中国媒体共同制作电视节目。与国际传媒大亨相比，我国广电的实力非常有限。

到 2002 年年底，全国广播系统总收入为 276 亿元人民币，大约相当于 33 亿美元，而默多克的新闻集团，年收入 150 亿美元，美国在线与时代华纳合并后，年收入 350 亿美元，我国广播事业的发展离国外还有相当大的一段距离。

面对如此严峻的形势，如果我们不采取果断措施调整结构和经营策略，广电传媒的发展势必受到严重影响。

二、广电传媒的可持续发展

面对市场的激烈竞争，我国广电传媒的可持续发展成为重要的议题。根据广电行业的特点和实际，广电传媒应以宣传为中心，以发展为主线，实现三个转变：一是由行政事业型向经营型转变；二是由靠财政求生存的依赖思想向靠市场求活力的发展观念转变；三是由用工形式的身份级别管理向合同聘用制的岗位管理转变。如湖北省武汉、十堰、鄂州、黄石、宜昌等地广电系统于 2001 年先后实行了"局台合一"的新体制，组建成两块牌子一套人马，履行行政与宣传职能。

面对新媒体生态的挑战，从加快文化产业发展步伐上讲，当前应着力解决好以下几个问题：

1. 从提高节目质量入手，狠抓收听率、收视率

面对市场多媒体多元化的激烈竞争，地方广电媒体要求谋求发展，必须切实提高广电传媒的核心竞争力——节目质量。

节目质量提高了，就会提高收听率、收视率，带来更多的听众、观众和读者，而受众的增加，就会吸引更多的广告商，从而扩大广告收益。这样地方传媒才能经受住种种考验和冲击，否则，将会在种种挑战面前难以为继。

如湖南卫视在 20 世纪 90 年代中叶，在全国省级台中，率先进行以提高节目质量为中心的系列改革后，涌现了《你好，湖南》、《完全新时尚》、《玫瑰之约》、《新闻观察》、《男孩女孩》、《快乐大本营》等一系列全新节目，使频道面貌焕然一新，收视率迅速提升，并带来全国各地大批广告商加盟，取得了显著的产业效力。其中《快乐大本营》每期节目创收就达 60 多万元（年创收 3000 多万元）。此后，他们又着力打造推出了《苍天有泪》、《还珠格格》等大型电视连续剧，其中《还珠格格》创收 50 亿元，更成为中国电视剧经济效益的佼佼者。

湖北省宜昌有线电视台推出“精品战略”，总编辑亲自挂帅，主创了《雀尕飞》、《三峡的孩子爱三峡》、《长江我的家》等多篇电视精品（均获全国“五个一”工程奖），从而使宜昌成为全国获“五个一”工程奖最多的地市级台。该台也因此成为当地最知名的传媒，成为广告客商投入的首选。

由此看来，地方广电传媒完全可以在发挥社会传播功能的同时，认真研究市场需求，特别是不同受众群体的不同需要，以其从定位到内容、形式的独到之处，让人民群众乐听、乐视、乐读，以精品节目和优质产品争取客户，提高广电效益。

与此同时，组建股份制影视制作公司也是地方广电传媒可以选择的策略，例如宜昌广电传媒。宜昌是三峡工程所在地，又是巴楚、巴蜀文化的荟萃之地，文化底蕴十分丰富。历史题材有三国、屈原、王昭君、长阳人等；文化传统题材有巴山舞、南曲、龙舟等；现代文化题材有“国宝”刘德培、三峡石等；革命战争题材有瓦仓起义、湘鄂苏区等；还有三峡工程、优美的自然风光以及远安县的垭丝等。如果能够从中选取一两个题材，采取市场化运作的办法，吸收国有资本、企业资本和个人资本，招商引资，组建股份制影视制作公司，生产广播影视作品，必将产生较好的社会效益和经济效益，为广电文化产业奠定坚实的物质基础。

2. 加快网络发展，形成新的主要利润增长点

地方广电网络经过多年建设，现已形成规模。充分发挥广电网络优势，尽快搭建覆盖本地区的数据业务平台和影视节目接收平台，努力拓展新的业务，是发展广电文化产业、形成新的利润增长点的关键环节。

广电网络除传送广播电视节目外，还可广泛开展新业务，这些业务主要有：

（1）政府上网工程。尽快实现省、市、县（市、区）三级政府以及政府各部门局域网通过广播电视光纤全线贯通，努力为各级党委、政府和政府各部门的电子政务提供优质服务。

（2）用户因特网接入服务。广播电视光纤网络具有频带网、稳定性能好、网速快、保密性强等多种优点。因此，大力发展因特网用户，为他们提供优质服务是形成广电文化产业新的利润增长点的一条快捷高效之路，现在条件已经具备，关键在于大力发展用户。

（3）视频会议。省、市、县（区）三级广播电视部门要在充分论证投入产出比的基础上，建立视频会议室，为开展视频会议业务建立平台。

（4）视频点播业务。当今世界是个性张扬的世界，现代受众（广播、电视和报纸）具有很强的个性需求，这为开展视频点播业务提供了广阔的空间。广播、电影、电视部门要抓住历史机遇，大力开展视频点播业务，最大限度地实现网络的经济效益和社会效益。

（5）开展网上远程教育。与教育部门、大专院校联合，组建广播电视远程教育体系，开办广电专业大专班、本科班、研究生班，培养人才，发展业务，壮大自我。

（6）电子商务。与大型商业企业联合，开展网上购物业务，实现人们足不出户买货购物的愿望，开辟创收新渠道。

（7）频带出租。可利用广播电视网络的富余带宽，开展出租带宽、出租通道业务，努力实现网络利润的最大化。

3. 广泛开展社会服务，千方百计锻造广电文化产业链

（1）围绕广播电视主业，大力开展经营服务。紧紧抓住卫星广播电视地面接收设施销售不进入流通领域的契机，在市、县、乡各级广播电视部门设立经营点，把行业管理与经营服务结合起来，这样，既有利于加强行业执法与管理，又能发展广电文化产业，带来较为可观的利益。此外，还可广泛开展摄影、摄像、光盘刻录等服务与经销，形成广电器材、广电作品的经销服务产业群。

（2）大力开展广播影视设备维修和技术服务。组建广电技术服务中心，开展各类广播影视设施、网络的设计、安装、维修和技术服务，实行由小到大，滚动发展，逐步形成产业规模。

（3）在经济发达地区设立窗口，延伸地方广电文化产业的外延。在北京、上海、深圳等经济和文化发展的地区设立办事处，大力开展广告策划营销、节目营销以及相关服务活动，扩大地方广电文化产业的服务领域，增强地方广电传媒的市场竞争力。

三、发展地方文化产业注意把握好以下几个问题

在接受新形势新挑战的同时，发展地方广电文化产业，还需注意把握好以下几个问题：

1. 为广电文化的发展提供思想保证

在解放思想、实事求是、与时俱进的思想教育中统一思想，为广电文化产业的发展提供思想保证。思想是行动的先导，思想僵化，因循守旧，墨守成规，就很难促进文化产业的各项改革。因此，要把地方广电产业发展纳入城市总体发展规划，使其基础建设与城市建设同步发展，不因其主要领导人工作的调动而变更，也不因其注意力的转变而转变。同时，要制定一系列的优惠政策，鼓励"银文联手"、"企业联姻"，地方财经还要适当向广电部门输血、让广电文化产业的发展开好头、起好步。

2. 在坚持正确的舆论导向下发展文化产业

广电文化产业不同于一般的产业，它居于上层建筑，具有很强的政治属性。因此，在发展文化产业的过程中，必须始终坚持新闻工作的党性原则，坚持正面宣传为主的方针，弘扬主旋律，把握正确的舆论导向。

充分发挥主流媒体的功能，把社会效益放在第一位，以科学的理论武装人，以正确的舆论引导人，以高尚的精神塑造人，以优秀的作品鼓舞人。

3. 在坚持主业的前提下，开展多元化经营

广电媒体实行资源整合的新体制主要依靠行政手段，将广播电台、电视台、广播电视报以及相关单位联合，这还需要相当长的时间，要接受市场的磨练和考验。如果过快进行多元化经营，势必分散精力，造成主业不强、规模虽大但没有规模效益的后果；另外，仓促进入其他行业，因情况不熟悉，使多元化经营不但不能分散经营风险，反而会增加经营风险。如果"屋漏又遇连阴雨"，将背上更沉重的债务。不追风，不跟潮，不懈怠，不放弃，实事求是，一步一个脚印，选择符合实际的经营战略，扎扎实实做好当前每一件事，才能立于不败之地。

4. 在发展文化产业中锻炼培养人才

市场竞争说到底是人才的竞争。长期以来，地方广电传媒只重视培养记

者、编辑、主持人，而对经营管理方面的人才却重视不够，甚至看不见，用不好。为此，一要发挥好已经拥有的经营管理人员的作用，不拘一格起用经营人才，为他们施展才华提供宽松的环境，引导他们在经营实践中不断提高素质。二要下决心改变现有骨干的文化结构、知识结构和年龄结构，新进人员的学科应涉及各个领域，把他们送到高校新闻院系培训，下气力培养一批有志于广电经营的年轻人。三要建立一套激励人才成长和内部流动的机制，使竞争上岗、双向选择、目标考核、工效挂钩经常化、规范化、制度化，除了造就一批新闻业务专家外，还要注意培养和从社会上广揽一批懂得新闻宣传又擅长广电媒体经营的复合型人才。

第三章 广播新闻报道策划与组织

第一节 新闻策划的定义和原则

一、新闻策划的定义

新闻策划，也叫"报道筹划"、"报道策划"或"新闻传播策划"。"新闻传播策划是新闻传播的主体，遵循事物发展和新闻传播的基本规律，围绕一定的目标，对已占有的信息进行科学的分析和研究，着眼现实，发觉已知，预测未来，制定和实施相应的政策和策略，以求得最佳效果的创造性的策划活动。"①

所谓"广播新闻策划"，就是广播新闻传播主体运用广播传播的特殊手段，遵循事物发展和新闻传播的规律，为广大听众提供最佳新闻信息的一种创造性活动。

运用唯物辩证法，分析当前学术界和实务界对于"新闻策划"这一论题的争论和实践，有助于掌握辩证思维方法，解决新闻传播策划中存在的问题。

正如我国《现代汉语词典》中尚无"炒作新闻"词目一样，作为新闻传播领域中出现的新概念，我国现有的新闻学词典中，也尚无"新闻策划"这一条目。新闻学界大多数学者不同意使用"新闻策划"的提法，认为此提法有"造假新闻"之嫌，而新闻界却对此不屑一顾，不仅报纸，广电栏目中标明"新闻策划"，而且还成立了"新闻策划中心"，实施"新闻策划奖励"和"新闻策划机构"。

当然，新闻策划是个好事情。有了策划，就意味着有深度、有创新、有品位，就可以棋高一筹、高人一等。然而，如果当新闻策划转变成策划新闻时，新闻就变味了。

---

① 赵振宇：《新闻传播策划导论》，华中科技大学出版社 2003 年版，第 6 页。

二、新闻报道策划的原则

新闻报道策划的积极作用并非自然而然地产生，而是以遵守一定的原则为前提的。这些原则主要包括贴近性原则、时效性原则、典型性原则、效益性原则、应变性原则、创新性原则、整体性原则、审美性原则。

1. 贴近性原则

做好新闻报道策划，一个重要途径就是倡导并实践贴近实际、贴近生活、贴近群众这"三贴近"。

贴近实际，就是坚持立足于社会主义初级阶段这个最大实际，把回答和解决实践提出的重大课题作为中心任务，使新闻报道更好地体现时代性，把握规律性，富有创造性。

贴近生活，就是策划者深入火热的现实生活中，关注生活中的重大问题，使新闻报道充满生活色彩，富有生活气息，反映生活本质。

贴近群众，就是说群众想说的话、想听的话、想实现其愿望的话，使新闻报道可亲可信，入耳、入眼、入脑，深入人心。

2. 时效性原则

所谓时效，就是指时机和效果两者的关系。时机包括时新和时宜：时新指新闻报道要尽量缩短与新闻发生的时间差；时宜也称时适，即要具有大局意识。只有当条件具备时机成熟时，策划方案的实施才能取得最佳效果，所以，对于时机，不仅要抢，还在于把握。

策划者要善于因地制宜，权衡利弊，适时而动。

3. 典型性原则

典型观，就是把典型环境看做决定人物性格的因素，而典型环境的内容首先是当时阶级力量的对比。他们赋予典型环境中的典型人物性格以一种崭新的意义：典型环境是革命形势中的环境，典型人物也是站在革命方面的人物。我们研究革命战争年代的文学作品，都很清楚地看到环境对人物性格的作用。环境不够典型，人物也就不可能是典型的了。和平年代，也要真实地再现典型环境中的典型人物。教育、影响了几代人的焦裕禄这个典型，就是时任新华社副社长的穆青将焦裕禄这个典型人物，置于兰考风沙、荒丘、盐碱、逃荒等恶劣环境之中，使其鞠躬尽瘁、舍身为民的性格特征才催人泪下。荣获 2006 年第十六届中国新闻奖的人物通讯《索玛花儿为什么这样红》的作者，新华社高级记者张延平跟着四川马班邮路乡邮政员王顺友，爬上海拔 4 千米的山顶，经历了四川小凉山山上下着雪，山下又是 40 多度的高温，一边是很高的山壁，另一边就是悬崖，路上找不到一个地方可以让脚平放，而这样封闭艰险的山路，王顺友却走了 20 年。

张延平感动地说："这条路让我知道什么是在生死线上走，什么叫忠诚。"王顺友当选为 2006 年感动中国的十大人物说明，要真正还原典型人物的真实性，最根本的是理解典型人物属于典型环境。

4. 效益性原则

这里说的效益性即经济效益和社会效益，新闻策划必须正确认识和处理经济效益和社会效益的关系。只注重经济效益而忽视社会效益，为了夺人耳目而一味追求轰动效应，把收听率（收视率）和广告额视为策划成功的唯一标准，而降低"报格"、"台格"、人格，沦于低俗，是不可取的。正确的做法是要掌握当代媒体的策划规律，在坚持把社会效益放在首位的前提下，取得"两个效益双丰收"。

5. 应变性原则

所谓"应变性"就是报道策划要讲究灵活性，随机应变，因时、因地、因势、因人的变化，而调整、应变策划报道方案。策划者要增强策划的动态意识，制订方案需要有一定的弹性，在报道的内容、范围、时间、方法、形式以及人、财、物的配置等方面，不能规定得太细太死，算得太紧太满，特别是对那些时间跨度大，涉及范围广的系列报道，更要考虑可能发生的意外情况，留有足够的余地。

此外，报道策划要根据情况的变化，及时修正原有的方案，以增强适应性。

6. 创新性原则

创造力来源于人类的高级思维活动，它是策划活动中的重要因素。创造力的表现是创新，即对问题提出新的解决办法：一是角度新。同样一个新闻事件，换一个角度观察，会有不同收获。要从单一视觉报道向多侧面报道转变，从上层角度、工作角度报道转向群众角度、社会角度、生活角度报道等。二是立意新。要不满足于表面现象，横向比较，纵向开掘，挖掘内涵，揭示事物的本质特征。三是形式新。报道策划应当不拘一格，大胆探索，尽可能在报道的形式以及标题、配置和编排技巧等方面求异求新，出奇制胜。

策划原则是策划过程中所必须遵循的客观规律的表现，它是策划实践经验的概括和总结，遵循并科学地把握这些行动原则，将有利于提高策划水平和报道效果。

7. 整体性原则

系统论的基本原则是"系统大于各部分之和"。系统是由各要素按一定结构组织起来的整体，但是系统又不等于各要素的简单相加。要素一旦被有机地组织起来，构成一个整体，这个整体获得了各个孤立要素所不具备的新质和新功能。

整体性原则包括以下四个方面的内容：第一，在整个策划活动中，要把着眼点移到系统整体上来，把具体事物放在系统整体中来考察，以求产生最佳的整体效应。第二，重视整体效应要求在必要时舍弃部分保存整体。例如，在奥运会开幕式最后彩排时，张艺谋等评委毅然决定拿下排练了一年多的木偶剧《秦颂》，以保证整场开幕式的完美。第三，重视整体效应还必须处理好各部分的比例关系，注意发挥参与期间各子系统的最佳整体效益。第四，运用"头脑风暴法"，即采用群体决策法，群策群力，集思广益，以产生最佳策划方案。

8. 审美性原则

对于新闻策划者来说，审美原则应从以下几方面来考虑：

（1）美的语言。语言是人和人的交际工具，在日常生活中谈话要靠它，交流思想情感要靠它，著书立说要靠它，新闻报道要靠它，宣传教育要靠它。语言和劳动是人类生活的两大杠杆，任何人都不能离开语言。语言具体形象能给留下深刻印象，采用修辞手段可以取得形象化的效果，在新闻传播中使用的语言，应该是直截了当，开门见山，简洁明快，干脆利落，切不可拐弯抹角，吞吞吐吐。尤其是广播语言要做到语言亲切、感情真挚、言语质朴。对不同的听众使用不同的语言，根据不同的对象，使用他们习惯用的语言和表达方式。

（2）美的情感。优秀的广播电视作品，总是有一种震撼人心的审美快感。我们每年收看感动中国十大人物，都会被这些人物的精神情操所感动。这就是因为策划者找到了与受众心灵相契合的共鸣点，这个共鸣点就是人类共同的情感。感人心者，莫先乎于情。这个情不是矫揉造作，不是虚情假意，更不是炒作和煽情，而是新闻策划者身临其境之中，被先进人物的情操所感动的一种自然流露。

（3）美的内容。以正确的舆论引导人，就要反映我们这个时代的本质和特征，用心反映群众的呼声和愿望。在策划新闻报道选题和内容时，要注意维护社会主义的道德准则，倡导文明健康的生活方式和生活态度，传播审美观念，用文化含量较高的新闻作品提高受众的审美能力，引导审美情趣，用高尚的情操感染人，用优秀的作品鼓舞人。在传播的内容中，既要适应当代社会多元化的需求，又要坚决反对低俗丑恶的媚俗之风，制作出群众喜闻乐见的优秀作品。

（4）美的形式。新闻策划者写文章、写报道、做专题、搞活动，都要懂一点艺术，讲究一点方法。面对社会转型时期的新变化、新问题、新状况，策划者都要注意研究这些变化，与时俱进，适应这种变化，讲究表现方法。对于广播来说，主要运用的是语言、音响和音乐。这些声音传播符号，我们都要考虑到它的表现方法，对于语言来说，就要讲究抑扬顿挫、通俗易懂。对于音响来说，就要在不同的节目中间选择使用，要注意使用的时机。对于音乐来说，要适应不同的受众群体，注意正确使用高雅通俗的音乐，满足他们的审美需求。

总之，审美原则渗透到新闻传播与组织的各个环节，对受众起着潜移默化的作用。我们正处在一个以人为本、科学发展的和谐世界。办好广播节目，既要兼顾国内又要兼顾国外。世界离不开中国，中国也离不开世界。让中国的声音更响亮是我们新闻传播工作者的社会责任和历史使命。

第二节 新闻策划的唯物主义基础

物质是意识的基础，意识是物质的反映，而新闻则是物质性和意识性的统一。事实本身并不是新闻，它要经过采访报道和策划方能转化为新闻，新闻魅力就在于它的真实性。

新闻真实性的含义是双重的，它不但指具体事实的真实，也包括总体事实的真实。新闻真实是微观真实和宏观真实的统一。没有依照事实采写策划报道新闻，而是凭空想象导演新闻或处心积虑制造假新闻，是典型的唯心主义。这里，我们主要探讨新闻策划中与新闻真实相关的几个问题。

一、新闻策划与导演事实

2007 年 3 月 28 日，国内许多媒体刊登了一则消息《"粉丝"追星，老父自尽》，报道称 28 岁的甘肃兰州女子杨丽娟苦追偶像刘德华 13 年。为见刘德华一面，杨家不仅倾家荡产，她的父亲杨勤冀老师为圆女儿心愿竟然卖肾筹款。然而，一周以后，这位见了偶像刘德华的女"粉丝"仍不满意，68 岁的杨父被逼无奈，于 3 月 27 日在香港跳海身亡。

人民日报评论员李泓冰说：众多媒体热衷于报道这件事的每一个细节和每个当事人的"控诉"，却唯独忘了自己。事实上，将杨勤冀最终推下大海的，可能有几只兴奋的手掌，其中一双用力最猛的，正是那些口水四溢的"娱记"和他们背后渴望吸引的眼球、提高发行量的媒体老总。不是吗？当杨丽娟追星 12 年的故事被发掘，一些媒体做了什么？除了连篇累牍地追踪炒作，就是大张旗鼓地为杨丽娟和刘德华牵线搭桥，甚至替杨丽娟"请愿"，以尽快见到刘德华。参与其事的，甚至不乏一些主流媒体。某报曾经对此津津乐道："全国绝大多数城市强势媒体已转载了本报对痴狂'追星女'的连续报道，并对本报长期以来对弱势群体的爱心和帮助，给予了肯定和赞扬。"这也算是对弱势群体的"爱心"？真有爱心的话，怎么不为这个女子联系心理医生，设法帮助她恢复学业，自立于社会？却反而推波助澜，最终坐视一个好端端的家庭走向深渊？当然，杨家追星到了失业、卖房卖肾甚至跳海自杀的地步，是一个极端的个案。单单就此谴责有关媒体，或许失之过苛。但是，想到泱泱大国而今堪称奇观的追星狂潮，推其波助其澜的，不是媒体又是何人？小煤矿闷死了几个工人、某项科技重大发明，可能只是报上一条不起眼的小消息，但是某明星离了婚甚至只是拍了一下桌子，都可以写上洋洋数千言。与其相对应的，却鲜见一针见血、高屋建瓴的影评、剧评、乐评。为什么如此多的媒体对杨丽娟追星13年之事，如此穷追不舍、策划不已？其目的只有一个：提高"收听率"、"收视率"和"发行量"。记得央视主持人崔永元，曾经转引一位媒体研究者的话说："收视率是万恶之源。"然而，"倘若媒体一味追踪'喜闻乐见'，却忽视了社会责任，恐怕非但未能承担社会监督的责任，反而可能形成低级趣味的帮凶"。①

由此可见，新闻策划与导演新闻有本质的区别。首先，从二者的思想认识基础来看，新闻策划是建立在唯物论基础上的，导演新闻却是建立在唯心论的基础上的。"新闻报道策划是记者的主观意识活动，但这种主观意识活动是建立在对客观存在的事实基础之上的，不是远离实际的凭空瞎想。先有客观事实，然后才有对客观事实如何报道的策划。它是探讨通过提高新闻报道技巧来提高主观反映客观的效果，遵循着从客观到主观的唯物主义认识规律。"② 导演新闻则是根据记者主观愿望"制造"或导演新闻事实的活动和过程。这种活动的思想认识，是先有观念主张，再有鼓噪催逼，然后才有事实的发生，遵循着从主观到客观的唯心主义认识论。

其次，从二者的策划动机来看，新闻策划是"以求最佳效果的创造性的策划活动"，所谓达到的"最佳效果"，自然是发挥新闻传播策划的积极作用，达到四个"有利于"：一是有利于获得最大效益，多出精品，多出佳作；二是有利于人力资源开发，在实践中锻炼人才、培养人才；三是有利于新闻资源的挖掘，集中集体的智慧，发掘"价值连城的珍宝"，采撷"带着露珠的鲜花"；四是有利于提高管理水平，学习和掌握国际规则，按照市场经济的规律办事。导演新闻却是从个人或小团体利益出发，以迎合受众寻求刺激心理为手段，以招徕广告生意为目的，放弃社会责任，其结果必然酿成悲剧，污染社会风气。

最后，从二者运行的结果来看，新闻策划有助于提高新闻传播效果，而导演新闻有损于新闻传媒品格，有损于新闻传播效果。"人民是广播的主人。"在传播活动中，受众已不再是传统意义上的完全被动的接受者，新闻媒体与受众在信息的生产与传播中，互相影响，互相作用，已经结成一个不可分割的统一体。受众按照自己的需要，对新闻加以选择和利用，对媒体进行批评与监督，直接参与新闻的传播活动。新闻策划是以求得最佳效果为出发点，以达到最佳效果为最后检验标准的思维活动。而导演新闻虽然也会短时间内收到"轰动效应"，刺激收

---

① 《人民日报》，2007年3月30日《人民时评》。
② 何志武：《新闻采访》，武汉大学出版社2004年版，第57页。

听率、收视率，但由于其违背了事物发展规律和新闻传播的规律，有违受众求真、求善、求美的心理，必然遭到受众的唾弃。

二、参与性报道与制造假新闻

说到新闻策划与导演新闻，一个不能回避的现象，就是媒体策划并予以报道的社会活动，或称为参与性报道。参与性报道与制造假新闻，也有原则区别。

所谓"参与性报道"，就是"新闻媒体不再满足于被动地报道客观发生的事实，常常直接参与新闻事实的发生过程，即参与发生或还没有发生的事件，以记者的努力促使其发生、发展和完善。这里的'完善'，主要是指朝着记者（或媒体）的愿望发展"。①

这种参与性报道大体可分为两类：一类是事件没有发生，媒体或记者"无中生有"，比如由某电台曾策划组织的"空中团拜"新闻方式——电台主持人在除夕，给远在美国纽约的三峡大坝指挥长拜年；某电台策划主办的万人相亲、龙舟比赛时速创造迪尼斯世界纪录等，如果没有媒体组织，这些事情就不会发生。另一类是"揠苗助长"，即事实已经发生，或有了某种苗头，但会怎样发展还难以预料，媒体参与后，事件有了新的发展，或加快发展过程，或急转直下，朝新的方向发展。这一类参与，又分公开参与与隐性参与两种。在公开参与中，媒体和记者的身份是公开的，直接发挥着媒体的优势作用。如某地出租车被劫持，司机求助于当地交通台，交通台主持人立即播报。众的士司机围追堵截，将犯罪嫌疑人一举拿下。在隐性参与中，记者不公开自己的身份，以合作者的身份参与事件的过程，但其行动直接影响着事件的发展方向与进展。比如北京电台记者张勉之，用隐性采访方法，制作了录音专题：

录音实况："你买的是旅馆的，是吧？弄不清楚真假。""能报啥都能报，不能报真的都能报。""谁还来这查一回呀？""这么老远反正没人来查，有个证明就得了。""啊？""有个证明就得了。"

记者：不管真的假的，买回去都能报账，没有哪个单位千里迢迢跑到北京来查真假。这话说得多么坦白呀！到这里，我们不妨来算一笔账：北京卖空发票的只以三百人计算，平均每人每天卖出去的发票即便只有二十张，每张发票从企事业单位只报销五十元钱，那么，一年下来，从公有经济挖走的钱财将超过一个亿。据说，在上海等一些大城市，也都有卖空发票的人，全国一算该是一个多么骇人听闻的数字呀！各位听众，关于这些被卖出去的发

① 何志武：《新闻采访》，武汉大学出版社2004年版，第58页。

票究竟是真还是假的，它们又是怎么样到了这些票贩子手中的？我们将在今后的《时事追踪》节目里继续向你报道。①

这则广播录音专题《挖墙脚的人们》，由于题材重大、立意深刻，评论一针见血，突出广播音响特点，感染力强，社会效果好，荣获当年全国广播好新闻特等奖。张勉之说："真正的广播记者应该是能采、能写、能播讲，知识渊博，反应敏捷，而我呢，知识既不渊博，反应也有些迟钝，一口山西土话至今改不过来，往机房里的话筒前一坐，就不免有些胆虚。"② 不适合做广播记者而又"胆虚"的张勉之，为什么做的广播录音报道多次在全国获奖，并当选为广播电影电视部劳动模范、全国优秀新闻工作者、首届范长江新闻奖提名者呢？除了他的"孜孜不倦的执著追求"外，扬长避短的隐性采访方式，也有很大的关系。这是广播记者的参与性报道。

我们再来看这样一个媒体制造的新闻事件。

2007年4月9日，《人民日报》第五版"人民时评"刊发一篇评论：最近，一家媒体为"考察"医德医风，导演了"茶水验尿"事件，在社会上引起很大轰动。记者以茶水冒充尿液，到10家医院化验，竟然有6家查出阳性。茶水居然也"发炎"，这样的"黑色幽默"，让白衣天使的形象再一次蒙上阴影。然而，经全国92家三甲医院医务人员以实验证明：茶水当成尿验，九成化验单呈假阴性。医学专家指出，尿液分析仪器和试剂是针对尿液设计的，不具备辨别茶水等其他液体的功能。而茶水中含有大量的未知干扰物质，如果"以茶代尿"，很容易产生假阴性反应。因此，个别媒体记者的这种做法，既缺乏有关医学常识，也缺乏严谨的科学态度。在"茶水验尿"事件中，还有一个值得关注的现象：记者故意设"圈套"，向医生提供虚假病史，谎称自己"尿痛"。医生根据记者的"病史"，并结合尿常规白细胞增高的检验结果，做出尿路感染的诊断，这是无可辩驳的。与司法界"无罪推定"原则相反，医生看病遵循的是"有病推定"原则。判案不能冤枉一个好人，看病却不能漏掉一个病人。对于任何一名就诊者，医生应当首先将其视为"有病的人"。患者的主诉是医生进行临床诊断和治疗的主要依据之一。作为一名医生，没有任何理由怀疑患者"恶作剧"，而应完全相信患者所陈述的痛苦是切实存在的。媒体记者假扮患者、伪造病史的"游戏"，不仅违背了新闻职业道德，也干扰了医学诊断和治疗的严肃性。新闻报道要真实、全面、客观、公正，这是应有的职业道德和职业精神。然而，少数媒体

---

① 北京人民广播电台1993年2月播出。
② 转引自王益民：《中国记者新一代》，武汉出版社1994年版，第239页。

为追求"眼前经济",走入了"新闻娱乐化"的误区。个别记者热衷于"制造"各种新闻,只求"轰动"不顾后果,并不关注科学常识和客观实际。当前,我国医疗卫生领域存在很多弊端和不良现象,媒体进行舆论监督是完全应该的。但是,舆论监督的前提是尊重科学、尊重事实,尤其是在专业性很强的医学领域,记者更要本着科学合理的精神,字字严谨,句句求实,而不能合理想象、盲目推理,否则就会酿成大错。舆论监督的目的不是逞一时之快,而是为了揭露问题并解决问题,最终推动社会进步、促进社会和谐。因此,记者必须出于公心、出于良心、出于诚意、出于善意。舆论监督的出发点和归宿点都应是建设性的,这是媒体的社会责任。如果媒体盲目追求"卖点",制造"茶水验尿"之类的"新闻事件",将丧失公信力。

从这两件参与性报道中,人们得出了截然不同的两种结论。一种观点认为,录音报道《挖墙脚的人们》是广播记者根据货真价实的事实所作的报道,它并没有违背新闻规律。新闻是对客观事实的报道,客观事实常常是在主观意志主导下发生的。记者参与活动的策划报道,是对传统报道方式的一种变革。如果说传统的报道方式是记录已完成的事件,这类报道则侧重于记录正在进行的过程。而对过程的记录,如果没有亲历式的感受和采访,其报道是不可能做到对事件细致描写和对内幕情况清晰叙述的。①

另一种观点认为,这类参与性报道,无论是诸如杨丽娟悲剧的"揠苗助长",还是诸如"以茶代尿"的"无中生有",都是记者的主观制造在前,客观事实产生在后,这就是"制造新闻";而"制造新闻",就是为了追求一时轰动效应。

这里,关键的是要从社会效果上把握媒体参与性报道的现象。无论是配合某种宣传而参与的活动,还是揭露某些行业以权谋私的秘密,揭露某些违法乱纪活动的暗访,只要是为了公众的利益,都是值得肯定的。2003年8月3日晚,北京奥运会会徽揭晓仪式在北京隆重举行。北京体育广播为直播这一重大新闻事件,事先进行了长达两周的策划和准备。经过与北京奥组委、央视、技术部门的合作,实现了与交通并轨双频播出,扩大了这次节目和体育广播的影响,提高了节目的收听率,起到了很好的宣传效果。北京电视台体育广播台副台长张友信说:"兵马未动,策划先行;现场直播,内容为王;多方参与,扩大影响。没有合作也就没有这次悬念跌宕、音响丰富、内容充实、形式新颖的新闻现场直播。"北京电台这组《北京2008奥运会会徽发布仪式现场直播》,获2003年度中国广播电视新闻奖。当然,参与性报道不能违背客观规律。

---

① 参见赵振宇:《论新闻传播策划的主体参与》,载《新闻探索》2002年第2期。

三、"宣传性现象"辨析

"真实是新闻的生命",对于这个命题相信大多数人都是认同的。真实是要透过现象发现本质,现象是直接被我们感官所感受的事物的外表形态,本质是事物的性质及此一事物和其他事物的内部联系。新闻报道不仅要做到局部真实,还要做到总体真实;不仅要做到现象真实,而且要做到本质真实,用事实说话。

新闻必须真实,这是毋庸置疑的。那么,宣传是否也要真实呢?2008年2月19日,张天蔚在《中国青年报》上,提出了自己的看法:"对群众说明讲解,使群众相信并跟着行动。"

宣传是传播的重要组成部分,传播带有某种宣传目的。作为新闻记者,我们不应该像某些西方记者那样,把"宣传"二字不加分析地一概认为是贬义词,宣传还有正当宣传和不正当宣传、宣传真理与宣传谬误之分,重要的是把"宣传性现象"搞清楚。"宣传性现象是一种特殊的社会现象,它是在一定情况下,由于宣传和传播的影响和干扰,为了满足某种宣传的目的而制造的一类现象。"①例如,某部宣传科给电台打电话,称明天是植树节,首长要参加植树,请派电台记者来报道。电台称人员紧张,你们自己写好了把稿子送来。宣传科一听就说,你们不派人来采访,我们也不安排首长植树了。也就是说,如果不是考虑到宣传上的需要,这一切现象都不会出现。

所谓假象,是指那些歪曲以致颠倒的表现事物本质的现象。如:由于结核病引起的"面色绯红"对"身体健康"来说,是一种假象。"文革"中群众对林彪的概括:"语录不离手,万岁不离口,当面说好话,背后下毒手。"其中前三句就是对林彪给人们造成的假象的概括。但这些假象,也正反映了他们利用封建思想大搞反革命两面派的本质。

"宣传性现象"同"假象"不同:第一,假象是事物本身特有的,宣传性现象则是为了宣传目的,或者受宣传影响从外面强加给事物的。第二,假象是事物本质的"歪象",而宣传性现象则不尽然。一部分宣传性现象同本质的关系的确近于假象,但也有一部分宣传性现象是"正象",即把反映事物本质的现象加以突出、集中,从而使人们比较容易对事物的本质有更鲜明的认识。

宣传性现象可分为三种:即合理的宣传性现象、不合理的宣传性现象、半合理的宣传性现象。

所谓合理的宣传性现象,是指那些虽然是为了宣传目的而安排的,但并未歪曲和改变事物本质的那些现象。这类现象有些还更集中、突出地表现了事物的本

---

① 艾丰:《新闻采访方法论》,人民日报出版社1982年版,第86页。

质。比如，新闻发布会、记者招待会答记者问、各种展览会、各种招商会以及各种宣传品及广告等。

所谓不合理宣传性现象，是指那些纯属为了达到某种宣传目的而人为设计制造的，用来掩盖或歪曲事物本来面目和固有本质的现象。比如，1958年"大跃进"时，把十几亩稻田里的稻子移栽到一亩田里假冒密植高产；某炼油厂在未处理好的污水池内弄虚作假，在外国人参观之前赶忙放鸭子，等等。记者采访时有时简直就是识破"幻术"走出"迷魂阵"的"战斗"。

所谓半合理宣传性现象，是指那些既含有合理成分，又含有不合理成分的宣传性现象。这种现象往往是利用合理的宣传性现象的形式塞进不合理的宣传性现象的内容。例如，那张宣传可可西里自然保护区而又经过艺术加工的新闻图片"羚羊照"。半合理的宣传性现象最难防范：第一，因为它真假混杂，难以辨识；第二，它采取的是"合理"的形式，类似"合法斗争"；第三，这种现象的不合理成分，也并不都是完全弄虚作假的，容易博得人们的同情和谅解，即所谓"动机还是好的"。

对此，记者在进行新闻策划时应该注意：利用合理的宣传性现象揭露不合理的宣传性现象，分析半合理宣传性现象。不唯虚，不盲从，只唯实。

第三节 新闻专题报道策划

新闻专题报道是指传媒在相对集中的时间和版块内，运用广视角、大容量、深层次、多手法的报道形式，对某一新闻事件、某一特殊人物、某一现象、某一问题，进行的专门内容主体的揭示或研究报道。

专题报道策划是新闻资源集约化开掘的一种强有力手段，在本质上说是一种从理性到操作的全方位的谋略。从广度上看，经过高水平的策划后，许多未曾考虑的选题可以展现亮点；从深度上看，经过认真开掘之后，许多一般的选题可以挖掘出给人以启迪和思考的东西。

一、新闻专题报道策划的方法

1. 释疑解惑法

在人们的日常生活中，都充斥着难点和疑点问题。因为难，了解的人就少，人们的求知欲就更强；因为疑，人们处于十字路口，不知何去何从，需要有人指点迷津。

社会难点问题不仅是政府工作的重点，往往也是新闻舆论引导中的重点。这种难体现在一时众说纷纭，是非难以决断；体现在关注者多，看法不一；体现在积重难返，一时难以解决，记者不好把握其分寸。

疑点报道的策划就是努力寻找政府工作的关注点、社会群众的迷惑点，选准典型，通过舆论引导，形成双方沟通的交叉点，通过入情入理的分析，讲清道理，从而达到为受众释疑解惑的目的。

抓住难点和疑点做文章，要透过丰富多彩的表面现象进行反复深入的理性探索，报道事情发展的全过程，求得最真最实的答案。

2. 热冷融合法

热点和冷点是两个相对应的概念。热点新闻是高价值新闻，深层次新闻，它的受众层面大，社会关注程度高。对于热点问题的报道不能人云亦云，见风使舵。

应对热点适当冷却，对热点新闻资源进行冷静地思考，才能准确把握时间的性质和发展方向。为此，一定要吃透有关政策情况，避免片面报道，冷静客观地综合分析群众的呼声和要求。

与热点相反，冷点新闻是报道前还不为受众和社会特别关注的新闻事实和现象。冷点新闻是一种需要下大力气进行深度挖掘的新闻资源。冰层越厚，挖掘的力度越大，所引起的社会反响也就越强烈。

3. 正逆错位法

正逆错位法采用的是逆向思维，对于一些常规性报道，不按常规的套路走，而是换一个角度，从侧面或反面予以表现，从而使报道标新立异、可读性较强。对于"正题反做"或"正题歪做"的文章，在创新的同时，要注意把握"度"的标准，表现形式要服务于本质内容。

专题报道策划要选择一个好的主题。在具体策划时，应从以下几个方面入手。

（1）客观全面，选题求实。专题报道在很大程度上是对复杂事物的综合演绎。为了把新闻事实在最短时间内多方位、多层次、多角度地反映出来，往往需要派出多组记者进行分头采访。报道应围绕同一个新闻事实，采取平行、对比、递进、立体交叉等多种形式将有关文章进行组合，通过叠加式积累，产生强势传播效果。

（2）说理透彻，选题求深。专题报道是以其解释问题的深刻而见长的，这种深刻性首先表现在它的思想性和理论性上。但是，这种思想性和理论性不是通过空洞的说教和理论的演绎来表现的，它需要的是既能感动人，又能使人在感动之后得出深刻道理的生动素材和对这些素材的精心取舍。

（3）超前思维，选题求新。在专题报道的策划中，我们经常会遇到这样的情况，同一类型的事件或大致相同的情况，会连续不断地周而复始地运动和发展着，给我们专题报道出了一个难题：按照同一种方法表现，听众会有似曾相识的感觉，没有新鲜感。这就要求我们对于同一选题或类似选题，在不同时间进行报道时，需要不断地变换报道手法。

二、专题报道的几种题材形式

一般来说，新闻单位所作的专题报道，常常有以下几种题材：

（1）重大成就的专题报道。重大成就的专题报道要关注社会公众了解重大成就的效益、意义与本人之间的关系，注意避免大而空，善于从小视角观察事物，突出人文效应，挖掘时代精神的内涵。

（2）重大事件的专题报道。重大事件的专题报道要关注社会各界了解全局的需要，要考虑报道的深度。在重大事件的报道策划中，新闻工作者要从宏观上把握和反映，要站在全局的高度观察问题。将新闻事件放在整个社会大系统中，从它的各个要素及其时间与空间的统一结合中进行研究，在新闻事件局部与局部、局部与整体之间的关系中找出它们的本质联系，使新闻报道分析透彻，满足受众探知的欲望。

（3）舆论监督的专题报道。舆论监督是运用新闻传媒干预社会的政治现象，它是生产力和民主政治发展的产物。我们今天讲的舆论监督是人民群众依法管理国家事务、经济事务和社会事务的民主权利的体现。舆论监督是权力制约、监督权力的重要组成部分，是权力制约、监督权力的重要途径。

（4）时事形势专题报道。时事形势专题报道，即对一个时期内，某个地区或某个对于突然发生或突出表现的事件、实物、现象等问题的分析、研究与描述。其目的是帮助受众认清自己所处的外部环境，正确地把握自己的工作、学习和生活过程。

（5）为大众服务的专题报道。服务性专题报道的由来与发展，是传播媒介出现商业化倾向之后的产物。如台海局势缓和后，海峡两岸实现了"三通"。中央广播电台制作了到台湾旅游的专题报道，介绍台湾旅游资源和风土人情，为大陆游客提供服务。

第四节 具有广播特点的组织报道

电台各编辑部门在一定时期内，遵循新闻规律，围绕中心工作和重大事件，提出报道意见，制订宣传计划，拟订报道选题，组织各方力量加以实现。这就是组织报道。

组织报道是一项掌握宣传全局、掌握工作进程和掌握宣传工作全过程的工作。编辑工作的其他环节，如选稿、改稿、编稿、组稿、写稿、编排节目等，属于局部，都要服从这个全局的要求。一个新闻单位的组织报道工作做得好坏与否，决定着它的宣传是否有主见、有预见，工作是否有目标、有计划、有步骤、有秩序。

广播电台要自己走路，而要走自己的路，发挥广播优势，必须把加强组织报道工作放在首位。

一、提出报道意见

报道意见即宣传思想。各新闻单位的报道意见，是根据国内外形势的变化，不定期地提出来的，这些意见将在相当一段时期内起着重要的指导作用。各有关编辑部门应将根据报道意见去制订宣传计划；各专业记者和驻地方记者应将根据报道意见去开展采访活动。编辑部门必须掌握上级的精神，熟悉下面的情况，贴近群众、贴近实际、贴近生活，才能提出报道意见。

各个时期的报道意见要阐明以下几点：第一，这一时期应当着重宣传中央政策中的哪几个重要问题；第二，应该针对实际工作中的哪几个主要问题；第三，应该解决群众（包括干部）思想中的哪几个主要问题；第四，这些问题应该从哪些方面进行宣传。

报道意见是明确支持什么，还是反对什么，要态度鲜明，敢于回答；报道意见要全面，不能强调一个方面而忽视另一个方面，不能忽左忽右，使群众无所适从；报道意见必须以科学发展观和党的路线、政策为准绳；报道意见应当坚持实事求是，不唯上，不唯书，只唯实。

二、制订宣传计划

广播电台根据报道意见制订的宣传计划大致有四种：

月计划。这种计划要全面安排编播工作，既要拟订宣传计划，又要有保证计划完成的措施得当。

专题计划。这是根据某一项重要的宣传任务制订的计划，这种计划要根据具体宣传任务的具体部署来制订。有了月计划和专题计划，广播宣传才可以做到既突出中心，又兼顾全面。

周计划。这是保证完成月计划和专题计划的短期计划，也是以上两种计划的必要补充。一方面，要把两种计划规定的内容在本周内安排贯彻；另一方面，又必须根据新近发生的情况对上述两种计划进行必要的增减和修改，使计划更好地起到指导作用。

日安排。这个安排主要是保证节目安全播出。

上述宣传计划，有的比较概括，只提出宣传要点、宣传要求、初步打算、注意事项；有的比较具体，不仅有宣传内容、具体选题、体裁形式、稿件来源、计划完成时间，还要集中指定专人负责处理各类稿件。无论哪一种宣传计划，在制订以后，各有关部门要注意检查执行情况，及时根据实际情况的变化和编辑记者了解的新情况进行修改补充。提出报道意见，制订宣传计划，是保证很好地体现党委意图，有目的、有秩序地开展广播宣传工作的重要的措施。

广播电台如果没有报道意见，没有宣传计划，即使在总的取向上配合了中心，也是跟着别人走，难免经常发生马后炮现象；或者是报道得比较零碎，在体现党委意图方面比较肤浅，有时甚至会犯错误。

三、组织报道方法

典型报道和综合报道相结合，是我们组织报道的基本方法。典型宜多，综合宜少。典型报道、重点报道、连续报道、批评报道，均属大典型报道范畴。典型有正有反，前三种着重讲正面典型，批评性报道着重讲反面典型。下面介绍几种组织报道的方法：

1. 典型报道

典型是在一定时期、一定方面、一定地区能够在思想、方针政策和工作方法等方面说明普通事物的实质和发展规律的个别事物。典型最富有代表性，报道典型是对现实的最好反映。典型即榜样，富有指导性。报道典型是宣传先进、教育群众的有效方法。电台对先进典型的报道应十分重视。典型是在实践中涌现出来的，各有其特点。对它们既不能求全责备，也不能任意拔高，更不能随着风向的变化而作出随意的、实用主义的解释。坚决反对制造假典型或为假典型"吹喇叭、抬轿子"。报道典型还要防止模式化、脸谱化，千篇一律；要随着典型经验的推广，注意报道老典型的新发展和新典型的不断涌现。

2. 重点报道

社会生活是复杂的、多方面的，但它是有中心的。因此，宣传报道必须有重点。报道如无重点，听众就不知道当前提倡什么，要解决什么问题。对突发事件和重要事件，要集中力量，突出报道，引起人们的注意。不仅要注意发挥广播特点，注重稿件质量，还要运用多种形式进行报道。

3. 连续报道

连续报道又叫发展报道。由于社会生活在不断变化，有些宣传任务需要持续一定时期才能完成。对一些重要典型、重要事件、重要经验、重要问题，电台要通过连续报道反映和指导它的全部过程。哪些典型、实践、经验、问题需要大连续，哪些典型、实践、经验、问题需要小连续，要根据具体情况决定，并且要采取不同的报道方法。

4. 批评性报道

广播电台对各种工作、各种思想、各种现象，好的要表扬，坏的要批评。批评是为了帮助及时纠正不正确的东西，促进构建和谐社会。广播的批评性报道，一定要考虑社会效果，注意做到如下四点要求：要有利于科学发展；要有利于安定团结；要有利于振奋人民的精神；要有利于民族团结社会进步。

总之，电台的批评性报道要使人们听了能鼓舞斗志、增强信心，而不是灰心丧气、失去信心。

为此，电台开展批评性报道，要掌握以下原则和精神：①批评性报道要在党委的领导下进行。②批评的立足点要从团结的愿望出发。③批评的问题要注意局部和全局的关系和客观的可能性。从全局看，从客观实际看，一时解决不了的问题可暂不公开批评。④批评要注意内外有别。⑤批评要注意时机。⑥批评要坚持过去从宽、现在从严的原则。⑦批评性报道最好有头有尾，有处理结果，有反映。⑧批评性报道要有节制，有分寸，要掌握"宁肯少些，但要好些"的原则。电台以正面宣传为主，尤其要注意这个问题。

对于批评稿本身，要严格注意以下几点：要认真核对事实；要揭露事物的本质，击中要害；要讲事实，讲道理，不扣帽子，不无限上纲上线。

5. 综合报道

综合报道是把好多单位完成一个工作任务的复杂情况和材料，比较全面地、有系统地整理出来进行报道。其特点是：报道全面，迅速及时，能通过对事实的综合分析体现出报道的指导性。综合报道切忌空洞抽象，缺乏生动的具体事实和内容；切忌罗列现象，报流水账；切忌浮夸，以偏概全。

较好的综合报道应具备三个条件：问题明确、条例分明、文字简练。

坚持典型报道和综合报道相结合的报道方法，能使听众心中有点有面，正确全面地理解党的方针、政策、任务、要求和当前形势。

四、几种有广播特点的组织报道方法

组织报道方法，除了第三节叙述的五种报道方法以外，电台编辑、记者还根据广播特点，创造了一些电台独有的报道方法。下面介绍其中的几种：

1. 广播大会

广播大会是我国广播工作者独创的一种威力很大的报道形式。即充分利用广播迅速、广泛、能够和听众直接相呼应的特点，组织千百万人同一时间在不同地点收听广播，体现了列宁所说的"广播是千百万人民的大会场"。在广播大会上，可以把党和政府的主张一竿子插到底，直接和群众见面；典型的先进经验可以通过广播大会广泛传开；收听的单位和个人，既是听众又是主人，可以在收听过程中通过电话、电报、手机、互联网把他们的意见提出来，在广播大会上当场广播出去。广播大会是一个鼓动性很强、威力很大的宣传形式。它影响面广，可以在几个小时内把一个群众性运动推向高潮。举办广播大会，要进行大规模的组织工作，不宜轻易采取；必须举办时，要防止浮夸，防止形式主义。

2. 实况广播

实况广播指把话筒等广播设备搬到现场，使现场实况在事件发生的同时转播出去。实况广播以现场实况为主，重要的政治性的实况广播，由播音员作必要的、简练的说明和解释；球赛实况广播由记者在现场介绍。

3. 口头报道

记者、编辑带着广播采访设备深入现场采访，根据现场实况进行口头报道。进行口头报道事前要做充分的准备工作，事后要做必要的整理工作。除球赛以外，其他内容的口头报道也可以在事发现场同时播出。

4. 专题广播

专题广播是加强经常性宣传和突击性宣传的一种重要形式，其特点是：内容集中、目的明确。这种形式很像报纸上的"专页"，可以就某一个问题、某一事件、某一典型，集中、全面、系统、突出地进行宣传，更加突出中心，更好地为听众服务。专题广播有固定的、不固定的和临时举办的特别节目等几种。

5. 广播讲座

电台和有关部门协作，举办了许多理论问题讲座，政策问题讲座、思想漫谈讲座、各种外语讲座，各种教育讲座，被听众称为"空中课堂"，以满足受众迫切要求在理论上、科学上、文化上得到进一步提高的愿望。这个报道方法在近几年发展很快，很受听众欢迎。

6. 集体记者轮流播放

组织各地人民广播电台（或各县市区广播站）举办节目，轮流在中央台（或省、市台）播放。内容可以报道该省、市（或县）最新最重要的成就，各省、市人民对该省、市（或县）最关心的问题，以及当地的知名人士、名胜古迹和风土人情。

7. 区域性传播

组织若干地区或若干单位，围绕一个中心，各办一个节目，报道该地区或该单位的工作和经验，由电台组织成一套节目连续播送。

8. 通信与通话

组织在生产任务上、在协作关系上、在比学赶帮的竞赛中，有关的两个单位或两个先进人物互相通信或讲话，在电台广播。通信或通话的内容是交流情况、汇报成绩、提出问题、互相帮助。

上述后三种组织报道方法，不但可以交流和传播有关地区有关单位的工作，而且在地区之间、单位之间，还可以起到互相比较、互相学习、互相鼓励和推动工作的作用。

第四章　突发公共事件的报道策划与组织

第一节　突发事件报道的策划特点

突发事件又可称为紧急事件、危急事件，它是指人们难以预测或未能预测而突然发生的某种客观情况或事件。

一、突发事件报道的性质

突发事件报道按事件的性质可将其分为两大类。

一是自然事件，即我们通常所说的"天灾"，如地震、火山爆发、山体滑坡、飓风、海啸、洪水、雪崩等。比如 2008 年的雪灾、地震等重大灾害事件，经过汶川大地震抗震救灾报道，可以说媒体在突发事件报道中的表现已经比较成熟了。

二是社会事件，即我们通常所说的"人祸"，这类事件又可分为政治性突发事件和灾难性事故。政治性突发事件指诸如战争、枪杀、民族纠纷、宗教冲突以及伟人逝世之类与政治有关的事件；灾难性事故则包括翻车、沉船、坠机等交通事故，楼宇倒塌、桥梁断裂、水库垮坝等建筑事故，以及失火、瓦斯爆炸等责任事故。

二、突发事件报道的特点

不论是自然事件还是社会事件，它们都有时效性强、变动性大、不确定性大、影响面广的特点；突发事件自身的特殊性决定其报道策划，也有着许多不同于常规事件策划的特点和要求，包括：及时性、紧迫性、谨慎性、应变性、现场感、连续性、立体性等。

1. 自然灾害引发的危机事件特点

（1）公众反应强烈。

（2）不易察觉，毫无预料。

（3）危机影响迅速。事件发生后，影响迅速扩散。

（4）高危性。危害人民群众的生命和财产。

（5）连锁反应。一个事件可能立即引发另一个事件的发生。例如：地震、暴雨、气温下降，坍塌、瘟疫。

（6）复杂性。事发地点地形复杂，情况不明。

（7）扩散性。突发灾害可能引起对重要设施和周边环境的大范围破坏。

2. 社会灾害引发的危机事件特点

（1）对个人或社会群体造成损害。

（2）造成超出本身范围的广泛的负面影响。

（3）造成社会偏见和社会隔阂。

（4）有一定的持续性。首先是突如其来，常常在人们还没有觉察、醒悟之前，就已呈席卷之势；其次是破坏力更强，正因为人们对其疏于防范，所以一旦形成，破坏的广度和深度常常出乎意料；再次是预备不好，社会危机一旦爆发，如果处理不好，常常会留下一定的后遗症。

三、突发事件报道的策划

突发事件报道是衡量一个新闻媒体综合实力、组织指挥水平和新闻队伍素质的重要标准之一，报道的好坏和水平的高低，关系到新闻媒体的影响力和形象，甚至关系到国家的形象和社会的稳定。重大突发与热点事件的组织策划是搞好新闻报道的核心与灵魂。这种不可预知性的报道策划，往往要求在最短的事件内拿出可行方案并立刻付诸实施，所以最能检验媒体的快速反应能力，也最能体现媒体的整体实力。

通过解析5.12汶川大地震、3.14拉萨打砸抢烧和7.5乌鲁木齐打砸抢烧犯罪等突发事件，我们可以发现它们的一些特点，诸如时效性强、变动性大、不确定性大、影响面广等。突发事件由于其"突发性"和"灾难性"等自身的特点，往往会迅速产生巨大的冲击力和震撼力，引起世人的广泛关注，从而在极短的时间内成为社会舆论关注的焦点和热点。这就决定了其报道策划有许多不同于常规事件策划的特点和要求：

（1）以快速反应赢得报道先机。传播学上有一个"首发效应"，首发信息容易对受众形成"第一印象"，先入为主，以后很难改变。在坚持真实、准确的前提下，力争第一时间介入，第一时间发布新闻，这是新闻媒体的社会职责。

（2）以深度载体还原报道事实。突发事件给了新闻媒体一个检验反应与速度的机会，然而一味抢拼速度不是所有媒体制胜的法宝。在争取速度的同时体现深度和核心，是以深度见长的新闻周刊类传媒努力的方向。

（3）以有效结构调控舆论导向。在汶川地震报道中，中央人民广播电台灾难报道机制的一个突破，就是在对信息全面深入介入呈现的同时，通过建立起有效的舆论导向机制，与各有关省市电台建立互动平台，相互配合，交流信息，以独到的报道智慧，积极稳妥地对灾难信息流动进行舆论调控。

第二节　突发事件报道的几种形式

一般来说，突发事件的报道形式大致有以下几种。

一、即时性报道

即时性报道是在突发事件发生后，广播记者赶赴现场或从多渠道获取信息后，迅速发回的报道。即时性报道在广播电台、新媒体（网络）中，具有尤其明显的优势：迅捷性、无限性。下面看一则案例：

2006 年 2 月 20 日，北京人民广播电台出台了突发事件应急预案，非常明确地规定了针对突发事件广播媒体各个部门团结协作的总体分工与流程，具体如下：

（1）台办公室、台值班室的人员，接到市委宣传部发布预警信息或应急事件的电话、传真后，迅速通知总编室，由总编室通知总台领导和各专业广播、北京广播网的领导，并迅速将预警信息和应急事件的传真文稿发到要求给予响应的各专业广播（夜间和节假日期间信息和文稿由值班人员传达、发送）。

（2）各专业广播和北京广播网，接到有关部门提供的预警信息和应急事件稿件后，立即做出安排，以最短的时间尽可能快地多次插播有关消息。北京广播网在显著位置，打出预警信息和应急事件消息。

（3）如遇夜间有的专业广播播音结束后，接到预警信息和应急事件稿件，台值班人员立即通知交通广播领导，由交通广播及时插播预警消息。遇特别重大事件时，根据上级要求，可作临时调整夜间频率播出时间。

（4）一旦接到预警信息和应急事件消息，在播报预警信息的同时，本台应急报道小组要快速反应，迅速到位，组织采访，必要时开辟特别节目，报道与事件有关的情况和相关科普知识，以及各级党委和政府、社会有关方面对此所做的工作、采取的措施、产生的反响等。报道中应注意突出以人为本，上级命令只发通报、不派记者的，必须按要求处置。

（5）在接到专项指挥部、区县和相关委办局提供的蓝色和黄色预警信息后，发布前应由值班人员向市委宣传部核实是否批准，否则，可不予发布。值班人员要和预警信息发布单位保持密切联系，关注事件进展，以便通知"八台一网"跟进发布或组织采访。

（6）在预计或已经发生特别重大、重大突发公共事件时，本台主要负责同志要根据指令立即到市委宣传部视频会议室集中办公。

（7）从有关新闻热线或其他渠道接获突发公共事件信息后不得直接报道，要上报市委宣传部或各专项应急指挥部、区县应急指挥中心，核实后方能播出。对一般突发公共事件，可依据向现场指挥部新闻发言人核实的内容，及时、客观地报道。

（8）预警信息发布和突发公共事件报道，要努力做到及时、准确、畅通；要以正面宣传为主，坚持正确舆论导向，注重宣传效果，服务于市委、市政府工作大局，维护人民群众切身利益，确保社会安全稳定。

（9）对突发公共事件宣传报道安排的落实情况，要及时反馈到总编室及相关负责人。

如此详细的工作流程安排，可以有效避免广播媒体在应对突发事件时可能出现的手足无措、忙中出乱，给新闻一线同志提供了一些政策上和方针上的指向。快速反应能力应该成为媒体应对突发事件的一种自觉的努力和追求。

二、连续性报道

突发事件的报道首先是从即时性报道开始的，它让人们感知该事件的发生，希望了解事情的来龙去脉以及有关细节、背景及相关事项等详细信息。这就要求记者继续追踪事件发展过程及详情，进行连续性报道。

连续性报道的时间跨度长，涉及面广，变化大，问题和矛盾多，更需要策划者精心细心，认真负责，持之以恒。已报道或将要报道的"连续性报道"，应当同时具备以下两项基本要求：

（1）新闻事件足够轰动。比如：周正龙假华南虎案、纸馅包子案、长期的雪灾、持续的大范围严重地震灾害、长年金融危机等。这一点很好理解，因为连续性报道往往耗费不菲的时间和人力，只有重大事件才值得如此投入。

（2）利益主体较多。因为利益主体较多，所以事件在外人看来比较复杂，而各利益主体的博弈则是一个动态的平衡过程，因此不断有新闻事件涌现。比如铁矿石价格谈判、徐工收购案波折等系列报道即是如此。

我们可以看到，上述第一点是连续性报道的充分条件，只有事件重大的时候，媒体才会投入重兵进行连续报道；第二点则是连续性报道的必要条件，只有利益主体较多时，才有施展连续性报道的空间。第二点对我们来说更为重要，因为只有对利益主体进行充分认识、分析、预判，才有可能在连续报道中占据有利位置。

近年来，随着新闻事业的蓬勃发展，连续性报道越来越多地受到媒介的重视和受众的青睐。在近50年来，很少有获奖者会因为一篇单独的报道而获得普利策新闻奖；而在我国，目前已有很多新闻奖的奖项中都增设了"连续报道"奖。在"中国新闻奖"的获奖篇目中连续报道的数目也在逐年增长。例如："第11届中国新闻奖"中就有《扬子晚报》的《孙仲芳回家寻亲连续报道》、青岛人民广播电台的《北京申办奥运 青岛应对"大考"》、中央人民广播电台的《江苏打假暗访实录》、江南都市报的《全力追踪南昌"涌水油"》等一系列优秀的报纸、广播、电视连续性报道获奖。我国各大小媒介相继推出规模大小的连续性报道，以期吸引受众的目光。被戏称为内蒙古新闻界"黄埔军校"的《内蒙古商报》老总曾多次在选题会上对手下记者说："我们要多搞一些连续报道。有了几期连续报道，便会吸引读者的眼球；对一个问题穷追不舍，我们的报道就有了深度，报纸也就有了品位。"

　　总之，自改革开放后，连续性报道便逐步地频繁出现在各种媒体上。首先是报纸，它发挥了自身的优势，刊登连续性报道不仅回答了受众"为什么"的问题，更给受众造成了好奇心理，使之关注新闻事件的发展态势；其次是广播，广播充分利用了其时效性上的优势，成功地组织了一批又一批的连续性报道，例如：1983年中央人民广播电台《全国联播》节目中播出的有关"为科学技术现代化呕心沥血的中年科学家雷雨顺"和"双城堡火车站野蛮装卸"的连续性报道均被评为当年的全国优秀广播节目和全国好新闻作品；另外就是电视，电视发挥了其画面感和时效性上的优势，能给观众带来视觉冲击，如2004年中央电视台的《伊拉克战争连续报道》让受众在第一时间获知了伊拉克战争现场的动态、了解到伊拉克战争的整个过程。

三、总结性报道

　　为了整个大局的稳定或者由于某些技术操作上的原因，有的突发事件是在其出现后的一段时间或结束后才进行报道的，这种报道即总结性报道，由于报道是在最后进行，又可称作最终报道。

　　有些总结性报道并不是出于某种保密的需要而耽误，而是事发后由于某些技术操作上的原因，未能抢到第一手的新闻。在突发新闻的"首发"上虽然滞后，但换一个角度却可以出新，可以起到"后发制人"的效果。

第三节　突发事件报道的策划原则

　　通观各国对突发事件报道的处理情况，我们可以发现：官方普遍高度重视，特别是研究如何召开新闻发布会，建立了比较固定的专门发布体系、机构、制度和程序，都跟主要媒体建立起密切联系；各国通讯社通常都是突发事件新闻发布的重要渠道。

一、突发事件报道策划的基本原则

1. 快速反应，及时报道

快速反应是一个新闻工作者必备的素质，是具有新闻敏感和职业内涵的表现。及时报道是对新闻的实效性和对受众需要的满足，是职业精神的体现。中央人民广播电台的特别节目《爱心守望，风雪同行》，是雪灾期间第一时间报道的典型成功案例。

2. 真实准确，客观公正

坚持真实准确的原则，即要坚持以客观事实为依据，实事求是，亲自调查、核实。广播新闻工作者在新闻报道中必须遵循的又一项基本原则，即对事件只进行客观叙述，剔除所有事件外的感情色彩和一些有意或无意的诱导性话语，让听众知晓事实真相。

3. 把握大局，统筹安排

对不同性质的突发事件，要采取不同的报道方式和报道范围。从维护国家形象和利益的高度出发，在报道突发事件时还应注意内外有别，请示汇报，快中求稳，真实准确。

4. 把握节奏，保持理智

把握节奏，除了时间上的快慢要求外，就是对"度"的把握上的要求，而在对"度"的把握中，首要的一点就是对报道量的度的把握。

在突发事件的报道中讲究理智也是十分重要的。2008年的雪灾报道，更显现了广播新闻的优势。"比如贵州7县市大停电，电视收不到信号，小小的收音机就发挥作用了。"中央气象台首席预报员孙军说。地方电视台也派记者到现场，但拍回去后，全天滚动的就是一条新闻、同样的镜头。而广播却比电视更快、更及时、更有互动性。在宝鸡的油罐车险情中，从车队以短信向电台求援、电台记者把交警总队的电话接进直播间，到交警总队给出答复，前后只用了10多分钟。相比其他媒介，广播覆盖成本较低，灵活性更高，在预防与救治灾害天气方面更能发挥作用。

5. 讲求艺术，注重技巧

讲求突发事件的报道艺术。首先，要及时跟进，随事而变；其次，要拓展报道层面，挖掘新主题；最后，要讲求艺术，用事实说话。

二、突发事件报道的议程设置

媒体可根据需要，对突发事件的报道进行相关的议程设置。

　　首先是社会责任的议程设置。以5.12地震为例，当时灾难刚刚降临的时候，温家宝总理在飞机上通过主流媒体，表示"在重大灾难面前，我们一定要镇定、信心、勇气战胜灾难"；到了灾区又发出"只要有一线希望，我们就要做百倍的努力"的救援指示。这些信息都在第一时间通过大众传媒传遍大江南北。地震震动海内外，温家宝总理话语通过大众传媒也在震动着海内外人们的心灵。中国的媒介在第一时刻承担起真正的社会责任，中国的传媒人从来没有像今天这样感到责任的重大。

　　在汶川抗震救灾的报道中，新闻记者注意抓细节，如那个刚刚被从废墟当中被救出来的孩子向解放军敬礼的镜头；在电视镜头前，那些依然还被埋在废墟中人们坚强的话语，通过电视画面呈现在受众的面前；还有广播电台主持人那些发自肺腑的感慨和言论，都在一定程度上弥补了电视传播单向交流的缺陷。在突发事件报道过程中，由于媒介积极履行社会责任，人们更多的是从电视媒介中获取信息，而从广播电台和新闻发布会上获取的信息，成为了一种原有信息的强化和补充。

　　其次是在突发性媒介事件的议程设置过程中，注重人文关怀。在5.12大地震这类突发性公共危机事件中，人员和财产损失惨重。以前，我国媒介对于灾难中的损失报道仅仅是数据。随着时代和社会的进步，公众对冰冷的数字产生了一种隔阂。他们需要更多死者和伤者的信息，需要充满同情和痛惜的文字、音响和画面。只有这样才能表达出公众心中对于死者和伤者的怀念与同情。在报道死亡和伤亡人数的时候，增加很多人性化的话语，不但有面上的数字，而且还有一个个由于灾难而丧失生命的例子，让冰冷的数字在一个个案例面前都变成了受众心目中鲜明的形象。这种人文关怀渗透到我们的报道中，会极大地激发埋藏在中国人民内心的深处的人性最光辉的一面。从这点出发，新闻报道的功能不仅仅是告知，还应该"阐释"、"剖析"和"预警"，应该以理性的事实选择和诠释，使新闻报道具有建设性意义。

　　再次是通过议程设置，实现媒介的政治功能。在5.12四川地震危机报道中，媒体通过其议程设置，实现了两个政治功能：一是营造社会舆论氛围、全力配合政府救援行动；二是突出共识，众志成城抗震救灾。

　　当温家宝总理对着电视镜头向全国表示："广大军民团结一致，众志成城，我们一定能够战胜这场特别重大的地震灾害。"正在灾区受苦受难的民众以及对痛苦感同身受的中国其他地方人民，在这样坚定的声音中，都听出了其中的决心和斗志。全国人民乃至全世界的华人都从中感受到了一种抗震救灾、众志成城的精神力量，一种人文光辉的情绪油然而生。所有的新闻报道营造了一个中国人民全力抗灾、众志成城，只要有一线希望，就要尽百倍的努力去营救被困人员的悲壮的、充满人性关怀的舆论氛围。

与此同时，大量成功救人的事件报道鼓舞着救灾人员的士气，这就更需要通过这样的议程设置来实现媒介的政治功能。

最后是通过议程设置调节社会动员时的平衡点，使社会稳定，国家安定，人民安居乐业。李普曼曾这样形容大众传媒：报刊（媒介）就像探照灯的光束一样，不停地照来照去，把一件又一件的事从黑暗处带到人们的视域内。被媒介照到的内容也许就进入受众的视野里，而那些没有照到的，就不会被受众关注。而这其中的原因既有客观因素的影响，也有主观因素的影响。

媒体选择报道力度的方式是经过其操作者主观筛选的，而议程设置的选择的准确性，要受到新闻事件本身复杂性的限制以及客观因素的制约。虽然媒体的责任在于将社会上发生的重要事件告诉给受众，但是完全客观真实地反映社会现实是不可能的，信息在传播过程中肯定存在不同程度的变化。而这种由于媒介从业者主观上刻意或者无意间造成的扭曲，正是我们所说的媒介事件议程设置。所以在这种情况下，更应该注意危机报道的策略议程设置，危机刚刚爆发时也许媒体没有意识到，但是在后续的报道中，媒体要把握危机报道的平衡，这是保证社会动员全面平衡的基础。①

第四节　搞好突发事件报道的重要意义

一、报道好突发事件是新闻竞争的必然选择

媒介竞争，归根结底是争夺市场的竞争，是争夺受众的竞争。媒介争夺受众的关键要看其传播的内容。为此，传播者要从两方面做起：一要增强受众意识，了解受众需求；二要改进传播内容，满足受众需求。媒体要想在激烈的市场竞争中站稳脚跟，求得发展，必须重视报道内容，因为内容是吸引读者的唯一途径。大众传播媒介，正面临着激烈的竞争。任何一种媒介，只要有了受众，就有了市场；有了市场，媒介就有了生存和发展的根基，就能够在竞争中立于不败之地。

二、报道好突发事件是科技发展的必然要求

现代科学技术使不同地域的信息交流越来越快，人们获取信息的渠道也越来

① 参见张睿：《突发性媒介事件的议程设置浅析》，载《民风》2008年第10期。

越多。在重大突发事件的报道中，要想让媒体获得受众的信任，关键是信息要透明、全面。比如，5.12地震当天，网上曾流传湖北黄石也发生6.3级地震。武汉晨报13日并没有回避这个问题，而是在A07"释疑"版，刊发了一则新闻《黄石没有发生地震》，这是晨报记者求证湖北省地震局工作人员之后写的报道，提醒大家不必惊慌。这篇报道迅速安抚了受众，网络谣言不攻自破，纸质媒体也再次证明了它的新闻报道的真实性。

受众的收听往往是不专注的、三心二意的，除了一些个人感兴趣的信息外，受众对一般信息的专注普遍是在社会面临危机时。如《保护母亲河，攀枝花在行动》，讲到当地的环境污染："人的生命比什么都重要呀，人的健康生存比什么都重要！如果还是长期的亚健康状态，我们的生产建设还有什么意义？我们吸了半辈子烟尘，不能让我们的后代再吸了！"这样的题材，这样的话语，一听就被紧紧粘住！

美国传播学家梅尔文·德弗勒提出了"媒介依赖论"。认为受众对媒介的依赖有两种情况：一是日常依赖，为满足一般信息需求习惯使用某些媒介；二是异常依赖，社会发生重大变化，情况不明，受众急于从媒介了解情况，因而依赖明显增加。当社会面临危机时，受众最容易"异常依赖"的媒介是什么？是广播！只看在伊拉克战争期间，有多少人在认真收听中央人民广播电台直播"海湾零距离"？电视有画面，网络也及时，但人总要干其他事，总不能整天守在电视、电脑跟前；作为"多重程序并行的消费者"，最节约时间地及时、乃至即时得到信息的最好方式，就是听广播！从这个意义上说，广播天然就是一种"危机媒介"！或者说，它在危机时刻的直播能发挥出最大的威力。

三、搞好突发事件的报道是加快我国民主政治建设的需要

突发事件报道是对新闻界提出的更高要求，舆论不仅要反映群众的呼声，还要对政府工作进行监督。突发事件发生了，政府有关部门应负什么责任，事后他们做了哪些抢救和善后工作，人民是需要了解的。人民群众了解了突发事件的发生、发展过程，可以更好地监督政府工作，更好地理解、配合政府工作。比如汶川大地震发生后，受众普遍有一个疑问，为什么震前没有预测？这实际上是民众对相关政府部门工作的一种质疑和监督。

建立现代新闻制度是社会主义现代化国家制度建设的重要内容之一，随着改革的推进，公众的知情权与媒体的舆论监督权在中国的新闻实践中正在发生明显的变化。媒体是满足公众知情权最重要的渠道，新闻媒介的运作特点也使它适宜于担当监督重任，因为新闻媒介的运作具有及时性与公开性，传媒抓到

"蛛丝马迹"广播后，就能引起全社会的注意，使得各种违法违规行为难有藏身之地。

四、搞好突发事件的报道是促进我国新闻业与世界接轨的需要

世界新闻传媒业正向着快、准、好的强势速度发展，铺天盖地的新闻和让人惊叹的发布效率，是世界新闻发展的必然要求。20 世纪 90 年代，市场经济在全球的扩张，使整个世界日益成为一个相互联系的整体，每一个国家都必须依赖这个整体，世界已经日益成为一个不可分割的大新闻环境。在全球化的语境下，人们可以很方便地了解全球人的生活方式、价值观念和行为模式，各种危机信息很容易突破国家的界限在更大范围内传播，这对于中国来说意味着一个大的转变。在全球开放性的传播系统中，准确、及时地发布信息，正确引导舆论，维护社会稳定，安抚人心关爱生命，遵循国际惯例、考虑国际影响，树立国际形象就成为危机报道的必然选择。

第五节　突发事件报道与危机传播

一、突发事件报道与危机传播

媒体报道突发事件即是危机传播的即时表现。危机传播是政府部门危机管理的一个重要组成部分。如果说危机管理是一个以管理科学为核心的多学科研究领域，那么危机传播则是以传播学为核心，把人际传播、言语传播、大众传播、组织传播和跨文化传播等学科的一些理念运用到危机管理的过程中。简而言之，危机传播就是在危机前后及其发生过程中，在政府部门、组织、媒体、公众之内和彼此之间进行的信息交流过程。

（1）潜伏期：树立"危机意识"。不要告诉公众"没什么可以担心的"。政府部门应该向公众提供足够的背景信息，帮助他们树立"危机意识"，让公众对各种可能出现的危机有足够的心理准备，并对他们的问题给予解答。

潜伏期的传播要求：准备预案；建立和培养各种合作关系；搜集各种相关建议；检验信息、渠道是否畅通；进行新闻发布会的模拟和演练。

（2）爆发期：危机发生之后，如果自救、自助行动处于无政府、无组织状态，就会产生一些负面的影响，甚至于导致危机的恶化。我们应当采取适当的传播策略和技巧，把各种负面影响及出现非理性行为的可能性降低到最小限度。在危机爆发期，我们应当做到：不要过度安抚公众，承认不确定性，强调政府部门

的应急程序已经启动，并且留有余地。

爆发期的传播要素：承认危机的出现，表达同情；使用简单朴实的语言，向媒体和公众阐明可能出现的风险；树立和维护政府组织以及发言人的公信力；向公众提供切实可行的行动方案（例如从哪些部门可以获得帮助等）；承诺向公众及时传递最新消息。

（3）延续期。在延续期人们开始感受到危机所带来的负面影响，尤其是那些与个人切身相关的负面影响。同时，政府部门开始着手进行解决危机或灾后重建恢复等工作。

延续期的传播要素：帮助公众更准确地了解所面临的风险；提供更有针对性的深度背景信息；对政府的决策进行解释，获得民意的支持；接受反馈意见，及时纠正错误信息；着手进行收益/风险评估。

（4）痊愈期。随着危机影响逐渐减弱，人们对危机的了解也日益增加，政府开始着手进行恢复性的工作。痊愈期虽然标示着事态向积极的方向发展，但是由于媒体和公众进入"信息疲劳期"，这会影响到政府的信息传播效果。因此，政府应当采取一些适当的媒体公关手段，借助一些新的媒体形式（例如网站），重新激起媒体和公众的兴趣。

痊愈期的传播要素：对引发危机的原因和危机处理过程中出现的各种问题，作出诚恳的解释；通过教育提高公众应对危机的能力；说服公众支持政府灾后重建的各项政策的执行和对各种资源的调拨；树立政府部门的组织形象（CI）。

（5）评估期。对政府部门的危机传播有效性进行评估。总结经验，发现问题，对危机传播预案进行修订，重点对发言人工作和应对媒体的工作进行评估。

二、危机传播七原则

1. 让公众成为危机管理的合作者

在民主社会中，危机传播要遵循两个基本宗旨：首先，所有个人和社区都有权利参与那些影响他们生活、财产、价值观的决策活动。其次，危机传播的目标不应该是转移公众对危机的关注或劝服他们无所作为，而是应该告知公众真相，让他们主动参与到危机管理的工作中来，表现出积极合作的态度。

行动指南：（1）在制定重要决策之前，要让整个人和社区尽早参与进来，尊重公众的意见。（2）不仅仅要让公众了解危机的严重程度，还要说明危机与公众有何关系。要让公众感到危机管理与自身的利益息息相关。（3）危机传播的最终目的是赢得公众的信赖。

2. 倾听公众的声音

危机发生时，公众所关注的不仅是伤亡者的数目或者是其他反映灾难破坏力的统计数字，他们更关注的是政府部门是否可靠，是否有能力控制局势，是否表现出同情和关注。如果人们觉得他们的声音没有被政府听到，那么他们可能也不会去听取政府的任何建议和意见。因此，有效的危机传播一定是双向的。

行动指南：（1）不要武断地猜测危机爆发后公众知道什么、想到什么或做到什么。（2）可以采用个别访谈、召开座谈会、设立免费电话热线和民意调查等手段，搜集公众的意见。（3）"换位思考"也是很重要的，多了解公众的感受，多从公众的角度考虑问题。（4）通过危机传播来了解不同社群在政治和经济上的诉求、文化习俗和语言特征，这对进行有效的危机传播是非常重要的。

3. 坦诚和开放

有效的危机传播需要一个值得信赖的信息传递者来完成，因此，危机传播的首要目标就是建立政府部门的公信力和可信度。要想获得信任就不能朝令夕改，获得短期的信任比较容易，只需要通过使用各种传播手段（如言语传播和非言语传播）来达到；长期的信任则要通过具体的行为和表现来获得。作为政府部门的信息传递者，发言人最重要的品质是信誉。赢得公众的信任需要一定的努力，一旦失去很难再获得。

行动指南：（1）可以向公众阐明自身的优势和业绩，但不要直接要求公众的信任。如果问题的答案还不清楚，承认这一事实，并且保证尽快提供对方满意的答案；如果发现错误要及时纠正。（2）及时向公众阐明危机可能带来的风险，同时留有一定的余地，不要缩小或者夸大风险的严重性。如果信息本身带有一定的不确定性，尽可能多地向公众提供信息，把存在的优势和劣势如实地告诉公众，这样公众才不会觉得你在故意隐瞒什么。

4. 与其他可以值得信赖的信源合作

有效的危机传播通常借助于各个部门之间共同的协调和合作。危机传播中面临的最大困难是出现不同声音，如果政府部门发布的信息彼此互相矛盾，那么危机管理便无从谈起。

行动指南：（1）多进行包括组织内和组织间的传播和交流。（2）政府部门应当竭尽所能与其他权威信源如专家学者、地方官员以及各个社群的"意见领袖"——建立联系，他们可以成为危机传播的权威信源，同时政府部门也可以选择与他们联合发布信息，从而增强传播效果。

5. 满足媒体的需要

危机期间，媒体是信息的主要传递者。媒体既能够设置公众议程，也能够影响危机传播的后果。媒体运作有一些特殊规律：他们对危机的政治意义的关注往往会超过对危机本身的关注；他们喜欢政府部门发布的言简意赅的信息，不喜欢长篇大论；他们会不停地寻找各种问题和错误，作为"新闻点"。

行动指南：（1）对所有的记者保持合作的态度，了解并尊重媒体的截稿时间。尽量为各种媒体提供他们所需要的媒介"产品"，比如为印刷媒体提供新闻通稿，为广电媒体提供同期声和音像资料等。（2）接受采访之前，要与记者商议具体的主题，并在采访过程中反复抛出。可以为记者提供一些相关的背景材料，但不要推测或假定。（3）受访时只说那些你愿意重复和应该重复的话，确保受访的所有内容都记录在案。尽量使采访简短。（4）受访后要追踪记者的报道，与一些值得信赖的记者和编辑建立起长期的合作关系。

6. 言语清晰、饱含感情

使用专业术语可以显示政府官员的素质，但是对以媒体和公众为主要对象的危机传播而言却是很大的障碍。危机爆发时，媒体和公众没有心思听那些枯燥的数字和专业术语，这时候通俗易懂、表达关爱的言语更有说服力。

行动指南：（1）使用清晰的、非技术性的语言。尽量适应危机发生地的受众语言习俗；尽量让讲话简短，但又要尽可能多地向公众提供他们所需要的各种信息；多用图片等来说明问题；多使用"人性化信息"，比如故事、案例以及趣闻轶事等，使技术性很强的信息鲜活起来。（2）在描述伤亡和疾病等主题时，避免使用一些抽象的、不常见的或者没有任何感情色彩的词语。通过言语和行动对公众的恐慌、焦虑无助等情绪做出回应。（3）在谈及危机可能带来的风险时，可以采用比照的方法，帮助公众对所面临的各种风险的严重性进行评估。（4）多使用"行动性信息"——即向公众阐明即将或可能采取的行动。要向公众阐明政府接下来会采取的措施和公众将会得到哪些救助。要清楚明确地告知公众：伤亡和疾病是令人痛心的，却是可以避免的。

7. 周密筹划和认真评估

危机传播虽然应当遵循一定的基本原则，但根据传播目标，媒体和受众的不同，我们仍然需要制定不同的策略。危机传播的成功取决于周密的筹划和认真的评论。

行动指南：（1）从最简单、最清晰的目标做起，比如给公众提供信息、安抚公众情绪、鼓励公众进行自我保护，调整行为习惯等。（2）对危机中的一些技术性因素进行评估，搞清其优势和劣势所在。在受众当中确定一些能够协助政府进行危机管理的群体和一些有特殊需求的群体，对这些群体进行有针对性的传播。（3）选拔口头表达和人际交往能力过硬者担任新闻发言人。对政府部门的有关人员（包括从事专业性和技术性工作的人员）进行传播技巧的培训。对发布的重要信息，事前要在小范围内做传播效果的检验。（4）事后要对危机传播的全过程进行认真评估，总结经验，吸取教训。①

三、如何使危机传播更有效

为了使危机传播更有效，一般可采取如下方法：

（1）"比照法"。发言人（或者是官员、专家等）为了平息公众的恐慌情绪，在向媒体和公众解释危机的严重程度时，往往会采用比照的方法。

（2）"适度劝慰法"。危机传播的目标不仅要让公众暂时平静下来，而且要培养他们理性面对危机的态度，在危机面前既保持镇定，又保持高度的警觉和关注，积极配合政府的工作。

（3）"平衡法"。在危机传播中，媒体应当遵循"平衡原则"，做到既报喜又报忧，既让公众感觉到危机在缓解，同时又不放松各项防范措施。

（4）"不确定性法"。在危机传播中，发言人应当承认危机中的不确定性，表明自己与公众一样感到担忧。这样做一方面给自己留有余地，另一方面可以赢得受众的共鸣。

（5）"行动信息法"。在尽可能的条件下，应当为公众提供不同的行动方案供他们选择，包括高、中、低端应对行为。一般来说，向公众推荐的是中端应对行为。

（6）"受众意识法"。在危机传播中要充分估计到受众的自主意识，多从受众的角度来规划危机传播的预案，而不是一切从树立政府部门的权威出发。危机传播旨在发挥公众的主观能动性，让他们主动参与而不是消极被动地等待政府的救助。另外，不要回避公众的恐慌情绪。

四、危机传播新闻发布的主要媒介模式

常见的危机传播新闻发布的主要模式有如下几种：

（1）新闻通稿。最为常见的方式是发放新闻通稿，可以在事故现场发放，也可通过传真或电子邮件传递。一般而言，新闻通稿上发布的信息在12小时之内不应当过时。

（2）新闻发布会。政府部门的新闻发布会通常有三种类型：日常的定期发布、不定期的专题发布、高频度的危机发布。

（3）卫星连线采访。随着媒介传输手段的革新，现在许多媒体都配备了卫

① 参见安斌：《危机传播与新闻发布》，南方日报出版社2004年版，第28～31页。

星传输设备。卫星连线采访通常是由相关部门的发言人主持，可以邀请专家或在现场处理危机的负责人参加。

（4）电话/网络连线采访。不同部门的发言人可以在不同的地点同时接受媒体的访问，具有很强的交互性。

（5）发电子邮件或传真。

（6）官方网站发布消息。

（7）电话回复。危机传播期间如果有较为充足的人力，应当考虑设立 24 小时电话专线接听媒体的垂询。

五、转型期中国社会危机传播的总体特征

根据世界发展进程的规律，在社会发展序列谱上处于 500～3000 美元是危机频发的"不稳定状态"，中国 2008 年人均 GDP 刚突破 3000 美元，刚好处在这个阶段之中。

我国的危机形态呈现出以下几个特点：

（1）危机涉及的重点领域突出。我国社会稳定研究课题组的调查显示，城市居民对影响当前社会稳定的主要因素（或问题）的回答，2000 年和 2001 年都集中在五个大问题上：下岗失业、腐败、贫富悬殊、社会风气败坏、社会治安恶化。农村居民 2001 年关注的五大问题是：农民负担过重、腐败和官僚主义盛行、贫富悬殊加剧、社会风气败坏、失业下岗人员增加。

（2）突发公共事件呈现较高频次、较大规模，据统计，我国每年有 28.7 万人死于自杀，200 万人自杀未遂。

（3）危机的社会影响增大，全球化程度加深，新闻学者必须在更大的视野里研究新闻学。几十年来，人类创造了地球卫星，实现了登月梦想，发明的射电天文望远镜能看到太阳系以外更远的去处，尤其是互联网的普及影响到了人类生活的诸多领域。"我们已经进入了一个以先进科技手段为基础、大众传媒和现代市场联姻的时代。"《人民日报》曾发表文章指出："传媒、市场、科技，当代世界三大强势元素纠合一体，交叉覆盖，在人类的头顶笼罩了一层传播文化网膜，造成了一种比实态真实还要强大的拟态真实。"① 说具体一点，新闻人要随着科技进步而不断"跟进"，用"全球化新闻观"对待新闻事件和新闻作品。

六、危机传播相关法律

2007 年 7 月 3 日，国务院法制办公室副主任汪永清表示，提交全国人大常

---

① 肖云儒：《大众传媒与文艺新变》，载《人民日报》，2006 年 9 月 14 日。

委会二审的《突发事件应对法（草案）》中有关对媒体的处罚规定，只有在新闻媒体违反规定，擅自发布不实信息或者报道虚假情况，情节严重或者造成严重后果的情况下才适用。这不会影响新闻媒体正常报道突发事件的信息。

正常报道突发事件不受干预，能清楚地显示立法者对新闻媒体在突发事件中的权利、责任和义务，呼应了公众制约行政权力的呼求，体现了时代的进步。

新闻媒体应对突发事件有两项权利：及时准确地传播信息，实施舆论监督。如果媒体被政府所制约，当突发事件发生时，不能及时地行使应对突发事件的权利，就会因为信息滞后，导致一次安全生产事故最终演变成大规模的公共危机。

执行突发事件应对法需要信息掌握者——政府与信息传播者——媒体的双重自律。政府掌握的突发事件信息往往最多、最全面，因此政府统一、及时、准确发布突发事件信息，是社会公众全面、准确了解突发事件信息的重要环节。增强突发事件信息的透明度，主要责任在政府。

政府的自律指的是在遭遇突发事件时，政府不得以这样那样的理由，或是出于这样那样的考虑而拒绝发布相关信息，或是发布虚假信息，或是仅仅透露出极为有限的信息而隐瞒了更为重要的信息。

政府或企业出于自利的目的，隐瞒和封锁突发事件信息并不奇怪，问题是，灾难和危机往往不以人们的意志为转移，它在迅速地同正确的信息赛跑，一旦灾难的速度超过危机信息传递的速度，大规模的人员、健康和财产损失可能在须臾之间，上至高官、下至庶民，都难以幸免。因信息的延误和瞒报而造成了不良的后果，尽管可以问责于某个官员（如应对非典时期，中央果断地免除了卫生部部长、北京市市长的领导职务），但是挽回不了人们的健康、财产和生命。信息传播的速度可以达到每秒30万公里，但人为的阻碍却使它寸步难行。因此，针对实践中有的政府不按规定报送、通报、公布有关突发事件信息，甚至谎报、瞒报有关突发事件信息的问题，《突发事件应对法（草案）》规定，要对其直接负责的主管人员和其他责任人员，给予记过、记大过、降级或者撤职的行政处分。《刑法修正案》第六条，还对有这些行为的人员规定了最高可处七年以下有期徒刑的刑罚。国务院法制办公室副主任汪永清对此表示："如果新闻媒体在采访中，发现政府有谎报、瞒报有关突发事件信息的问题，媒体可以揭发。"

媒体的自律则是在获得相关法律上的支持以后，更需要审慎、客观公正、准确地报道突发事件。新闻媒体必须本着事实本身与信息本身来进行相关的报道，而非猜测、想象、编造出一个吸引人眼球的突发事件。《突发事件应对法（草案）》的制定，既是一种来自于法律的支持，更是一种媒体在无形中必须承担起的责任和义务。如果新闻媒体传递的信息不真实、不准确或者发布虚假信息，就可能引起社会不必要的恐慌，甚至造成严重的社会危害。为此，已经提请全国人大常委会进行审议的突发事件应对法草案第 57 条规定："新闻媒体违反规定，擅自发布有关突发事件处置工作的情况和事态发展的信息，或者报道虚假情况，情节严重或者造成严重后果的，由所在地履行统一领导职责的人民政府，处 5 万元以上 10 万元以下的罚款。"这将有利于防止个别新闻媒体编发没有根据的信息和传言，或者报道虚假情况、误导社会公众，引起不必要的恐慌。

新闻媒体是党、政府和人民的耳目与喉舌。当突发事件来临时，政府提供给媒体准确的信息，而媒体将其及时地发布，唯有及时地上情下达、下情上达，公众才不至于在突发事件面前丧失正确的判断，才不会听信于每每突发事件中产生的谎言与传言，才会使得突发事件在最短最快的时间里得到解决。这将有利于社会的整体和谐。①

从《突发事件应对法（草案）》出台到《中华人民共和国突发事件应对法》正式颁布之间的公共讨论，乃至政府对公共讨论的反响，以及对原草案的修改，这本身就是一个政府民主进程中的试错过程。试错的背后体现的是"立党为公、执政为民"以及"权为民所用"等执政思想。这也正应对孟德斯鸠在其《论法的精神》中的一句话："智能的存在者会拥有他们制定的法律，但是他们还会拥有一些绝不是他们自己创造的法律。"②

就本论题而言，随着我国《中华人民共和国政府信息公开条例》的颁布以及于 2008 年 5 月 1 日的施行，随着《中华人民共和国突发事件应对法》的颁布以及于 2007 年 11 月 1 日的施行，新闻传播在应对突发事件的对外报道方面发挥了重要作用，新闻工作者发挥自己的积极性、主动性、创造性，自由地按照自己对客观事物的正确理解进行新闻报道和发表意见，有了更加广阔的空间。

---

① 参见肖峰：《正常报道突发事件不受干预——突发事件应对法（草案）解读》，载《应用新闻》2007 年第 9 期。

② 参见［美］F. A. 哈耶克《法律、立法与自由》第一卷之扉页，邓正来、张守东、李静冰译，中国大百科全书出版社 2000 年版。

第五章　广播新闻采访

就广播新闻的特点而言，广播是有声无形的，只能通过声音传递信息，只能诉诸"接受主体"的听觉器官，其最大的特点就在于它的可听性，它只能听。在具有原来"新、短、广、快、活"特点的同时，广播新闻又增添了同步直播、现场音响、录音评议、表达多样（指播音与主持）等新的特点。本章将重点讲述广播新闻采访的特点和规律，尤其注意广播新闻音响的录制，以及广播音响的采访技能。

第一节　广播新闻采访概述

一、录音采访

广播是声音的艺术，而人的听觉是占有外部世界的天然方式之一。马克思曾注意到英国哲学家霍布斯"理智是通过耳朵而来的"的思想。在现代信息社会的传播途径中，虽然广播受到了电视和网络传播的挑战，但这就像当年广播挑战印刷媒体一样，最终是各得其所，并非你死我活。

那么，广播新闻要如何采集呢？这就需要我们来讲讲录音采访了。录音采访不同于平面纸质媒体的采访方法，首先，做好录音采访前的充分准备；其次，掌握好录音技巧，学会"一次性成功采录"的本领；再次，深入现场，同步进行典型事件、典型环境、典型音响的采、编、录。

1. 做好录音采访前的充分准备

战争年代有"不打无准备之仗"的说法，意思是有准备才可能打胜仗。若是遇到突发性的遭遇战来不及准备呢？这就要靠日常的经常性准备，正如两则成语所说的——常备不懈、有备无患。采访如同打仗一样，必须有准备。从事新闻采访的记者、通讯员在日常就应注意政治、理论学习，掌握各项政策精神，积累各种情况和知识，就像"停在军港里升火待发的军舰"，时刻做好出发完成采访任务的准备。实践证明，有准备和无准备是大不一样的。

前些年，电影《本命年》在国内上映之后，一位记者去采访姜文。见面之后，记者问："片名什么意思？"姜文一听有点不高兴："你连这都不懂，还什么采访？"采访即刻陷入僵局。

1994年5月，中央电视台一位记者在上海采访周谷城。这位96岁高龄的老人躺在床上表示只能讲一句话。记者听了老人的表示并未显出难色，而是平静地问道："听说在五四运动的游行队伍中，您曾跑掉过一只鞋？"老人听了十分惊讶。面对如此熟悉自己经历的记者，老人来了谈兴，立刻打开了话匣子，采访进行了一下午，记者圆满完成了任务。

那么，一次非突发性的采访应做哪些准备呢？一般来说，主要应做如下五个方面的准备。

（1）政策准备。就所采访的问题学习和掌握相关的政策，以保证在采访写作中，在政策表述、口径把握上不出问题。

（2）情况准备。充分了解采访对象方方面面的情况，了解得越多越好。

（3）材料准备。指的是书面材料，包括采访对象的背景材料、工作总结材料、事迹介绍材料、活动安排材料、已发过的报道材料等。

（4）知识准备。广泛搜集有关采访对象和题目专业知识和其他知识，以保证采访中双方能有更多的共同语言，记者也不至于显得过于外行。70年代，一位记者去大庆采访，问石油工人："钻井钻到多深才能钻到地下的石油河？"石油工人笑了，说："地下的石油河？原油是含在地层深处细沙中的。"这位记者事先没有学一点石油生成的知识，结果闹出了笑话。

（5）计划准备。就是采访出发前，要制订一个大致的采访计划。计划中应包括采访内容、采访日程、采访对象、所提问题、报道规模、报道形式、经费预算、注意事项等。计划作出后应向主管部门领导汇报，使计划更加完善，并在得到领导认可后遵照执行。

需要指出的是，在"家"里制订的计划，在采访中有可能被打破。采访剪报计划主观性多一些，采访中发现客观情况与计划成本不一致，就要坚决服从客观情况而改变原有计划。计划必须有，但计划不是死框框，不能让它框死采访活动。重大采访项目，如重要会议、重大政治事件的采访，如果计划有变，应及时向主管领导报告。一般采访，如计划有变，采访者可自行处之，采访完成后再向主管领导作些说明。

2. 掌握好录音技巧，学会"一次性成功采录"的本领

第一，养成随时搜索新闻事物的习惯。中央人民广播电台记者曹仁义说："1975年春天，我到海南岛采访农田基本建设，在海口市招待所住下后随意翻阅报纸时,在一篇报道中看到这样一句话:'屯昌县有一位名叫陈职锦的农民,82岁时申请入党,终于如愿。'这句话立刻引起我的兴趣:一位普通农民,82岁入党究竟是什么动力支持着他?于是,采访完农田基本建设选题后,我就去了陈老汉所在的村子,深入采访后,写出了录音特写《五指山下愚公》,集中报道了这位普通农民为集体操劳一辈子的感人事迹。这篇特写播出后,受到听众好评,并被列为当时一所大学中文系学生的参考范文。"①

第二,遵循真实性原则,确保音响的真实性。真实是新闻的生命,也是选用音响的最基本要求。为了确保音响的真实性,在运用音响时要注意:报道中运用音响要符合客观实际,不要人为地干涉。不能用模拟音响代替现场实况音响,也不能把不同地点采录到的产品品种说成同一时间、空间发生的事件。音响应该清晰,不能失真。录音报道中选用的音响应该让人听得容易、听得明白。选用产品品种时应尽可能选用生动清晰的音响,避免使用模糊不清、嘈杂刺耳的音响。

1991年10月16日,国务院、中央军委在人民大会堂举行隆重仪式,授予钱学森同志国家杰出贡献科学家荣誉称号、一级英雄模范奖章。会议有12项议程:中央军委副主席刘华清宣读命令,国家主席杨尚昆为钱老佩戴奖章,宣读李鹏贺信,宣读聂荣臻元帅贺信,国防科工委主任丁高介绍钱学森的卓越贡献和突出事迹,江泽民总书记讲话,中国科学院、航空航天部、中国科协代表分别发言等,最后,钱老讲话。这其中两封贺信很长,钱老最后的讲话也将近40分钟。中央人民广播电台记者刘振敏在处理这些素材时,大胆取舍、巧妙立意,使这篇会议报道生动感人、独具匠心。这篇报道在音响的选择和使用的原则就是"选择音响不要太多、太杂,能突出主题即可"。②

第三,深入现场,同步进行典型事件、典型环境、典型音响的采、编、录。

一是要选择典型事件。同工不同酬事件是新闻报道的基本条件。这里面有两层含义,一是指新闻事实具有典型性,代表性,新闻价值大;二是指现场报道的新闻事件应该符合现场报道采、录、播同时进行的特点,即新闻事实的发展过程主线单一,层次分明,所展开的画面集中、清晰,便于记者观察、采访和录音。例如,某项重大建设工程的开工和竣工、人造地球卫星的发射、某产供销表彰先进的大会等,事件的发展过程严格按照事件顺序进行,层次十分清楚,画面也很集中,一切活动都是围绕着中心事件进行。这样的场合比较适合搞现场报道,而有些题材,如某些非事件题材,一事多地或一地多事的综合报道、深度报道等,

---

① 曹仁义:《实用新闻广播学》,中国广播电视出版社2000年版,第11页。
② 曹璐:《广播新闻业务》,北京广播学院出版社1997年版,第179页。

搞现场报道难度较大。有些题材缺乏热烈的现场气氛，要么由于时空跨度较大，要么地域延伸较广，现场报道往往难以胜任。

二是要有典型环境。新闻事件的发生现场是记者进行采录工作的场所，它本身应有能使听众感兴趣的典型环境。现场报道要求记者对新闻现场作形象的描述，如果所要报道的现场缺乏特点，记者很难找到生动的"镜头"，这样的现场报道很难吸引听众。

三是选择、突出典型音响。所谓典型音响即在特定时间、特定地点、特定环境中能够揭示新闻事物特征的音响。录音新闻中的音响选择根据主题的需要，精心选择出的典型音响所起到的作用，往往是文字无法替代的。录音新闻中的总监要起到画龙点睛的作用，要明确报道的目的和意图。原苏联广播专家马宾科在谈录音报道时说："每一篇录音报道，都要有一定的思想性、明确的目的和教育意义。这就要求记者在采访前，初步考虑到在这个录音报道中选用几个什么样的录音场面，能够帮助这个录音报道充分表达出它的主题思想。"这样才能在选择音响时做到心中有数，并且在运用音响时要充分突出典型音响。

二、录音素材的主体地位

要正确认识录音素材在录音报道中的主体地位，首先必须弄清楚录音素材的基本概念，给它下一个比较准确的定义，即：录音素材是以录音形式采集的新闻事件现场音响的原始材料。根据这一定义，我们将形成这样的概念：录音素材是当新闻事件发生后，记者从一定的报道思想和新闻事实出发，在新闻事件发生地采录的原始音响。这些原始录音素材尚未进行加工整理提炼，只是粗犷的现场音响。要把它运用到录音报道中去，制成可供播出的报道成品，还需根据一定的报道主题进行精细加工提炼，使其成为表现主题的可用素材。

一个完整的录音报道由两部分组成：一部分是录音素材，一部分是记者语言，记者语言可以以文字表达形式出现。两者所处的位置不应是平分秋色，而是应当有主次之分。既然是录音报道，顾名思义，就应以录音素材占主导地位，使录音素材与记者语言融为一体，不至于出现"两张皮"，造成去掉音响部分，仍然是一篇完整的新闻报道，录音素材成了纯粹的点缀之物，那就失去了录音报道的意义。

录音素材是新闻事件现场的真实再现，起着使听众可感知的作用和效果，任何文字都无法代替它的作用。当然，记者的语言或以文字形式出现固然不可缺少，但它与录音素材相比，仍然处于次要地位。如果割去音响素材也能成为一篇新闻报道，只能说这种录音报道是用录音素材包装了的录音报道。

事实上，录音报道是文字与音响素材相结合的统一体，互为依存，舍去一方录音报道就不能成立。在录音报道中，文字有时对录音素材具有说明的作用，但是这与文字对录音素材起解说词作用有着本质的不同。在一篇录音报道中，根据其主旨的需要，当用文字的时候则用文字，当用录音素材时则用录音素材，二者应有机结合，形成完整的新闻报道以反映新闻事实。另外，还应明确一点，在录音报道中，文字表述不能与录音素材重复。当记者语言以文字形式表述时，录音素材要积极地与文字配合，做到前后照应，互相补充，形成有机的统一体。特别要力避录音素材与文字重复，以免给人以拼凑、机械、呆板的感受。录音素材在录音报道中的地位显而易见，记者在采写制作录音报道时，应认真采录素材，慎重选取素材，精心制作节目。力争达到语言、节奏、基调与录音素材所表现的气氛相吻合，协调一致，以便取得较理想的新闻宣传效果。

三、广播新闻采访

1. 广播新闻采访的特点

广播的媒体形态本身参与创造着新的社会。在技术方面，广播比电视的构造简单得多，成本也小得多，因而在扩大信息传播接受群体方面，至今仍是最有效的媒体。例如，在同一时间和空间发生的现场报道，作为广播听众只能听，不能看，那么采访一条"现场新闻"，为了避免广播的听众感觉说得过于简单，这就要求采访和所写的解说文字越细致、越详尽、越全面越好，使"新闻现场"得以充分展示，以增强现场感。

在广播新闻中，有声语言是叙述新闻事实、表达思想的重要条件，新闻的诸要素几乎都要通过声音阐释交待，声音作用的对象是广大听众，是听众的听觉器官。在日常生活交流中，听话人一般说来都习惯于联系语言所涉及的情境来听辨话语、理解意义。既然如此，在联系语言情境时，必然要有一个联想的思维转化过程，这个过程是需要短暂的时间来保证的。作为"接受主体"的听众的心理需求是所听到的新闻应是清晰、明白、便于接受的，不能过急过快。可见，广播记者在采访广播类新闻时，必须注意调整自己的心理，注意与听众心理相呼应，服从服务于"接受主体"。

2. 录音报道中的广播采访

我们在重点论述音响报道之前，首先先来认识一下"音响报道"。音响报道的基本特征就是"音响"，这里的音响指的是实况音响，即报道所涉及的人物、事物自身的声音，不是模拟、扮演的效果，也就是说，凡是有被报道的人物、事物自身声音的广播新闻形式都属于音响报道。

对音响报道进行下一层次的划分，应主要以采制方式的不同作为划分依据，分为录音报道、现场报道、实况报道和主持人报道几种。

先采录音响素材，回来写作解说、剪辑音响，再将二者复制合成，形成完整报道。这里的录音报道概念与传统有所不同，即它的识别标志除录音外，还增加了解说一项。录音报道的采制周期较长，制作比较复杂，时效差；但正由于它在采访之后有再思考、写作的余地，节目一般较精致，解说得体，音响精练，容易成功。

从解说来讲，录音报道属于书面——事后解说；其音响也可以有较大的选择范围，既能用现场实况，也可以用以前的录音资料，使用后者可使报道更厚实、更有纵深感。音响报道再下一层次的划分就是所包括的新闻体裁了，在四种形式下，录音报道的体裁最多，基本上各类新闻体裁都可使用，如消息、通讯、特写、访问、短评、述评等。

3. 现场报道和实况报道中的采访

（1）广播现场报道。现场报道是记者在新闻现场边采集音响，边解说、边报道的形式，它可以在现场直播出去，也可以录音后再经剪辑播出。现场报道的音响采集、解说皆需在现场完成，不允许事后再加一字一词，这一点是与录音报道区别的关键所在。其直播在设备上有一定的要求，录播制作方法最简单，只需剪辑，没有其他加工，所以现场报道的时效是最高的，能以最快的速度将新闻播报出去。

现场报道要求记者在现场要反应迅速、判断准确、出口成章。虽然现场解说的难度较大，但这种即兴的语言具有很强的吸引力，它同样是广播的特长之一，因而它是各国广播新闻机构经常、大量采用的报道形式。我国广播界由于各种原因，目前直播的现场报道还很少见，但随着新闻改革的发展、社会的进步，它会逐渐增多起来。现场报道的体裁数量也不少，有消息、通讯、访问、述评等。

（2）广播实况报道。实况报道是对一新闻事件（一般为会议、演出、体育比赛等）所做的原原本本、从头至尾的照实播出，它包括实况转播、实况录音和实况录音剪辑。前两种一为直播，一为录播，第三种是由第二种剪辑、浓缩后形成。实况报道有的以实况音响为主，基本没解说（如会议报道）；有的需较详细地介绍、说明现场情况、音响内容，解说较多（如体育报道）。

通过以上的概括，可以看到，实况报道不用回来写作解说、复制合成，因此它不同于录音报道；它的采录、制作更接近于现场报道，但又有其特点。它与现场报道不同之处在于实况报道采录时一般拾音、解说的位置都较固定，不如现场报道灵活多样，而且局限于一个预先组织的活动，并与其共始终；而现场报道则多用于突发事件，其采录、解说、报道的长短都较灵活。实况录音剪辑可以制成消息体裁，其他实况报道多为专题报道。

4. 广播新闻稿件

广播新闻稿件要求短小精悍、内容充实，这已是老生常谈，但真正做起来却不容易。

广播编辑经常收到大量通讯员和记者发来的邮件和来稿，很多稿件都是洋洋洒洒数千字，似乎不长不足以表达稿件的内容，不长不足以体现通讯员和记者的水平。然而，真正短小精悍、内容充实的广播新闻稿件实属少见。

报纸受版面限制，广播电视受时间限制，一切新闻稿件都要求短与小，但广播新闻更强调它的"短"。广播新闻稿只有短小，才能播得快、播得多，听众才能听得清、记得住。

1) 广播新闻稿的特征——比报刊文章更简短精练

广播以声音为传输手段，信号单一，是线性传播。广播的声音一播而过、转瞬即逝，同报纸相比，其内容不便保存，也不能重复收听；人们收听广播时很少正襟危坐、全神贯注，往往是边做事情边收听。听众一般是在厨房、卧室、卫生间或汽车里一边干活一边收听。农村的农民朋友则是带着收音机在田头地尾一边劳动一边收听。这些情况就要求广播新闻稿不能写长，长了听众往往会听了后边忘了前面，而短小精悍的稿件不但便于收听，还往往会给听众留下较深的印象。

广播新闻稿要求篇幅短，具体就是广播稿的字数不宜过长，广播中的新闻就以"短"新闻为主，篇幅一般不超过 300 字，长的不宜超过 600 字。广播通讯和广播评论也要比报刊通讯、评论相对短一些。广播通讯一般要求以 800～1000 字为宜，对某些事件的详细背景、过程、细节应该比报刊更简略些。

我们平常收听的中央人民广播电台的新闻都是短小精悍的。中央电台的《新闻和报纸摘要》节目，20 世纪 80 年代中后期每次新闻节目平均是 25 条左右；90 年代初期每次节目 30 条左右；90 年代中期 40 条左右；90 年代后期至现在 50 条左右。30 分钟的节目平均每条消息半分钟，不到 200 字。

2) 广播新闻稿的写作要求

（1）要提炼鲜明集中的主题。一条新闻反映一个事实、说明一个观点、解决一个问题，切忌面面俱到，贪大求全。如果觉得还有另外内容的东西可写，就应放在另一篇报道中去介绍；但我们有些人写稿，就犯了"多主题"的毛病。

有些通讯员和记者参加会议后写稿，每个发言者的讲话都洋洋洒洒一大段，结果什么都说不清楚，这不仅使稿件篇幅冗长，而且冲淡了主题。因此，要写出短小精悍的广播新闻，作者对主题的深入挖掘，艰苦提炼是重要的。只有突出鲜明集中的主题，方能揭示出新闻中蕴含的内在意义，使新闻迸发出震撼人心的思想力量。

（2）要精心选材。我们动笔写稿时，面对众多复杂而繁纷的材料，往往不知从何下笔，这时精心选材就显得非常重要。那些与叙述事实或阐明主题关系不大或可有可无的材料，要舍得删去。要选取那些最能揭示事物本质的典型人物、典型事例、典型情节、典型场景以及新闻人物的典型人物的典型语言作为新闻主体。

（3）要吃透材料。有些人在写稿时不是认真吃透手头的材料，而是喜欢照抄工作报告、工作总结或领导的讲话稿。一些记者和通讯员常常在稿件中写"在市委市政府的直接领导下，在各方面的支持下，在全体同志的努力下"这样的八股文，假、大、空。有时则是一条导语就写了一两页，看了几页还不知道他要表达什么。

加工提炼实际上就是一个分析、归纳、升华的过程。在写稿时，首先应尽可能地占有材料，然后认真仔细地研读、揣摩、分析、提炼，弄清哪些是主要的，哪些是次要的，哪些具有新闻价值、是要表达的重点，哪些没有新闻价值、是可以弃而不用的。也就是说，要抓住"新闻眼"。这样写出的新闻稿虽然来自材料，但比材料更集中、更简洁、更生动，稿件篇幅当然就要比照抄材料短得多了。

（4）要注意语言的精练。稿件要开门见山，直截了当，不拖泥带水。语言要通俗易懂，一听即明，尽量不用或少用文言词或半文半白的词语。要尽量使用短句，使广播新闻稿易读、易听、易记、节奏感强，从而收到好的收听效果。要使广播语言精练，还应少用形容词和副词，多用动词。形容词和副词都是句子的附加成分，这些词一多，句子就必然长，稿件的语言就不精练。

新闻界不少同仁认为，广播新闻稿一方面要求写得短小精悍，一方面又要求写得内容充实，二者似乎有矛盾。其实，篇幅短小和空洞无物并没有必然的联系。要纠正那些认为短新闻没有分量，体现不出作者水平的错误看法，还要正确区分短小精悍与简单肤浅之间的界限。那些只求篇幅上的长而空洞无物、泛泛而谈的稿件是不可取的。只要作者围绕主题，精心选材，精心写作，该突出的部分重笔浓墨，该简练的部分几笔带过，是完全可以写出篇幅既短小精悍而内容又丰富充实的广播短新闻的。

第二节　广播连线报道

当前，随着人们对新闻时效诉求的不断提高以及现代通信工具手机的出现，现场连线报道在广播新闻中所占的比重越来越大，毋庸讳言，现场连线报道已经成为广播参与媒体竞争"最具杀伤力的武器"。因此，作为一名广播记者，必须熟练掌握现场连线报道这项基本技能。做好连线报道，记者除了要具备扎实的采访、写作、语言组织、口语表达等基本能力外，还有必要把握一些实战经验或技巧性的东西。

一、要有针对性地准备和积累

现场连线报道与其他新闻报道的采访工作一样，事先的准备工作很重要。因为现场连线要求记者在新闻事件发生的同时给予及时的报道，要一气呵成。它不像其他形式的采访，如有遗漏，回来可以弥补；而现场连线记者如果在当时疏漏了材料，或说错了话，那么再也无法弥补了。越是有经验的记者越能体会到准备工作的重要性。所以有人说，不打无准备之仗，不打无把握之仗，把握在哪里？就在哪里准备，只要时间条件允许，采访前的准备工作做得越细越好。

准备工作的内容主要有：（1）与报道有关的资料。记者必须了解新闻事件的前因后果，尤其是可作为背景材料的资料。（2）相关专业知识、现场人物的背景，要尽可能熟悉你将做报道的现场环境。（3）采访前要制订采访计划，设计采访提纲，对报道的结构、描述的内容心里大体上有个谱，针对可能出现的意外情况，多设计几种方案，以保证临场不慌乱、有条不紊，取得好的效果。

二、要有驾驭全局的气魄，及时自我调整和随机应变

一个完整的现场连线报道包括记者口述、采访对象讲话、实况音响等诸多环节，对报道者来说，最理想的情况莫过于各个环节准确无误、一气呵成。但是，新闻现场纷繁复杂，各种意外情况随时都可能发生，譬如，采访对象临时变化无法接受采访；新闻事件的发展偏离了记者预料的轨道，甚至向着反方向发展。这时候就要求记者体现出驾驭全局的气魄，随机应变，不因个别环节患得患失，以免造成一处跟不上，处处跟不上的被动局面，贻误战机，导致满盘皆输。

由此可见，在现场保持沉着冷静和随机应变是多么重要。因此记者在新闻现场一定要冷静思考，稳定情绪，在紧张热烈的场面中决定先干什么，后干什么，分清轻重缓急，从容不迫，这样现场表达才能做到清楚而有条理。

三、对现场人物的采访要有针对性

对现场人物的采访，包含两个层面的含义：

1. 选择的采访对象要有针对性

被采访人要与正在发生的新闻事件有着直接的关系，最好是新闻事件的直接参与者，因为只有这样的采访对象，讲话才具有权威性，才能对深化新闻主题并起到画龙点睛的作用。而对新闻事件中其他非关键性人物的现场采访，笔者认为不必苛求，因为现场连线报道受时间、空间的限制，增加一个环节就多一份失败的风险，为了使现场播报流畅顺利，记者要舍得放弃对那些新闻事件边缘人物的采访。以获得 2001 年度中国广播奖一等奖的现场报道《中国足球梦圆五里河》①为例，对采访对象的选择就颇具匠心。记者的报道是这样的：

> 各位听众，现在是 9 点 23 分 26 秒，主裁判吹响了终场哨声，中国足球队以 1∶0 战胜阿曼队，提前一轮冲进世界杯决赛圈，中国人 44 年的世界杯之梦今夜梦圆五里河。6 万名观众把五里河体育场变成了欢乐的海洋，喜悦的泪光、尽情的欢呼、飘扬的五星红旗、夜空中绽放的礼花，构成了一幅震撼人心的画面。
>
> 现在记者来到球员休息室，记者看到李铁、范志毅等绿茵硬汉脸上满是泪水，中国足协专职副主席阎世铎也格外忘情：（出录音）
> "同志们，你们今天终于成了改写中国足球历史的英雄。"
> 历经三次世界杯外围赛的老将范志毅激动不已：（出录音）
> "这几年我的心血没有白费，我在国外的时候为的就是今天。"
> 神奇教练米卢更是喜形于色：（出录音）
> "今天是我执教生涯最幸福的一天。"

事实上，中国足球冲进世界杯之夜记者可以采访的对象有很多，如足协官员、球员、球迷，而报道却只选取了这样三位采访对象，因为阎世铎、范志毅、米卢都是中国足坛最具代表性的人物，是听众最感兴趣的人物，典型意义无可替代。

2. 提问要有针对性，尽量采用闭合式的提问方法

记者在新闻现场提出的问题要具体，要符合主题需要，要针对新闻事件进程

---

① 周振玲：《广播现场播报中信息的取舍》，载《新闻前哨》2004 年第 4 期。

中的细节设计，而不是笼统的、开放式的。例如对一名乒乓球运动员刚刚夺得世界冠军后的采访，像"拿了世界冠军后你有什么感想"或"你的体会是什么"这样老套的提问就缺乏针对性，由于问题太过空泛，采访对象也不好回答，很可能讲出一大堆与比赛无关的话。相反，如果换成具体一点的问题，如："今天的比赛你在大比分 2∶3 落后的情况下，及时采取了怎样的战术又重新掌握了比赛的主动？"这样的提问就比较适合运动员回答，同时由于问题和现场气氛、比赛内容直接相关，符合听众当时的求知心理和收听情绪，报道的含金量也会随之增加。

四、信息取舍要恰当

有些记者认为，现场连线报道就是要突出现场感，因此现场描述得越多越好，殊不知，这样一来，造成了大量无用信息的堆砌，反而冲淡了新闻事件的主题。可见，正确的信息取舍对现场报道的成功与否十分重要。那么到底该如何进行信息取舍呢？

首先，现场连线的开头要及早交待新闻事件的时间、地点等要素和主要的新闻事实，而且要做到先声夺人，尽早把听众引入新闻现场，使之身临其境。切忌开篇的时候长篇大论，迟迟进入不了主题，让听众等得不耐烦。

曾获得第八届中国新闻奖的《三峡工程胜利实现大江截流》① 的开篇就非常简洁：

> 各位听众，我是湖北台记者王彬。现在，我是在三峡工程大江截流现场向您报道。现在是 8 点 30 分，此时的长江风平浪静，薄雾笼罩着江面。在上游围堰左岸戗堤堤头，依次排列的 48 台自卸车上满载着各种石料，它们在等待着合龙的冲锋号令。

短短几句话交待了新闻事件的时间、地点、现场氛围，让人感觉到合龙大战一触即发。虽然没有过多的话语，却在听众眼前展现出一幅千军万马截大江的壮观场面。

另外，事件过程的叙述不能面面俱到，只能介绍最重要的地方，舍弃一般性材料。结尾部分要见好就收，干净利索。

特别值得注意的是，中间穿插的背景材料要简洁，选择最必要的，切勿拉

---

① 沈汉明：《广播新闻精品赏析》，湖北人民出版社 2004 年版，第 47 页。

杂。因为介绍过长就会脱离现场，失去节奏感，现场报道的魅力就会大打折扣。以获得第十一届中国新闻奖的作品《陶璐娜夺得第一枚金牌》① 为例。

> 各位听众，我是中央台记者张文星。
>
> 今天是本届奥运会开赛的第二天，在射击赛场上中国奥运代表团终于夺得了人们盼望着的第二枚金牌。
>
> 这就是中国射击选手陶璐娜在女子 10 米气手枪比赛中以 488.2 环的成绩夺得金牌。
>
> 南斯拉夫选手塞卡利奇获得银牌，澳大利亚选手弗戴尔获得铜牌。
>
> 当射击场大屏幕上刚刚闪现出陶璐娜夺得金牌的成绩，全场观众立刻报以热烈的掌声和欢呼声。
>
> （突出现场音响：宣布陶璐娜获得金牌）
>
> 在颁奖仪式上，陶璐娜站在高高的领奖台上，她面带微笑，胸前的金牌闪闪发光，她挥舞着手中的鲜花频频向观众致意。
>
> 陶璐娜今年 26 岁，这位来自上海一个普通工人家庭的孩子，今天终于登上了奥运金牌领奖台。

最后一段是背景材料的介绍，只有一句话，虽然十分简练，但包含的信息却很多，包括陶璐娜的年龄、籍贯、家庭情况，而且巧妙地通过"普通工人家庭"和"奥运金牌领奖台"这个隐含的对比，突出地表现了陶璐娜成功的来之不易。

由此可见，新闻背景的恰当、巧妙运用，不但可以有效调节现场连线报道的节奏，也有利于深化主题，使新闻增值。

第三节 广播会议报道

会议报道是新闻工作的难题之一，广播会议报道尤其如此。相对于报纸来说，将会议内容全文或大部分摘录播出不仅时间上不允许，而且由于收听顺序上的不可选择性，这样做必将失去大多数听众；与电视比较，广播又少了电视的直观优势，因此，广播会议新闻报道必须立足发挥自身特点，在"快、真、俗"三字上下工夫。

---

① 徐心华、王大龙：《中国新闻奖作品选》，新华出版社 2001 年版，第 16 页。

一、抓住新闻重点，争取第一时间最先播出

一般来说，一个地方的重要会议如经济工作会、人大、政协会等，电台、电视台、报社三家新闻单位都会派记者进行报道，广播电台必须利用自己滚动播出、制作程序相对简练的特点，争取在第一时间最先播出。当天的新闻，报纸一般第二天见报，电视一般要在稍晚的新闻中报道，而电台可以利用午间新闻和正点新闻播出，特别是中午时间听广播的人相对较多，广播电台要充分利用好午间新闻报道这个栏目，把新闻的时效性提高到"今天上午"、"一小时前"、"几分钟前"甚至与新闻事件同步进行。对于会议内容的报道，广播新闻要抓住重点，一语中的，切忌面面俱到。

二、巧用现场录音，增强会议报道的现场感

真实是新闻的第一生命，如何让听众真切地感受到会议现场的状态和气氛，这就要求记者必须运用好广播的"听觉"语言——现场录音。如某广播台在报道市人代会的过程中，市长代表政府做工作报告，篇幅较长，记者在抓住重点内容的基础上，选用了含有三组数字的三句话采取现场录音。三句话包含三层含义，赢得了听众的三次掌声。记者在录音报道内容时要巧妙立意，大胆取舍，使其起到记者解说无法替代的画龙点睛作用，以增强报道的现场感和感染力。

三、多用通俗形象、口语式的语言，拉近广播与听众的距离

美国的马克·霍尔在他所著的《广播新闻》中，要求广播新闻记者在写新闻报道时，要将听众定义在一种处于半收听状态中、只具有9岁孩子理解力那样的程度，精辟地指出广播新闻的特殊语境。广播中的声音转瞬即逝，听众在收听过程中，遇到听不清楚或听不懂的地方，不能再重新回味或查询，因此更要在广播语言上巧做"俗"字文章，这里的俗是指雅俗共赏、通俗易懂，即尽量回避那些枯燥的概念和数字，追求语言的通俗化和形象化。

会议报道内容一般缺少戏剧化，比较枯燥，并且带有一些必须报道的数字。如何将会议内容和必须的数字以听众容易接受的通俗、形象的语言报道出去，是广播记者的必修课。一次在泰安市召开邮电会议，会上通报了全市邮电事业的发展状况，其中有一条是全市程控电话安机量增长量和增长比例，如果直接报道具体数字，听众将很难形成直接的概念，因此，编辑在编发此条会议消息时做了形象处理，用"目前全市每两户居民拥有一部电话"，从而使听众对全市邮电事业的发展有了形象、具体的概念。

要追求语言的口语化。多用口语句式，少用书面语句式；把书面语言和文言词语转换成群众喜闻乐见的、日常使用的口语。精简语句，多用短语，少用长句。以电台记者李世权采写的获奖会议消息《不寻常的座谈会》为例，记者大量运用了口语，起到了较好地描写会议场景，渲染会议气氛的效果。记者在描写会议参加代表进入会场时"有的微笑，有的却绷紧面孔，见了熟人也不愿打招呼"，传神地写出了受表彰和受批评者不同的心理状态；紧接着，又用"打着手势，笑呵呵地说"，表现出某省领导的胸有成竹；用"扳着手指头数了几条经验"，刻画出一个认真、踏实的活生生的企业家形象。整个消息因合理、巧妙运用了口语而活了起来。

第六章 广播新闻写作

广播新闻是通过电子音频技术，运用听觉符号的有序组合，面向特定范围的听众传播新近发生的或正在发生的事实的报道。它包括以下四个方面的内容：以现代化的电子音频传播技术为传播手段；传播对象是被电波覆盖或有线传输所及地区的广大听众；传播符号是听觉信息的有序组合的声音；依靠电波传输，报道新近发生、正在发生和变化中的事实。

广播新闻和报刊新闻、电视新闻有共性，都是报道新近发生的事实，特别是报道正在发生的事实，但广播新闻区别于报纸新闻和电视新闻之处就在于广播新闻的音频化。相对于报刊新闻作为印刷媒体而言，广播新闻是电子媒体；相对于同属电子媒体的电视新闻而言，广播新闻传播的唯一媒质是声音。"为听而写"，是广播新闻写作的特殊要求。

第一节 为听而写

广播新闻具有四大优势：一是先声夺人，迅速及时地报道新闻事件；二是真实感人，因为声音比文字具有更强的感染力；三是听众面广，老少皆宜，雅俗共赏；四是随时可听，收听非常方便。广播新闻写作的首要问题是如何在广播有限的时间中，使听众听清楚、听明白。广播新闻写作的最基本的规律是"为听而写"。只有写作者自己读起来顺口入耳，才可能是成功的广播新闻作品。

一、新闻写作的一般要求

1. 用事实说话

"用事实说话"是新闻写作的最基本要求。它有两层意思：一是真实性，二是新闻价值。新闻写作不同于文学创作，不能用"艺术形象"说话，不允许虚构，必须无条件地对事实作真实报道。新闻写作必须以新闻价值为标准，对事实进行取舍、加工。"用事实说话"，并不意味着任何事实都可以成为新闻写作的素材。新闻报道必须用生动具体的事实说话，说新鲜的事，说受众关心的事。而受众关心的事，无非是受众身边的事、与受众利益攸关的事和能令受众怦然心动的事。这些事都具有很高的新闻价值，是新闻写作者的首选。

2. 有深度、有高度、有力度

新闻写作必须有现实针对性和指导性，以实现其舆论宣传功能。新闻写作要有深度、有高度、有力度。有深度，是要求新闻写作从新闻事实中挖掘出其中汉语的思想意义，反映事实的本质；有高度，是要求新闻写作者有坚定的政治思想立场，从建设有中国特色社会主义事业这一高度看问题，从维护社会稳定和发展的大局出发从事新闻报道；有力度，是要求新闻写作反映社会生活的主流，而不是浮光掠影、东一榔头西一棒槌式的报道。"画虎画皮难画骨"，能否达到这三点要求，是新闻写作成功与平庸的分水岭。新闻要"强"，关键是找准新闻主题。主题是新闻写作的灵魂，主题找准了，"气盛则长短、高下皆宜"，无论用何种体裁、何种结构写作，都会游刃有余。

3. 时效性强

新闻之所以为新闻，就因为它能十分迅速地反映外部世界的变动。时效性是新闻写作区别于其他文体独具的特色，是新闻写作要着力突出的特性。"抢新闻"在西方是新闻职业者天经地义的事。人们普遍认为，最没有生命的东西莫过于昨天的报纸。新闻界的口号"TNT"意思是"Today News Today"（今天是今天的新闻）。这一缩写和黄色炸药同名，正好将"抢新闻"类比成打仗。新闻时效性事关新闻机构的生命。广播电视的出现，把新闻时效性的观念又大大推进了一步。过去新闻界曾有"前天的新闻是垃圾"之说，如今最没有生命力的东西有时莫过于几小时前的新闻了，"TNT"已经被"NNN"（Now News Now，现在是现在的新闻）取代。西方新闻机构经常是在新闻发生后半小时内就发稿，急稿只用一两分钟便发出。1963年，美国总统肯尼迪遇刺身亡，哥伦比亚广播公司在事件发生后两分钟就进行了报道。

4. 内容新鲜

新闻的"新"，并不仅仅体现在时间上，更重要的是新闻的立意。立意新，新闻才能获得良好的传播效果。司空见惯的事，不是新闻报道的对象。如果一定要用旧材料，必须找出新由头。就是用新材料，也必须寻找能充分恰当地反映新闻价值的最佳切入点。新闻由头也好，最佳切入点也罢，都是一个新闻角度的问题。新闻角度与立意密切相关：立意是新闻主题，更强调思想观点方面；新闻角度是新闻材料的选取，多着眼于技巧方面。新闻角度是为新闻价值与立意服务的。只有反映事物的正面、反面、侧面，反映事物的过去和现在，才能使新闻出"新"。新闻角度选得好，新闻作品就成功了一半。

5. 形式鲜活

新闻的内容新，必须通过鲜活的形式来反映。世界是丰富多彩的，新鲜的事实如果用公式化的"新闻八股"来表达，就会顿失新意。新闻写作贵在出"新"，选取新的角度、新的主题固然重要，采取新的表现形式，用多种手法写新闻，也是出奇制胜的法宝。文无定法，拘泥于一定的套路是新闻写作的大忌。新闻作品一定要精选事实，处理好详略关系，合理组织叙述层次，注意穿插背景。新闻导语是新闻作品引人入胜的突破口，一定要精心锤炼。应大胆尝试新的新闻体裁，在结构、标题上打破常规，在细节和人物语言上狠下工夫，使新闻有立体感、形象感、现场感。一句话，让新闻活起来。

二、广播新闻写作的特殊要求

语言的口语化和通俗化，是广播新闻写作的核心课题。"为听而写"，就是要用大多数听众能一听就懂的语汇、句式表达，用清晰、悦耳动听的声音表达，用深入浅出、通俗易懂的语言表达，让听众听得清楚、明白，理解准确、印象深刻。广播新闻语言是一种符合规范化、加工过了的新闻口语和谈话语体，要少用方言土语，大胆使用新词语。广播新闻中的必要冗余有两种：一是为听众提供理解新闻事实所必需的有关材料；二是适当地重复叙述，以大多数听众能听明白、能够理解准确为准。

对于优秀广播报道的写作标准，不同的专家、学者有不同的见解。普利策新闻奖获得者马歇尔·卡特勒说："每当我驱车上下班时，我就在头脑里进行写作。我一边开车，一边写作，然后大声地念出来，听着文章的韵律和节奏，目的是寻求诗词效果。我敢断言，在某种程度上，这很像曲作者在钢琴上敲出了不同的音符，以便寻求恰当的曲调。"

马歇尔·卡特勒道出了优秀广播新闻报道的一个重要标准，广播报道写作要适合听众的听觉习惯，这与报纸的视觉习惯是不同的。从事广播报道写作的人们都遵循着这样一条不成文的写作规律：为听而写。为了避免听众对广播深度报道接受的困难，以及突出广播深度报道的优势，应使广播报道的口语特征有所强化，这主要体现在遣词和造句两个方面。

（1）多用口语词，慎用书面词，尽量避免文言词。在日常生活中，有些词经常用于口头表达，有些词则只适合作书面用语。口语词汇声调响亮，通俗易懂，能把深刻的内涵用便于收听的方式表达出来。当然，口语词汇与书面词汇在长期的社会生活中出现互相渗透的情况，它们之间已经没有绝对的界限。比如"实事求是"一词，现在用于口头表达没有人听不懂。但是，那些还没有被群众口头广泛采用的书面语，尤其是文言词语，不宜在广播中使用。

下面是一些广播报道经常要对书面用词作修改的典型例子：

此时→这个时候　　某月某日→某月某号

连日来→这几天

迅速→很快　　闻讯→听说　　日益→越来越

途经→路过　　睡眠→睡觉

当遇到某些具体的词时，作者可以自己反复朗诵几遍，看看是否朗朗上口。如果连作者自己都感到拗口，那么该词一定要进一步口语化。

（2）多用双音节词，少用或不用单音节词。单音节词在报纸报道中的使用，可能使得报道的语言更加简洁，但在广播报道中常常弊大于利。这种词读起来"声音短促，不够响亮"，听众很难在短时间内捕捉住这些词所表达的信息。常见的单音词应作如下修改：

可→可以　　能→能够　　已→已经　　将→将要

因→因为　　如→比如　　应→应该　　曾→曾经

并→并且

（3）注意同音异义字。同音异义字词常常会给人造成误解，这种情况在广播报道中表现得尤为明显。大多数听众听广播都是一种伴随性收听。比如一边开车一边听广播，一边洗碗一边听广播，注意力不可能太集中，所以同音字词很容易造成误解。例如，对以下的一些容易混淆的同音字词应当特别注意：

全部→全不　　注明→著名　　期终→期中

事例→势力　　旅行→履行　　夕阳→西洋

必须→必需　　销售→消瘦　　散步→散布

（4）少用长句，多用短句。句子太长，不符合听众的收听习惯。在平时生活中，每个人都有这样的经验，在交谈时，对方的谈话句子太长，往往让人听到后半句就忘了前半句，沟通效果较差，广播从业人员早就意识到了这一点。1946年4月，延安新华广播电台编辑就在《工作细则》中规定，写广播稿"句子要短"，这个传统一直延续至今。

（5）多用主动句，少用被动句。主动句中的强有力的动词，往往更能引起人的注意。一般说来，在口语中，为了应对声音的易逝性，主动句的使用较为频繁。在广播深度报道中，多用一些主动句会使报道紧紧抓住听众的注意力。

（6）不用倒装句。在中国的文言文和西方的语言中，倒装是一种常见的语法现象，但这并不符合我国的口语习惯。口语句式一般主语在前，谓语在后；动词在前，宾语在后；原因在前，结果在后；定状语在前，中心词在后。所以，有时尽管从书面的角度来看，倒装句往往使报道增色不少，但用到广播深度报道中，可能适得其反。

第二节 广播消息的写作要求

广播消息习惯上又称"广播新闻"：广义的广播新闻涵盖电台常用的各种新闻体裁和节目类型；狭义的广播新闻则专指广播消息。

广播消息是指运用电波传送的声音，迅速及时、简明扼要地报道新闻事实的广播新闻体裁。这种体裁实际上是消息在广播中的具体运用或与广播媒介相结合的产物。作为消息的分支或派生形式，它需要体现消息的基本特征，力求以最快速度、最简洁的语言报道新闻事实，从而有别于广播专题和广播评论等其他广播体裁。作为广播新闻中的一种体裁，它又需要遵循广播的传播规律，以利于声音传播，用有利于口说耳听的方式描述新闻事件，并以此区别报刊、电视等新闻媒介的消息体裁。

一、广播消息的写作特点

广播消息的写作与一般写作有所不同，它有时包括某些制作环节，如录音材料、解说的剪裁和合成。但无论写作还是制作，其实都服务于同一目的，遵循共同的要求，因此为叙述的方便，这里统称为写作。

广播消息因为它的传播特性，必然有其特殊的写作要求。除简讯外，一则广播消息通常由导语和新闻主题构成，它们的写作要求实际上是消息写作的基本要求在广播传播条件下的体现，是共同要求与特殊要求的统一。

广播消息的总体写作要求是由它的"以快见长、先声夺人；短小精悍、言简意赅；结构简单、主线单一"等特点决定的。

1. 以快见长，先声夺人

以无线电波作为载体的广播消息，相比较于报纸、电视，更具有传递迅速、播报及时的特点。西方新闻界称新闻是"易碎品"，认为新闻忽视时效性，就像被打碎的器皿，变成了一堆废物。

过去，中国的新闻缺乏时效性，许多新闻"出口转内销"。改革开放后，按新闻规律办事，"抢新闻"，"抓活鱼"成了广播记者的头等大事，把新闻的时效性提高到"今天"、"一小时前"、"几分钟前"，甚至与新闻事件同步进行的现场直播状态,是必然趋势。1996年7月21日7点30分,上海人民广播电台播出的现场同步报道《乐靖宜勇夺金牌》,就是通过手持电话,从亚特兰大发回的直播报道。这种"广播连线报道",现在已在中央电台和各省市电台报道中普遍采用。

广播消息是让人听的。听觉的临时记忆只有6~10秒的时间,听众是不太可能用逻辑思维去理解听到的信息的。如果这么做,往往会导致漏听其后的信息,那将会得不偿失。僵化而无趣的老生常谈,啰嗦而饶舌的喋喋不休,令人不知所云的空话、套话、废话,都会让听众感觉信息不太重要,于是轻则分散注意力,重则调换频率,甚至关掉收音机。所以,广播消息要以快取胜。

2. 短小精悍、言简意赅

广播消息必须"短"。"短"是对新闻写作的一般要求,更是生活节奏加快,受众接触媒介时间减少而信息需求量加大的必然要求。在广播消息写作中,"短"有着特殊的重要意义,是"新"、"快"、"活"、"强"的集中体现。和报纸不同,深度报道保护是广播的强项,广播新闻应尽量采用动态消息这一体裁。听众希望在较短的时间内获得尽可能多的新闻信息,而广播的容量较有限,只有短的新闻才易听、易记。要注重播最主要的信息,不要让冗余信息成为"噪音",干扰听众对主要新闻信息的接受。

"短"和"快"密切相连。广播消息的主要用途在于尽快告诉听众新近发生的新闻事件,尤其是不可预知的突发性事件。打断正在播出的节目、插播最新消息,是广播常有的事。由于事件本身就具有极大的新闻价值,因而"快"比详细更重要。发扬广播优势,让听众"先听为快",就必须短。由于无法预知,不可能对采访做深入细致的准备,报道也不可能详尽。俗话说,"萝卜快了不洗泥",要在新闻事件发生后的几分钟之内就把消息传送出去,不必"5W"俱全,只要把最主要的事实讲清楚就行了。

"短"是广播消息写作的一大特点。但是,也不是越短越好。信息论的奠基人香浓提出一个论点:信息量是应当限定在传播渠道的容量之内,"假如你要传播超过接受者的渠道容量的信息,噪音的量和错误的机会就会迅速增加"。试验证实了香浓的观点。广播节目一次播20条新闻,符合听众记忆的最佳值。也就是说,听众最多能记住20条信息,信息再多就会记不住或记忆不准确。如果缩短广播新闻节目中单条消息的长度,以增加新闻的条数,听众中能记住的条数会略有增加。"短"更适合于突发性事件。对于可预知的事件,对于发生、发展较为平稳的事件,广播消息仍须有一定的长度,这样便于体现广播传真性和感染力,克服广播清晰度较低的弱点。

3. 结构简单、主线单一

广播消息要在几百字的短小篇幅中传达信息，还要保证让听众听懂、记牢，安排好其结构显然是十分重要的，同时还要严格按照听觉的接受规律梳理材料。广播消息的结构属一维线性结构，信息以声音的形式依时间顺序进入听众的大脑。听众需要先把一个个语音组合成字词，再组合成句成段，最终理解整句的意义。收听过程不是被动接收的过程，听众听到前面的话，并不是消极等待下面的内容，而是积极地解释、作出推论，有所期待。广播消息在段落层次上应"单线推进"。材料有自身的逻辑结构，广播消息要把在不同时间、空间发生的错综复杂的事件纳入一根主线。一篇广播消息只能讲一个问题，不要面面俱到。围绕着中心意思，把主要事实讲清楚。讲的时候，一段讲一个意思，层次之间不要互相牵扯。新闻写作中常用插叙倒叙的手法，不适用于广播。每个段落之中用最精练的事实表述，宁可把一个事实讲的具体生动些，也不要用空洞的抽象的语言堆砌实施。否则，不仅篇幅会拉长，还会连一个问题都讲不清。各段落之间的过渡和照应应清晰自然，环环相扣，如行云流水，不能让听众"脑筋急转弯"。在关键字眼出现之前，作必要的铺垫，让听众有一个心理准备。

二、广播消息的写作要求

1. 形象生动，立体感强

心理学把人们的记忆分为理解记忆、机械记忆、情绪记忆三种类型，这三种类型的记忆分别建立在思维、意志、情感这三种基本的心理活动功能之上。广播通过一听即逝的声音作用于听众的听觉器官。很显然，在这短短的接收过程中，进行理解记忆和机械记忆的可能性较小，最能起作用的是建立在情感基础上的情绪记忆。而情绪记忆产生的前提是记忆的对象必须形象生动，立体感强，活泼新鲜，富有感情色彩。所以，把广播消息写得具体形象，是增强其传播效果的有效措施。

怎样才能使广播消息形象生动呢？首先，要用具体、形象的事物去说明抽象的道理和枯燥的数字，力求使听众看得见、摸得着。也就是说，要使抽象的东西具体化、使无形的东西有形化，使远处的东西近观化。要用听众日常看得见、摸得着的事物和浅显易懂的道理来比喻、说明他们还比较生疏的事物和道理，用听众已经知道的道理和知识，帮助他们理解还不完全明白的道理和知识。中央人民广播电台在一则关于探测"比邻星"的报道中，这样介绍地球的近邻比邻星的：

> 比邻星离我们 4.22 光年。比邻星虽然是我们的邻居，想去做客拜访可不容易……打个电话就是四年零两个月，八年后才能听到回话。如果乘坐宇

宙飞船，以每秒十五公里多的速度直飞比邻星，需要经过八万六千年才能到达。

其次，多用具体的事实说明观点，少用抽象、笼统的概括性语言。一般而言，抽象议论，笼统的概括，给人印象比较模糊，容易忘却；而具体的事实，给人印象深刻，久久难忘。荣获 2002 年度全国广播新闻一等奖的《"造林"还是"造字"》针对一些乡镇植树造林过程中，热衷于搞形象工程，做表面文章，不惜出巨资，造出近百个巨大山体标语字的行为进行了批评。其中有一段是这样报道的：

> 造这几个标语字共花了多少钱？郑直（林业站职工）告诉记者，每个字至少 6000 元，四个字总共就是 2.4 万元，这还不包括群众投工在内。农民给记者算了这样一笔账：如果花 2.4 万元买树苗的话，可以买松杉苗 16 万株，按常规每亩栽 127 棵的话，可以栽 1259 亩，能把这座山绿化 12 遍！

再次，恰当地运用描写，对新闻人物和新闻事件进行勾勒，增强新闻的立体感。描写就是描绘、刻画，是新闻写作的重要表达方式，运用得好，可以把人物的音容笑貌和事件发生的现场情景活生生地再现于听众面前，激起联想和回忆，从而眼前浮现出具有立体感的生动画面。例如，中央人民广播电台 1996 年 1 月 27 日播出的《常委会的额外议题》这条新闻是这样报道的：

> 1 月 24 日下午 6 点多钟，大连市委 202 会议室里，灯火通明。进行了整整一个下午的市常委会，八项议题都已经通过。正当大家收拾皮包站起来要走的时候，主持会议的市委书记于学祥招呼大家："各位先别着急，还有一个议题以外的事儿，想听听大家的意见。"
>
> 常委们重新坐定以后，于学祥举着秘书送来的"春节前市委领导活动安排时间表"说："从现在到春节，还有 24 天。这张表给各位安排了十项活动，几乎是隔一天一个。"常委们展开这张"日程表"，上面列着各系统各部门安排的各类"座谈会"、"联谊会"，一个接一个。每个会都必须要市领导参加，而且还注明有"工作餐"。
>
> 有的常委皱起了眉头，有的开始摇头。
>
> 于学祥看出大家的心思，提高嗓音说："我提议，这十项活动合并成一个，只用半天时间，会后不备工作餐。"
>
> 坐在于学祥对面的市委副书记、市长薄熙来笑着点头，表示赞同。

接着，于学祥说："春节前，工作头绪多，时间又紧，会议坚决要精减压缩。少搞形式，少应酬，腾出时间走下去，到群众中多干点实事。"常委们不等书记把话说完，便纷纷表示同意。

会散了，常委们匆匆离开会议室，消失在暮色中。

整个报道就像是一篇小小说，引人入胜。其中"正当大家收拾皮包站起来要走"、"常委们重新坐定以后"、"有的常委皱起了眉头，有的开始摇头"、"薄熙来笑着点头"、"常委们匆匆离开会议室，消失在暮色中"等描写句子，使这条会议新闻摆脱了陈旧套式，把常委们的"人之常情"表现出来，给人耳目一新的感觉。

一位资深的广播新闻工作者曾经说过，广播记者要成为听众的"眼睛"，要想办法把新闻写得有立体感，自始至终充满魅力。而现在有的广播记者，受报刊新闻模式影响很深，广播稿写得很概括、干巴；少数编辑处理稿件时往往"留两头，去中间，删事实，留观点"，结果搞得广播新闻枯燥无味。

2. 取材精粹，信息浓缩

众所周知，广播新闻（消息）的篇幅比较短，要在有限的篇幅内把丰富的有效信息诉诸听众的听觉，就要将信息优化、浓缩，以较少的信息符号包容更多的信息。所谓信息优化，就是对新闻信息进行精心筛选，去掉那些已为人所知的无效信息和重复信息，保留那些最重要、最新鲜，听众最关注的有效信息。要精心选材，使广播新闻中的典型材料能以一当十，较好地说明观点，使概括材料能概述新闻的基本面貌和本质。

优化信息的有效办法是精选事实。在各类新闻中，都存在着最能揭示新闻主题的基本新闻事实。这些事实便是新闻的核心，故有人称之为"新闻核"。听众听广播消息，关键是听那些最能提神、最能引人注目的核心新闻事实。因此，抓住了最重要的新闻事实，也就抓住了听众。

新闻事实构成"新闻核"，应具有以下特点：第一，在新闻中必须具有核心地位，能够揭示新闻的中心思想，直接说明导语中提及的问题。新闻中的其他事实，都是依附这个事实，并为它服务的。第二，必须具备鲜明的个性。第三，必须具有普遍的意义，具有深刻的思想性。

获得2002年中国新闻奖的广播消息《淮河又见捕鱼人》，精选"淮河上又见到渔民们忙碌捕鱼的身影"这一基本事实，说明过去淮河水污染，使沿岸人民饱受其苦，更使淮河渔民深受其害，而今淮河水变清，使渔民有了一定的生活和生产的空间，道出了环境保护与农渔产业的发展"唇亡齿寒"的内涵。

所谓信息浓缩，就是要求新闻中的每个信息符号都负载着扎扎实实的新鲜信息内容，删掉那些与表达信息无关的多余的段落、句子和字、词，杜绝空话、套话和空泛无力的修饰词。浓缩信息的有效办法是多写"小口子新闻"。所谓"小口子新闻"是针对"大而全"的新闻来说，即一条新闻只选取一个有特点的问题，一个有价值的新闻事实或一个新颖的侧面来报道。这样，新闻的突破口就小，容易集中、深刻，起到以小见大的效果。上引的《淮河又见捕鱼人》用一个具体的、很小的一种个人或小团体的行为作为切入点，经过记者精心剪辑的访谈音响，使人能跳出"捕鱼人"这样一种浅性或显性的事实信息，联想到淮河治污的大主题，进而引发人们思考污染与生态产业及国民经济发展的一系列重大问题。

三、广播消息的结构形式

1. 倒金字塔式

这是广播写作中最常用的一种结构形式。它的特点是"重心前置"，把新闻信息中越重要的部分越先说。在导语中就把最具新闻价值的要素逐一交待，以下各段落的重要性依次递减。各层次分别讲一点事实，层次之间不需要过渡性的文字。一般是"无疾而终"，没有结尾。倒金字塔的优点是听众刚一听就明白，符合广播消息"先声夺人"的特性；写作文字精练，符合广播消息"短小精悍"的要求。所以，倒金字塔结构被长期广泛使用。但是，这一结论也有缺点。由于重心前置，后面的内容不吸引听众，听众会中断收听。最精彩的部分先讲了，没有从头收听的听众就无法再搞懂新闻的主要内容。形式也比较呆板，各段落没有展开的余地。就中国的新闻写作现状来说，倒金字塔并不是记者和受众喜爱的形式。对记者而言，要把新闻事实按照重要性排列，写起来就比较"乱"，也不如按照时间顺序写省事；对听众而言，这一"有头无尾"的写法听起来也不习惯。倒金字塔结构可能更合适于简讯等体裁。

2. 金字塔式

这是我国新闻界普遍使用和听众较为习惯的一种结构。完全按照新闻事件发生发展的时间顺序，从头到尾叙述其过程。事件的开头也就是消息的开头，事件的结尾也就是消息的结尾，最精彩的部分往往要到后面才出现。金字塔结构适合于故事性强、情节曲折的新闻事件。但由于不能从开始就一下子抓住听众，可听性不强。

3. 倒金字塔和金字塔相结合式

针对倒金字塔结构和金字塔结构的优缺点，广播记者在新闻写作实践中探索出了一种"两结合"的结构形式。导语部分同倒金字塔结构一样，提纲挈领地介绍新闻的主要内容。导语中的新闻事实，在主体部分逐步展开，类似于金字塔结构。但是，不一定要按照时间顺序展开。并列关系、因果关系、点面关系和主次关系，都是消息主体安排材料可依据的顺序。这一结构符合听众的收听思路，最符合广播消息的要求，运用得也最广泛。

四、广播消息的导语、主体和结尾

导语是消息开头的一句或几句话，是新闻最重要的部分；广播消息更是如此，能否抓住听众全取决于它。导语的写作应尽可能简短地提供出新闻的主要信息，传达事实的特征。既要揭示新闻的主要事实和特色，又不能让事实的精华流失，更不应包含太多信息，淹没主要信息。现代导语的趋势更为自由，多种多样。间接导语、延缓导语和符合导语等散文化的导语在广播新闻写作中已被陆续采用。

1. 广播消息的导语

（1）叙述式。叙述式导语用朴实的语言概括地归纳新闻事实，叙述新闻事件的精髓。倒金字塔结构刚产生时，第一代导语就要求5W俱全。这固然能让人留下完整的印象，但显得冗长、枯燥。第二次世界大战后，导语被简化，只突出两三个要素，其余的要素移到消息的主体部分。比如"日本投降"、"人类今日登上月球"之类的微型导语，符合新闻传播的要求，广泛流行起来。广播消息应大力提倡这种"一句话导语"。由于它是平铺直叙，听众不会感到突兀。把广播消息的主要内容先报告给听众，符合听众心理。导语突出最主要的新闻事实，最能"钩住"听众往下听。

（2）述评式。述评式导语一共有两句话，一句"述"，一句"评"。"述"，就是表述客观事实；"评"，就是记者恰到好处的评论。叙述要简明扼要，评论要合情合理，一语中的，不可穿凿附会。这种导语夹叙夹议，言简意赅，也符合收听规律，在广播消息中很常见。

（3）描写式。描写式导语先对新闻事件的环境或典型场面、新闻人物的形象进行必要的恰如其分的描绘，然后再引出新闻事实。先虚后实，用具有现场感和形象感的细节引起听众的兴趣，符合收听规律。描写的细节应与主要新闻事实有关。广播新闻要短小，描写要有节制。抓住事物的特点简笔勾勒，也就是"白描"。

（4）设问式。设问式导语先用一个问题，引起听众的注意和思考，然后迅速作答。所设之问往往是听众不甚明了，却又想知道答案的。如："作为我国最大的钢铁企业，鞍钢在金融危机中应当做些什么，不应当做些什么？"设问式导语千万不可故弄玄虚，小题大做。

（5）引语式。引语式导语引用新闻人物的话，或者古诗、名言、谚语、美丽动人的民间传说和历史典故等，使新闻具有一种高雅的韵味，以诱发听众的收听兴趣。如："'做一颗永不生锈的螺丝钉。'如今，雷锋生前的这句名言，已成为辽宁青年们爱岗敬业的座右铭。"

（6）悬念式。悬念式导语利用新闻事件中跌宕起伏有矛盾的情节，设下疑点，悬而不答。写作者故意"卖关子"，听众却趣味盎然。导语中要针对听众的"兴奋点"，从观众最有兴趣的部分切入事实，蓄势待发。悬念式导语用得好会颇具魅力。

2. 广播消息的主体

主体部分要精选最能反映新闻主题的事实来说明问题。直接和导语相联系，具有鲜明个性的事实是主体要解剖的事实。导语部分已经对某事实作了初步的交代，主体部分应承接导语，用简洁的语言详细介绍事件的发展变化。材料中的水分要去掉，但又不能感觉干巴巴。广播消息篇幅本来就不大，不宜采用综合消息那种面面俱到"大而全"的形式。一条消息集中写一个有特点的问题或问题的一个侧面，突破口小，就能写深、写短。"解剖麻雀"是广播消息写作的常用手法。

主体的内容要充实，表达要简洁，议论不要太多，能省则省。广播消息要尽可能回避数字，必不可少的数字要作具体化处理。压缩交待性和分析论证的文字，多留一些笔墨给核心事实。为了交代事件的背景和发生过程，交代面上的情况，阐明事件的意义，在广播消息中有些抽象的概括语言是必要的。没有概括性文字，新闻事实就会彼此脱节。但写实性的文字应当是消息的主体部分，这样新闻事实才能实在化、明确化、具体化、立体化，消息的可听性才强。笼统地概括更适合于报纸新闻的写作；广播不能"浏览"，所以广播消息要尽量减少概括性的文字，多写一些细节，多用具体形象的事实来说明问题。选择一个典型事例，用生动活泼的细节来反映新闻事件的特征，表明作者的观点，加深听众的印象。

3. 广播消息的结尾

一般的新闻写作，特别是"倒金字塔"型新闻，结尾是可有可无的。而对于广播消息写作来说，结尾有着特殊的意义，决不可省略。举个例子，1985年3月3日，中央人民广播电台的《新闻和报纸摘要》节目播出了波兰食品涨价的消息。许多听众开头没有注意，后来听到什么"面粉涨价40%，面包涨价3%，茶叶涨价65%到70%"，还有食糖、植物油等也要涨价，以为是我国商品要涨价，于是涌到商店去抢购。而且电台的电话不断，听众纷纷询问详情。如果在新闻稿的结尾说一句"这次波兰的食品涨价幅度较大"，听众就不会误会了。

有时，广播消息的结尾还要复述之前已经播出的新闻内容。比如，"国家主席胡锦涛今天与美国总统奥巴马举行了会谈"，这条新闻的结尾要加上一句"胡主席是昨天抵达美国进行国事访问的"。广播消息的结尾不仅重要，而且如果写得好，还可以使消息的结构首尾呼应，表现出一种"对称美"。常见的结尾形式有以下几种：

（1）小结式。小结式结尾再次概括新闻的主要事实。对于广播消息来讲，不失为一种好方法。例如，新华社消息《哈尔滨市南岗区委积极培训提拔妇女干部》的结尾是："在这个区的区委各部、办领导干部中，目前妇女干部占35.8%。有 10 名妇女干部担任了区直属单位的一把手。"

（2）点睛式。画龙点睛，言简意赅——点睛式结尾用一句话揭示新闻的意义，深化新闻主题。这句话可以是记者的，也可以借用新闻人物的语言。"点评"要自然，"水到渠成"，切不可公式化、概念化。最后一句话仿佛还在叙述新闻事实，不经意间就发了议论，而且说到了点子上。需要注意的是，采用述评式导语的消息，就不可以用点睛式结尾；否则，首尾就雷同了。

（3）提示式。提示式结尾是启迪听众思考，而不是就事论事；表达作者的希望，对事物变化的趋向和结果进行判断，指出今后努力的方向，号召大家奋斗，等等。好的提示式结尾能产生振聋发聩之效，需要注意的是，这种结尾一定要适合该条消息。有时，含蓄一点会给听众一些思考的空间，广播效果会更好。使用提示式结尾特别要注意防止画蛇添足。

（4）解悬念式。解悬念式结尾解开了悬念式开头为听众设下的悬念。设疑和解疑两部分贯穿消息的始终，一气呵成。这种结尾与悬念式导语配合使用，效果极佳。

第三节　录音报道的写作

各地各级广播电台经常播出录音报道，一些厂矿企业的广播室也常采用这种形式。许多青年记者乐此不疲，称之为"玩音响"。但据了解，目前有许多录音报道是不合要求的，或者是质量很差的，一个重要原因就是采制者缺乏应有的知识和技能。

什么叫录音报道呢？录音报道是具有广播特点的一种新闻报道形式，它是广播记者主要运用新闻事实的现场实况录音所进行的报道。这个定义规定了录音报道的本质属性，这就是：直接反映事实的音响必须是现场实况音响。比如说"第一颗原子弹爆炸了"，所以实况音响必须是第一颗原子弹的，而不能是第二颗的。直接表现现场的音响必须是当时当地的实况音响。一篇录音报道通常由三部分组成：一是广播记者对新闻事实和新闻现场的阐述，由记者写成文字稿，请播音员代播或由记者自己直接播讲，然后与实况音响等合成。二是人物谈话，记者在现场访问新闻事实的参与者或者事后访问知情者的谈话录音，常常是录音报道中很重要的一部分。它不仅可以直接表述事实，体现主题，而且会起到记者本人无法替代的"人证"作用。三是实况音响，即新闻事实发生的现场的声音。从声音的自身属性来说，可分为三种：人声、物声、自然声。人声是指人们活动直接造成的声音，如掌声、歌声、脚步声等；物声是指由于人们操作所引起的物的声音，如枪声、炮声、机器声等；自然声是指自然界固有的声音，如鸟叫、蝉鸣、狮子吼、风声、雨声、雷声等。从声音与新闻事实的关系来说，也可分为三种：主题音响、气氛音响、过渡音响。主题音响是直接反映事实、体现主题的音响，在录音报道中，这是不可缺少的最重要的音响。气氛音响是体现环境气氛的音响。在录音报道中，它起烘托气氛和表现环境气氛的作用，有了这种音响，会使听众有身临其境之感。过渡音响是体现时空转换的音响。在录音报道中，记者从这一地到另一地，或者从这一场面到另一场面，时间、空间变了，场景也变了，怎样进行这种转换呢？除了记者叙述之外，还需辅之以必要的音响，这样不仅能起到衔接作用，而且会有"换景"之后的画面感。

　　比较标准的录音报道应由以上三个部分组成。但有时候有些录音报道也可以由两个部分组成，即只有记者阐述和人物谈话两个部分，或者只有记者阐述和实况音响两个部分，这两种情况虽然听起来效果不够理想，但仍算作录音报道。国外近些年出现一种"音画式"录音报道，只有实况音响，没有记者阐述，也没有人物谈话，光是依靠音响接音响，给听众造成某种情景的画面感，并借此传播某种观念和情趣。这种录音报道目前在我国尚未出现。关于录音报道的形式，目前我国广播界的认识是：录音报道是个总的名称，在它之下有五种具体形式：

　　（1）录音新闻。将事件性、动态性新闻题材制作成录音报道，播出时应称作录音新闻。有些篇幅较长的录音新闻也可直接称录音报道，就如同消息有时也可称报道一样。

　　（2）录音通讯。运用叙述、描写、议论、抒情等多种手法，将新闻事实、新闻人物、工作经验、风光面貌等材料及有关实况音响、人物谈话等，制成录音报道，播出时应称作录音通讯。一般来讲，录音通讯比录音新闻篇幅要长一些，所用材料的时间性不如录音新闻强。

　　（3）录音访问。录音访问也称录音专访，以访问人物为主，将记者与被访者的交谈和有关情况的介绍及环境实况音响，制成录音报道，播出时应称作录音访问。有的电台把这种形式叫"录音访问记"，多一个"记"字，不仅显得累赘，而且显得不贴切，因为这种形式主要是靠话筒访问，基本上是不用笔来"记"的。

　　（4）录音特写。录音特写是一种集中反映人物事迹、事件情节、生活场景的录音报道。写人写事比录音通讯更细致、更深人,它不注重全貌,而注重片断和局部,将片断和局部写深写活,并录取典型环境中的典型音响、典型谈话。这样的录音报道播出时应称作录音特写。

(5)现场报道。报纸、电视、广播都有这种报道方式,也都在使用这个名称,其用意无非在"现场"二字,强调是在现场采写或采录拍摄的,从而是更真实、生动的。广播中的现场报道是广播记者在新闻事实发生的现场,采用一边观察、一边述说、一边采录的一种报道方式,即看、说、录同时进行,三者都必须在现场而不能离开现场。这样制成的录音报道,播出时可称作现场报道。有的台把这种形式叫"现场录音报道",这里的"录音"二字是多余的,因为其他形式的录音报道的实况音响也是在现场录的,就不必强调这一个。还有的台将这种形式叫"口头报道",这也是不可取的,因为广播电台的其他报道也都是口头的——靠口说出去。

第四节 连续报道与系列报道

一、连续报道

连续报道正在走向繁荣,在新闻广播中,这种趋势尤其明显。新闻广播的传播优势之一,就是能够以比其他媒介更快的速度满足人们获得最新信息的需求;而连续报道这种形式的独特表现功能,则主要在于能够随时反映事物或新闻事件的发展变化,为人们提供最新事态的信息。如果说媒介与报道形式的恰当结合,可以同时赋予双方以如虎添翼的传播优势和表现优势,那么,面对着处于发展变化之中的重要的、人们普遍关心的新闻事件,新闻广播将连续报道作为首选报道形式,岂不是势所必然吗?所以,随着现代新闻传播观念的增强,随着媒介间竞争的加剧,新闻广播的连续报道的进一步繁荣,是完全可以预期的。

1. 连续报道及其属性

"连续报道"这个名称很容易使人望文生义,以为凡是连续性的报道,都可以纳入连续报道这种报道形式的范围。因此,在实践中时有误称、误用或混淆不同报道形式之间界限的事情发生。

连续报道当然是具有连续性的报道。但是,并不是所有连续性的报道都可以纳入连续报道的范围。换句话说,连续性只是这一报道形式的外在表现,而不是它区别于其他报道形式的基本特点或属性。仅以连续性划界,那就难免出现这样那样的混淆现象,不仅影响对连续报道和其他报道形式的恰当运用,而且还可能阻碍它们的健康发展。

那么，连续报道究竟有些什么基本特点，或者说它究竟是什么样的报道形式呢？

（1）整个报道以消息为主，每则消息都侧重于反映事件的最新发展。

（2）在关键阶段及时配发不同规格的评论，如中央人民广播电台为配合《铁道部严肃批评哈尔滨铁路局官僚主义态度》的消息，发表了本台评论《整顿路风才能得人心》；又如配合 5 月 13 日的报道，播出了评论员文章《整顿路风，要认真，要严格》等。消息与评论相互配合，不仅增强了报道的影响，而且使这一批评性报道发挥了以点促面、推动全国铁路路风建设的巨大舆论效果。

（3）牢牢把握报道的主动权，既紧跟事件的进程，又注意留有余地。如仍然是接着《铁道部严肃批评哈尔滨铁路局官僚主义态度》那篇报道，中央人民广播电台在播出听众来信之后，紧接着报道听众的反应；在报道哈尔滨铁路分局第一次处理决定时，着重强调"初步处理"。如果说前者是适时"加温"，那么后者则既为后续报道留下余地，也提醒听众随时注意事态的发展动向。

（4）机动灵活地运用各种体裁，如消息、通讯、评论、述评等。

2. 连续报道的特点

（1）以新闻事件为报道对象。连续报道也称为跟踪报道，但它跟踪的是处于发展变化之中的新闻事件，而不是一般的社会现象、社会问题。当然，新闻事件与社会现象、社会问题之间并没有不可逾越的鸿沟。不少新闻事件之所以具有进行连续报道的价值，只是因为它们往往是社会现象、社会问题的典型表现。不过，社会现象和社会问题却只有当它"事件化"——不仅一般地存在于社会现实生活之中，而且转化为与特定事件、地点、条件紧密联系在一起的典型事件之后，才能成为连续报道的报道对象。比较双城堡火车站野蛮装卸事件和关于减轻劳模负担这两组报道，就不难明白其中的区别。中央电台虽然是从制止和消除野蛮装卸这一相当普遍的社会现象出发组织这一连续报道的，但它紧紧跟踪的毕竟是发生在双城堡火车站的这一典型事件，是"事件化"了的野蛮装卸现象。而关于减轻劳模负担的报道，则是就这一社会现象本身所作的报道，把它纳入系列报道的范围，也许比纳入连续报道更恰当一些。

（2）视时效性为生命。连续报道中的报道所反映的几乎都是事件的局部情况，即使某些阶段性报道，也不可能反映事件的全貌。它之所以受到听众的欢迎，主要就在于这些局部性的报道能够随时为听众提供关于事件的最新发展情况。因此，对于连续报道的每则报道来说，时效性不仅是检验它的新闻价值的一个重要标准，而且是它赖以生存的基础。时效是连续报道的生命，是这种报道形式存在和发展最重要的条件；失去时效，连续报道即使不是全部至少也会失去大部分优势。从这个意义上说，增强时效性，仍然是完善连续报道的一个亟待引起重视的问题。

（3）提供多数听众关注的最新信息。新闻事件，尤其是突发性新闻事件，往往复杂、多变，关键时刻甚至可能出现多种矛盾现象并存的局面。一则报道当然不可能也不应该"有闻必录"，而必然有所选择取舍，问题在于怎样选择、怎样取舍？连续报道要吸引听众持续收听的兴趣，就必须依据多数听众对于事件的关注重点来选择和取舍。中央电台在关于大兴安岭火灾的连续报道中，最早的两条报道都主要突出灾情。而有关评价文章也把"突破了过去只报道救灾不具体报道灾情的老模式，灾情多大就报多大，随时报"，列为这组报道的三个特点之一。复杂的突发性事件如此，就是单纯事件的连续报道，它的每则报道也必须突出听众的关心重点。如听众关心某跳高运动员的比赛情况，主要关注的是他能否创造新纪录，所以他跳过的每一个高度也就成为最能"消除不确定性"的核心信息。如果每则报道都交代一下他上次创造的跳高纪录，其消除不确定性的作用则可能进一步增强。

（4）为听众提供获得完整认识的条件。一组连续报道是一系列具体报道的集合体，不论由多少篇报道组成，每一则报道所提供的都只是事件的局部情况。听众只有通过持续收听不断积累收听印象，才能形成对于事件的全面、完整的认识。由于广播不易保存、不能倒检索，而听众也不一定都能够听到每一则报道，即使听到了也不一定留下深刻的印象，因此怎样为听众创造通过收听音响的积累获得完整认识的条件，就不仅是一项要求，而且是新闻广播连续报道的必要因素。这里所说的条件主要有两条，即适当交待背景，适当复述前此报道过的，有助于更好理解后续报道的事实。创造这种条件并不难，有时不过是加上一句半句话而已。现在不少连续报道的后续报道，往往因为缺乏必要的交代而让听众感到费解，甚至不明不白，恐怕主要不是由于难，也未必是受节目时间的限制，而是广播观念和听众观念淡薄的一种表现。

当然，这四个基本特点并不是各自孤立存在、分别发挥作用的。如果分开来看，其中的每一项都不是连续报道独有的，并不具有排他性。可是一旦紧密结合起来，却不但是连续报道区别其他报道形式的基本特点或属性，同时也赋予这种报道形式以独特的表现优势。所以，把握这些特点，要理解它们各自的内涵，尤其需要着重注意它们互相之间的联系。

3. 连续报道的题材

连续报道是一组具体报道的集合体。一方持续报道，一方陆续收听；如果说二者结合的程度决定着连续报道的传播效果，那么这个结合的基础，就在于题材本身是否具有既能吸引听众持续收听，又便于持续报道的基本素质。其中包括：

（1）能够引发听众高度关心。听众对于事件的关心程度，是保持持续收听兴趣的决定性因素。从迄今为止的事件经验看，能够引发听众高度关心的新闻事件，大致可以归纳为三类：

一是重大的、具有全局意义的事件。如乌鲁木齐打砸抢烧犯罪事件、四川汶川地震及救灾。

二是与听众休戚相关的事件。这类新闻事件未必多么重大，但由于它们或者关系社会风尚，或者与听众切身利害相关，所以能够引起听众的广泛关注，吸引他们持续收听。前者如《河南郑州市郊区老农民、共产党员孙玉台拾到 30 万元交公》，这组由 4 则消息组成的连续报道，顺藤摸瓜，既反映了这位农民拾金不昧的崇高品质，也揭露了失主——郑州市工商银行上街办事处制度不严、管理混乱的问题，这两个方面在当时的社会环境下对听众都有相当的吸引力。后者如《剧毒药物严重污染荔江河水，县政府采取紧急措施》和《抢救砒霜中毒病人》这两组报道，由于事关当地人民的生命安全，自然能够紧紧抓住当地听众。

三是存在阻力或认识分歧、需要加以引导的事件。双城堡火车站野蛮装卸事件就是典型的一例。这个事件如果当事单位能够认真对待、妥善处理，完全可能以播出听众来信和编后话而告终。可是，先是当事单位拒不赔偿，继而哈尔滨铁路分局"敷衍应付"、铁道部的调查组"也不敢正视现实"，等等，这一系列阻碍问题合理解决的因素更增强了事件的典型意义。而国务院、铁道部早就三令五申严禁野蛮装卸，但是，双城堡火车站对此置若罔闻，以致造成严重后果，说明某些单位风气不正、领导不力、管理不善、纪律不严到了何等程度？因此，对于这样的典型事件进行公开的揭露和批评，是完全必要的。中央台利用这一典型事件，组织了持续半年之久的连续报道，形成了强大的社会舆论，收到了推动铁路路风建设的显著效果。山西长城广播电台关于王丁丁救人受诬的连续报道和讨论，也属于这一类。这类事件本来就是社会舆论的关心点，作为连续报道的题材，具有一种特殊的吸引力，可以收到引导社会舆论的积极效果。

一般说来，这三类新闻事件由于本身的吸引力，作为连续报道的题材，为实现预期的传播效果奠定了必要的基础。

（2）仍然处于发展变化之中。连续报道本质上是"现在进行时"的报道，它的每一则具体报道的新闻价值或对听众的吸引力，同它究竟以多快的速度、提供多少关于事物或事件的最新发展情况，能在多大程度上回答"它现在怎么样"成比例。这当然需要记者去收集和发掘最新材料，但从根本上说，却取决于事物或事件本身的状态，即它是否仍然处于发展变化之中。只有当事物仍在发展变化之中，人们才急于了解最新事态，连续报道也才能满足人们的这种需求，才有其存在的价值；如果事物已经进入稳定状态，连续报道就不具有表现优势，也就只能让位于其他体裁或报道形式了。可见连续报道也有个"行于当行"、"止于不可止"的问题，不过它的或行或止是由客观事物的状态决定的。

正因为这样，成功的连续报道不仅以处于发展变化之中的事物为基础，而且它的每一则报道，也都十分注意突出最新事态。例如中国国际广播电台关于云南地震的报道，每则消息的主体毫无例外都是最新的事实，即使提供的背景材料也大多着眼于帮助听众理解最新事实。

对于瞬息变化着的自然灾害的连续报道固然如此，就是比较单纯的事件，后续报道也都主要着眼于提供群众关心的新情况。广西荔浦县发生氢化钠污染事件后，为保证居民安全，县政府决定立即关闭县城自来水厂，沿河蔬菜一律不准上市。报道这一事件的连续报道，除随时提供清除污染的发展情况以外，同时把视线转向居民饮用水和蔬菜供应，专门播发了两则报道。

（3）适于持续报道的过程。多数连续报道所反映的事物或事件，在时间和节奏方面，都有一个相对的"度"。这个度究竟怎样掌握？目前很难确切回答，但有一点是可以肯定的，即基本排除持续时间太长、节奏太缓慢和持续时间太短促、节奏太急剧这两类事物和事件。前一类事物或事件，通常只能作间歇性的报道，不利于听众保持持续收听的兴趣，当然也难以获得积累性的整体印象；后一类事物或事件，事实上不具备持续报道的条件。

以上我们从三个方面阐述连续报道选择题材的标准，所以着重强调三点，主要是因为忽视其中任何一点，都可能导致连续报道与其他报道形式，尤其是与系列报道相混淆。

4. 连续报道应注意的几项原则

连续报道是一种紧紧跟踪新闻事件客观发展进程，随时反映最新事态的报道形式。真实性和时效性都是连续报道生命之所系，具有同等重要的意义。一味图快，置真实性于不顾，当然是错误的；为保证事实真实而牺牲时效，或者干脆回避不易弄清的重要事实，对于连续报道的损害也不可低估。任何形式的重此轻彼或者舍此保彼，都难免影响报道的效果，甚至损害这一报道形式。只有同时兼备这两种新闻属性，以最快的速度向听众提供确切的事实和重要事态，连续报道才能充分发挥它的传播和表现优势。可是，一方面由于事件可能变化无常、事实可能真伪难辨；另一方面由于报道者拥有的时间相当有限，时效性和真实性之间发生矛盾不仅是可能的，而且常常是难以避免的。在这种情况下，怎样确保每一则报道既拥有时效优势，在真实性（包括具体事实真实和整体真实）上又经得起推敲？这对于任何连续报道，包括其中的每一则报道，无疑都是不能不正视的严峻课题。

如果说真实性和时效性的矛盾是连续报道实践中时常面临的课题，那么，实践也在不断为解决这个矛盾积累经验、开辟道路。下面这几个从实践经验中归纳出来的原则，看来对于解决这个矛盾，都有一定的价值。

（1）密切注视事件发展、变化的轨迹，把握事件发展的阶段性。连续报道是跟踪报道，一般不可能在事件伊始就把握整个事件。但是，事件一旦发生，实际上也就为我们提供了从它的当前状态（现状）出发，追溯其成因及展望后续发展的某种可能性。因此，不仅要注意它的现状，尽可能掌握已经发生的各种事实，而且要认真探究它的成因，密切注视它的每一新变化，尤其是标志事件发展阶段具有转折意义的变化。这是在连续报道中变被动为主动、防止被某些表面现象所迷惑的关键。在不可能把握事件全过程的情况下，密切注视其发展变化的轨迹，是增强洞察力、判断力和预见性，敏锐捕捉有价值的事实，及时而确切地反映事件的最新发展的可靠保证。

（2）坚持用事实说话，适当留有余地。新闻事件的发展变化，往往是多种因素综合作用的结果；介入事件的因素越多，事件就越扑朔迷离，其结局也就越难以预料。既然如此，在具体报道中就要十分自觉地坚持用事实说话的原则，尽可能提供代表事件现状的具体事实，避免随意使用判断性的语言以及无根据的预测。

（3）重视交代新闻来源。在进行连续报道的过程中，时常会遇到一时难以判断其意义或互有出入，甚至相互矛盾的事实。无关紧要的事实当然可以舍去，问题是有些事实可能事关重大，如果因一时难以判断其意义或真伪而舍去，那就可能导致对事件的歪曲或舆论的误导。在这种情况下，恰当的处理办法莫过于在明确交代新闻来源的条件下兼收并录。交代新闻来源，也可以为听众理解事实、作出判断提供某种暗示或帮助。其实，就是对于不存在疑问的重要事实，适当交代新闻来源也具有增强事实的可信性、说服力和权威性等多方面的意义。

（4）把保证整体真实置于首位。新闻事件的发展、变化过程，也是事件真相逐步显现的过程。跟踪事件的连续报道，也只能在跟踪报道中逐步接近事件的真相。从这个意义上说，连续报道的真实性是在报道的过程中实现的。因此，问题的核心在于怎样在没有完全弄清事件真相的情况下，恰当处理每一个具体事实。从具体操作的角度说，首先是防止被某些表面现象或假象所迷惑。表面现象或假象本身可能都是真实的，只是它们并不代表事物或事件的本质，所以被视为表象或假象。在本质或真相还没有完全暴露出来的情况下，与其凭自己的判断去取舍，不如在交代新闻来源的条件下兼收并录。其次，在报道过程中自我矫正。真实的事实中包含不真实成分这种现象，在连续报道中有时是难以避免的，也完全可以在后续报道中得到矫正。以后续报道矫正前此报道的部分失实，不仅不影响甚至还可能增强报道的可信度，其实是在报道过程中实现整体真实的应有之义或重要措施。从这个意义上可以说，树立整体真实首位观念，树立在报道过程中实现整体真实的观念，是恰当处理时效性与真实性之间可能产生矛盾的重要保证。

总之，对于连续报道来说，时效性和真实性这两个新闻原则是不可分离的。它们之间的矛盾，其实就是这种不可分离性的一种表现。因此，解决这个矛盾，只能遵循"相反相成"的辩证原则；任何重此轻彼或舍此保彼的简单化做法，其结果都必然既削弱时效性，也损害真实性。上述这几个来自连续报道实践经验的处理原则的意义和价值，就在于它们可以在一定程度上把时效性和真实性统一起来。

5. 精心组织连续报道

精心组织连续报道，包括从确定报道题材到采访、写作（制作）、播出的一系列具体要求。下面几点尤其需要加以强调：

1）审时度势，不失时机地就重大新闻事件组织连续报道

首先强调这个问题，是因为它事关决策；面对着刚刚发生、还在变化的新闻事件，能否不失时机地组织连续报道取决于对它的意义和价值，尤其是潜在的意义和价值的判断。

新闻事件是复杂多样的。有些新闻事件一出现就显现出它的意义和价值，如自然灾害和事故，一般不难就它的规模、影响作出相应的判断。而另外一些事件，如有关社会风尚、社会行为的事件，在它的初始阶段却往往给人一些模模糊糊、难以捉摸的印象；面对这类事件，能否作出准确或比较准确的判断，不能不说是对报道者的新闻敏感和判断能力的严峻考验。正因为新闻事件的意义和价值有"显在"和"潜在"的区别，所以对于后一类新闻事件，很容易因一时难以判断而贻误时机。这也许是近些年来的连续报道，多数是对自然灾害或事故的报道，其他报道寥寥无几的一个重要原因。

对连续报道来说，新闻敏感和判断力具体地表现为"见微知著、以见知隐"地发现和抓住重大新闻题材。因此，在这种报道中，新闻敏感和判断力在很大程度上依赖于审时度势、准确把握当前社会脉搏和社会注意力重心。事实上，新闻事件的意义和价值，是相对于社会需要而言的。在事件仍在发展变化、本身蕴含的意义和价值还没有充分显现出来的情况下，把事件与社会现实联系起来考察和掂量，就显得更为重要。

2）研究事件的客观进程，掌握报道的主动权

（1）主观能动性来自于主观与客观的统一。连续报道要跟踪事件的客观进程，能动地反映客观实际。所谓能动反映，就是面对纷繁复杂的客观实际，恰当地选择题材、取舍事实以进行报道，既尊重事件客观进程，又引导、促使事件向符合社会发展整体趋势的方向发展。

（2）随时研究事件的客观进程是通向主、客观统一的可靠途径。由于连续报道只能随着事件本身的进程逐步认识和反映事件，所以，它的主、客观统一以及以之为基础的能动性也是而且只能是在时间的进程中逐步实现。这就要求在连续报道过程中随时研究事件客观的进程，否则就不可能实现主、客观的统一，当然也就没有任何主动权或能动性可言。

（3）广泛掌握材料，认真分析研究。事件当前进程的各种现象与事实，未必都是报道所需要的，但却是研究事件进程不可缺少的。因此要尽可能占有各种材料，包括各种倾向的社会舆论，以及对于报道的反馈。尤其是持续时间比较长的连续报道，更需要把适当精力放在这上面。至于分析研究，则要围绕把握事件的发展趋势这一目标，对有关事件本身的各种材料、社会舆论与播出反馈作综合的分析。其中社会舆论和播出反馈，虽然对实践的发展趋向不一定会有多大影响，但对于能动地反映事件的进程、增强报道的针对性却是不可忽视的因素。

3）认真对待采、编、播诸环节

不论规模大小、持续时间长短，只要是连续报道就是各环节密切配合的过程。其中任何一个环节的疏忽，都可能影响报道的整体效果。从这个意义上说，各个业务环节都具有同等的重要性，都需要以认真、严肃、过细的精神去对待和处理。在这里，不可能也没有必要一一列举所有环节，只需要提出几个比较容易被忽视或还没有引起必要重视的问题即可。

（1）在保持报道的连续性同时，适当采写阶段性报道。这主要指持续时间比较长的连续报道、阶段性的报道具有承上启下、为听众提供完整地了解事件及其意义的条件等多方面的作用。

（2）调动各种体裁和表现手段，增强报道效果。为争取时效，连续报道多运用消息体裁和简洁明快的叙述手段，但并不排斥其他体裁和表现手段。事实上，只要坚持量体裁衣的原则，只要有利于增强表现效果，不仅可以运用既有的体裁和表现手段，甚至还可以创造新的形式和手段。

（3）注意交代背景，包括适当复述此前报道的重要内容。对于连续报道来说，交代背景和适当复述，不仅是听众观念的体现，而且是弥补广播不能保存、不能倒检索的传播弱点的需要。

（4）适当控制播出频率。在连续报道中，每则报道的间隔时间究竟多长，主要以事件的实际发展情况为基准：有时可能一天播出数则，有时可能数天播出一则，只要符合事件本身的实际，都应该说是恰当的。但要避免间隔的时间太久，因为那样不利于听众积累收听印象。所以，有时还得作适当调整和控制，采取适当的办法提醒听众保持对事件的注意。

以上这些看起来很琐碎，但对于连续报道的效果却可能产生意想不到的影响。总之，连续报道的效果是在报道过程中实现的，因此要毫不懈怠地抓紧每一个环节，抓好每一则报道，这样才能充分发挥这种报道形式的表现优势，也才能更好地发挥广播的传播优势。

二、系列报道

在广播新闻报道中，系列报道已成为一种常见的报道方式，是对某个新闻事件或主题经过精心策划，有计划、有步骤地进行多角度、多层面、多视角的立体报道；是围绕同一新闻主题从不同侧面、不同角度作多次、成组的报道；是多个独立报道没有外在的连续，却有内在的必然联系，集合在同一主题思想下，以求对新闻事实作比较系统、全面、有一定深度的报道。

1. 系列报道的特点

（1）突出主题的系统性。系列报道时效性较弱，时空跨度大。系列报道有一个一贯到底的报道主题，每一篇报道都是围绕同一个主题，从不同角度、不同侧面对主题作展示，每篇报道之间内容的联系并不紧密，结构松散。

（2）对主题进行多视点的报道，每一篇报道都有一个题材，这个题材相对于其他报道是独立的。如一组关于专业市场现状的系列报道，围绕专业市场建设的必要性和可行性这个主题进行报道，分别涉及这样一些题材：已有的专业市场经营状况、存在的问题、经营者对专业市场的评价、消费者对一般商场和专业市场的比较、专业市场管理者对其发展前景的看法等。

（3）系列报道中各篇报道的安排没有时序的要求，报道内容也是根据事先所知确定的，在结构安排上有较强的主观意识。

（4）系列报道每一篇的开头都要对报道主题进行简要介绍，每一篇的结束处都要对下一篇将要涉及的题材进行说明。这样一来，使得系列报道的整体性加强，能给听众留下较深的印象。

如《美国之音》在纪念世界反法西斯战争结束40周年时制作了一个系列节目，题目为《战争的年代》。这个系列节目共分为六次播出，每一次开篇都要重复节目的主题，六次播出内容虽然角度不同，但由于开头语和结束语的作用，仍给听众一个完整的印象，犹如一气呵成之作。

开头语：这是生长的时代，也是死亡的时代；这是栽培的时代，也是铲除的时代；是杀戮也是将养创伤的时代，是崩溃也是建设的时代；我们哭泣，同时我们欢笑；我们哀悼，同时我们欢庆。这是有所得的时代，也是有所失的时代。我们保存所要失去的，我们也浪费了所要获得的。我们有爱，我们也有恨。这是战争的时代，这是和平的时代。"战争的时代，和平的时代"，这是第二次世界大战的故事。是那些亲身参加了战斗的人，是那些虽然没有直接参加战斗的人，是那些虽然没有直接参加战斗，但是担负重责大任的人，以及那些在战争期间死亡，但是留下了纪录的人，由他们的叙述，刻画出在人类历史上不可磨灭的一场浩劫。《美国之音》以此来纪念第二次世界大战结束四十周年。"建设的时代"，这是四十年前缔造联合国组织，制定签署宪章的经过，这是接在第二次世界大战后的那一段岁月的事情。（以后各篇开头语到此处内容有变，分别为："建设的时代"、"将养创伤的时代"……作者注）

　　结束语："战争的时代，和平的时代"，《美国之音》纪念第二次世界大战四十周年的特别节目，从序曲到尾声，一共分为六部分，今天播放的是第二部分"建设的时代"，明天同一时间请继续收听第三部分"将养创伤的时代"。（以后各篇结束语为：明天同一时间请继续收听第四部分……最后一篇结束语为：……从序曲到尾声，一共分为六部分，现在全部播送完了。作者注）①

2. 系列报道采制的要求

（1）重在策划。广播系列报道是有很强计划性的报道。其中又多为配合党和政府的中心工作、重大活动而进行的成就性报道。它有足够的时间酝酿制订报道计划，明确报道思想，协调报道步伐。广播系列报道的成败与事前有无严密、正确的报道策划是分不开的。

（2）贴近生活。成就性广播系列报道要能吸引观众令人信服，立意要高，切入点则必须贴近生活、贴近群众，这样报道才能入情、入理、入心。寻找与群众生活的接近点，从观众应知、欲知入手，从思想感情上进行沟通交流，这是成功的钥匙。广播系列报道《改革在你身边》以贴近生活为表现特色；系列报道《弹指一挥间》在宏观把握高度上也注意了从生活入手。《弹指一挥间》有的题材本身就涉及人民衣食住行的生活接近点。有的题材，如机械工业、有色金属业等，从表象上似乎离生活实际远些，记者、编辑却巧妙地从一个大家关心或感兴趣的生活话题谈起。如"三北防护林"是我国震惊世界的有影响的造林工程，记者从北京人生活中感受最深的风沙问题入手，过去北京人出门要用纱巾裹住头脸，而现在，北京人明显地感到风沙小了。又如从礼花、焰火谈到有色金属，从人们生活中离不开的洋钉谈到机械工业40年的成就，这些切入点令人耳目一新、

①　李岩：《系列报道的特点》，载李岩：《广播学导论》，浙江大学出版社1997年版，第206～207页。

兴趣盎然。中华人民共和国刚成立时，连小小的钉子其名称上都有一个洋字，叫洋钉，是舶来品，市场上还供不应求；现在，我们国家已拥有了全自动化的无人操作车间。

（3）以情感人。应寻找感情上的接近、沟通，使报道以情感人，入情入理。山西广播台的报道在这方面是很成功的，广播系列报道《昔日逃荒路，今日致富路》就是以浓郁的情感打动人心。走西口的歌声知晓者甚多，但走西口的路途的今昔变化，却知者甚少。这个题材本身能引起听众的兴趣，而且在表现手法上，记者恰当地运用了沿着走西口路的采访来展现一路上的见闻，更能吸引听众的兴趣。当走在桥上的青年农民说到今天走这条路与父辈逃荒要饭走西口的不同时，当由旧社会过来的老人们谈起昔日走西口时手抹眼泪的痛楚辛酸，以及谈到今日生活变化的发自内心的朗朗笑声，令人信服地感受到两代人今昔生活的巨变。

（4）制作精细。正因为广播系列报道是计划性很强的报道，题材又是重大的，制作周期相对较长，因此要有精品意识，要以精良的制作力争搞出有新意、有特色的录音报道。

运用声音反映不同时代和人物的精神面貌，也能给人以较强的感染力。系列报道《昔日逃荒路，今日致富路》开头用了当年走西口的一首民歌，凄凉动人。记者在沿途采访的几个人各有特点，特别是一位农民讲到今天富起来的两个原因：一是政策好，二是有志气。这两点说到了要害处。政策普天之下都一样，有的富得快，有的富得慢，原因当然很多，其中重要一条是看人有没有志气。

成功的报道还要注意报道录音技巧的使用。过去，特技制作在专题节目中用得较多，在新闻中用得少；现在，广播新闻工作者也注意使用录音技巧，使一些抽象的东西变得具体，令人耳目一新。

（5）编排精巧。系列报道，特别重大题材的系列报道，需各方通力合作。如27集系列报道《长江截流看三峡》，于1997年10月8日至11月8日在中央人民广播电台和中国国际广播电台、香港电台分别滚动播出达160集次（27集，每集5~7分钟）。在各方面的通力合作下，该系列报道获1997年湖北广播新闻一等奖，被国家广播电视总局、中国广播电视学会评为新闻类系列报道二等奖。前期计划详尽，精心采录，后期组织专门班子，通盘考虑素材，巧妙编排，精心制作，这是大型广播系列报道获得成功的关键因素。

3. 以人物为主题的系列报道

当今时代是一个冲突多、交叉点多、变换频繁的时代，许多人的命运和精神在这样的时代都呈现出丰富性和复杂性。所以，对一个人物的报道也往往需要从各个层面来展开。近几年，广播中以人物为主题的系列报道很突出，他们中既有领导干部,也有普通群众,既有转业军人,也有打工青年。他们的事迹平凡而伟大,他们的精神可贵而崇高。如2001年中央电台播出的《好干部——汪洋湖》;陕西电台播出的《优秀共产党员郭秀明》;2002年中央台和湖南台采制的《一个活在人民心中的共产党人——记原湖南省委副书记郑培民》;2002年广播电视新闻奖社教类节目一等奖作品《吕日周"新政"》;2004年6月21日中央电台播出的《人民公安的楷模——任长霞》、《当代产业工人的楷模——许振超》等。这些人物报道的共同特点是以人为本,多角度展现,用事例服人,用真情动人,用细节感人,增强了人物系列报道的亲和力、吸引力、感染力。

(1)以人为本,多角度展现。《一个活在人民心中的共产党人——记原湖南省委副书记郑培民》是一个三集系列报道。郑培民是中组部、中宣部继焦裕禄、孔繁森之后推出的又一位党的高级领导干部典型人物。参与这一报道的编辑、记者走访了几十位熟悉郑培民的同志和亲朋好友,采访录制了大量的生动素材。三集报道以郑培民日记来贯穿,每集报道又各有重点,独立成章。第一集突出郑培民"一心为民",为人们展现出一个"为民书记"的光辉形象。第二集介绍他始终保持共产党人本色,公道正派,不畏艰难,哪里最困难,哪里就有他的身影,为改变湘西贫困面貌呕心沥血、默默奉献。第三集突出他"一身惟美德,两袖盈清风"的品德。他拒收礼物,办私事不坐公家车,对妻子感情深厚,对子女疼爱有加,既突出表现郑培民一心为民、克己奉公的一面,又展示他作为普通人最朴实最平凡的情感。一个可亲、可爱、可敬、可学的党员、丈夫、父亲、干部形象呈现在听众面前,播出后在全国引起了极大反响,受到了中央领导同志的表扬。

(2)以事服人,以情感人。将人物报道故事化,在叙事中以情感人是近年来广播新闻人物报道中的一个大趋势。以《人民公安的楷模——任长霞》为例,就是充分运用典型事例、细节放大和真挚情感来感染吸引观众的。任长霞是河南省登封市公安局的女局长。时任中宣部部长刘云山说:"任长霞同志在人民警察的岗位上,忠实履行党和人民赋予的神圣职责,始终把人民群众利益放在首位,把百姓温饱安危挂在心间。她忠于职守,爱岗敬业,坚定勇敢,一身正气,秉公执法,惩恶扬善,以执法为民的模范行为,实现了人民警察为人民的庄严承诺;她清正廉洁,以身作则,克己奉公,无私奉献,经受住了血与火的考验。"这样一位优秀的人民警察,在因公殉职后要通过广播系列报道宣传她的先进事迹,如何才能挖掘出她本身所蕴含的精神,反映顺民心合民意的时代气息呢?负责报道的记者首先是通过故事展示主题。在为时14天的系列报道中,故事占了很大篇幅,每集中都有典型事件。如2004年6月2日播出的开篇之作《任长霞巾帼铁肩担道义,慧心义胆保民安》就用了故事化的开头:"今年4月17日,对于拥有六十多万人口的河南登封来说，是一个非同寻常的日子。这一天，有十多万登封百姓自发地走上街头，追随着灵车，为一位因公殉职的人民警察送行，十里长街，万民痛哭，这位深受百姓爱戴的人就是登封市公安局局长任长霞。本台从今天起播出系列报道《人民公安的楷模——任长霞》。"在报道主体部分，又着重讲了两个命案——任长霞扫除王松黑势力团伙事件和侦破君召乡石破岔村命案。2001 年度广播电视新闻奖一等奖作品《好干部——汪洋湖》也没有刻意追求人物事迹的量的积累和叠加，而是从汪洋湖身上众多闪光事迹中选出了两三个典型事例，结合细节展现构筑了《一身正气　两袖清风》、《勤政敬业　与时俱进》、《恪尽职守　一心为民》这三个框架，在《一身正气　两袖清风》中，选取了汪洋湖为国家管钱精打细算的事例：一个地方局长不仅没有要到多做入计划里的400 多万元，反而被汪洋湖将原来的计划也推翻了。事件的讲述中让人体会他为官做人的人格风范，在《恪尽职守　一心为民》中又选用了 1998 年大水过后，汪洋湖为保证百姓越冬和来年春耕生产，不惜冒着人们所说的政治风险炸堤排水的事例。

　　人物是活生生的个体，有着极为丰富的内心世界和思想内涵，个性化的语言的选择往往能让听众直接深入人物的内心世界。如在任长霞事迹系列报道中，就有这样一段任长霞的话："王松来到我办公室，掏出一沓钱放在我桌上，我就跟王松说，不但你手下（涉嫌）犯罪了，而且你也（涉嫌）犯罪，当时我'啪'一拍桌子，早已守候在那儿的民警听到这个信号以后，就冲进来把王松给抓了。"语气坚定，掷地有声，一个女局长的正气、机智跃然眼前。在给群众送感谢匾时，又选用了任长霞的一段话："我来了两年多，一次在白坪村，感觉到群众对公安局的拥戴，在咱们石破岔村这种感觉是第二次，没有群众的支持案件破不了。"此时的任长霞，语音哽咽，泪流满面，用别人递过来的纸不断拭泪。与抓捕王松时的那段讲话相比，神情判若两人。一个女局长对人民的真挚情感让听众也不由得落泪。

　　不论是成就报道，还是人物报道，广播系列报道都以其主题深刻、信息量大、表现手法多样、报道方式新颖、社会影响较大等特点，成为广播新闻较为重要的报道方式。

　　三、连续报道与系列报道的差异

　　对连续报道与系列报道分别的探讨中可以看出两者之间有共同处：都具有新闻性，都是由多个独立报道构成播出形式，也都是持续多次的连续性的报道。但是，它们之间也存在着差异，即便在共性上也有不同的个性差异，因此广播新闻界把它们分为两种类型。在第二届全国优秀广播电视新闻评选中，开始设立连续报道的评选项目时，没有把两者区分开。在评选过程中，评委们认为它们之间的个性差异是显著的，应予以分类，并以电视剧中连续剧和系列剧的不同特点为对照，提出不能笼而统之称为连续报道。对围绕同一新闻主题，从不同角度、不同侧面进行持续报道的新闻报道应称为系列报道。

两者的差异表现在以下几个方面：

1. 题材选择的差异

连续报道多为事件性新闻，特别是那些突发性的重大灾难事件的报道，如《乌鲁木齐发生打砸抢烧严重犯罪事件》、《大兴安岭发生特大森林火灾》、《王锡爵驾机回国》、《广东警方迅速破获"东星"轮千万元劫案》等。这些事件都影响重大，受世人瞩目，需连续不断地报道最新动向。因此，从题材上概括，连续报道可以说是"时事追踪报道"。这一特色在国际新闻的连续报道中也很显著。我们从电视国际新闻里所看到的关于美国"伊朗门"事件、前苏联"切尔诺贝利"核电站事故、美国"挑战者"号航天飞机升空爆炸事件等报道，无一不是对刚刚发生的突发性的重大事件做集中、显著的连续追踪报道。连续报道一般适用于重大题材，或重要的、群众所关心的正在发生发展过程中的事件，它通过连续性的报道，反映新闻事实的起因、发展、高潮、结局的全过程以及在社会上所引起的反响，从而达到新闻集中、突出宣传的效果。连续报道关键在于时间上的连续、新闻事态变动过程的连续。事实是第一性的，报道是第二性的。因此，连续报道事态本身的连续变化是第一性的，而对事态的连续报道则是建立在事态本身变化的基础上，是第二性的。从这个意义上说，连续报道首先是事态本身的连续不断的变化，离开了事态运动连续变化的过程，离开了对事态的追踪，连续报道也就失去了实质性意义。

系列报道的题材大多为典型经验报道和反映各方面成就等非事件性新闻的报道。对非事件性新闻所作的连续报道多是就某一新闻主题成某一典型事物，从不同侧面、不同角度进行比较系统、比较深入的连续报道。它着重于多次报道事物的某种现象，挖掘其共性，反映其普遍意义，以多次报道来突出主题思想。如对中国人民解放军建军60周年的报道，分别从海、陆、空、武警等不同军兵种及其不同成就，反映我军60年来的成长过程和巨大变化。每次报道介绍一个兵种或部门，突出一个重点，不是面面俱到，也避免角度雷同、内容重复。总体来看，能全面反映建军成就，颇有深度。但是这些报道之间，就好像系列电视剧一样，每集之间没有事态内容的连续性，也没有时间上先后次序的连续性，只是围绕同一题材、同一主题来进行；报道与报道之间也没有事件本身的追踪连续性，而只是每次播出有所侧重，分别从不同侧面、不同角度来反映事物的共性和本质。这样的连续性报道借用系列电视剧的名称，称它为广播系列报道是很贴切的。

2. 报道时效的差异

连续报道与系列报道作为消息类新闻播出，都要注重时效性。但由于题材不同，两者在时效的侧重上又有所差异。

连续报道注重时新性，即每条新闻都是时间上的最新报道。如中央电台《汶川紧急救援》报道，为了及时把地震灾区最新动向告诉观众，录音新闻跟不上时就用口播，直接播出新闻记者从现场发回新闻传播的新信息。连续报道的时间都是"今天"、"刚刚"。而系列报道的时效所注重的是时宜性，即适合当前形势需要的报道。作为消息类新闻播出的各条系列报道，在其采制时也要选好新闻由头，寻找恰当的新闻根据。通过它反映事实的最新态势。《弹指一挥间》的选题都是以报道改革开放 30 年变化为主题，但是依然有许多题目，凭借记者的新闻敏感和努力开掘，抓住了很有新闻性的"由头"。上海台报道的《上海港货物吞吐量连续 6 年突破亿吨》，一开头就向听众发布了最新消息："各位听众，到今天为止，我国最大的港口——上海港货物吞吐量已连续 6 年突破了亿吨大关。"山西台在新闻《山西成为全国最大的电力输出省》的开头说："明天是八月十五，到了中秋节这天山西今年向首都供电将达到 1100 万千瓦小时。据了解，目前北京市用电的 1/4 都是由山西提供的，山西已成为我国最大的电力输出省。"这两个有些类似的开头，都有新闻由头，它们的共同点是抓住了人们较为关心的最新信息，使整个系列报道大大增加了时效性和新鲜感。如何抓好新闻由头，这也是系列报道需要努力探索的课题。

3. 报道序列的差异

连续报道与系列报道都是一定时期内持续的报道，但在连续的次序排列上有根本性差异。

连续报道中的每条新闻都是围绕同一新闻事件展开，报道要不断地反映事件发展的进程及在社会上所产生的反响，所报道的事件总是有从发生到结果的流程，连续报道的次序排列也是沿着事件发展变化过程的始端到终点的。连续报道在事态的每一个变化过程中也都可从不同角度来拓宽题材，但是总的结构还是按照事态发展流程的次序排列的。每条新闻之间存在着事态发展的上下连续，甚至是因果关系。事件追踪报道的特点决定了连续报道结构的有序性。各报道之间的次序不能颠倒，不能任意变动。记者、编辑在采录新闻时是不可预知的。第一个报道开始以后，下面各条新闻的报道内容要随事态进展而定。所以其结构上的有序性，是由新闻事物本身的发展变化而决定的，而且不以记者、编辑的个人意志为转移。总之，连续报道的结构是追踪事态发展，有序排列。

系列报道是有很强计划性的报道。相比较而言，在次序排列上，记者、编辑有较大的主动性。围绕同一新闻主题在报道方案、计划中，记者可以主观拟订选题。它范围广，较为灵活自如。新闻播出次序排列同样地可以由记者、编辑设定。系列报道题材内容产生于制作前的构思，在制作时，有些事态已经是完成时了；播出时也不是等米下锅，而是像炒菜一样，各色材料都已齐全，只是按照最佳选择排序先后下锅。系列报道的各条新闻之间不存在上下连续或互为因果的关系，而是并列关系。各条新闻播出次序可以互相倒换，而不影响整个报道的完整性与逻辑关系，其报道序列是由编辑安排的，并无客观必然性。总之，系列报道结构是同一主题的不同侧面，以横向联系为主的不同角度的各条新闻之间的"无序"排列。所谓"无序"，是指新闻与新闻之间的先后次序可以倒换。但"无序"中仍存"有序"，这在系列报道特性中已有过分析，重要的是尽可能选择最佳的报道时机，找到新闻由头。

4. 传播功能的差异

连续报道与系列报道都能引起社会巨大反响，有传播显著性的特点，但在具体功能上又有差异。这一差异也是因两者题材不同而产生的。

连续报道多是事件性新闻，特别是重大的灾难性事件。这类报道主要是满足广大听众对事态发展最新信息的要求，满足听众对受灾群众命运关注的要求。报道不仅要有结局，还要有对灾难发生的思考，总结经验、教训。报道的指导性也在于事故产生的教训能对社会形成引以为戒的效果；在于对一方有难八方支援的倡导，可以说它是"主旋律"中的变奏曲。事件本身不具备宣传价值，需要广播记者以政治敏感和新闻敏感去捕捉新闻价值与宣传价值的结合点。

系列报道的题材多是主旋律，是具有很强指导性的正面报道。新闻报道本身具有极强的宣传价值，成功的系列报道十分鲜明地体现了舆论导向作用。正如《弹指一挥间》开头所说的那样："她再次说明社会主义的新闻媒介，应该坚持以正面宣传为主的方针。它的任务是宣传党和政府的主张，报道社会主义的新人、新事、新气象、新成就，鼓舞人们满怀信心地创造新生活；反映人们付出的艰辛和社会对劳动的尊重。"正是在这一明确思想的指引下，广播电台记者、编辑、播音员和技术人员形成了一条心、一股劲，热情讴歌人民群众的英雄业绩，为形成一种振奋民族精神，奋发图强，艰苦创业，无私奉献的社会舆论环境而努力工作。

系列报道又有专题类的系列，如《站在耕地边缘》（中央电台）、《日本遗弃化学武器伤人事件》（黑龙江电台）、《技术先进新东北》（辽宁、吉林、黑龙江三省电台）等，都是中央电台和省市电台精心策划的巨作。

5. 开头语和结束语的差异

一组系列报道的开头语和结束语，与一组连续报道的开头语和结束语是有所不同的。弄清楚它们之间的差异，有助于我们在写作中提高效率达到新闻写作体裁的规范化要求。

（1）系列报道开头语和结束语的作用。如果你经过调查研究，写好了关于某个社会问题的一组系列报道，接下来就应该考虑每篇的开头语和结束语如何写的问题。下面我们以马克·霍尔（美国）关于中学生吸毒问题的 5 篇系列报道的开头语和结束语为例，看看在系列报道中它们的作用是什么？

第一篇：本市高中和初中存在着严重的吸毒问题。根据警察局的统计，每 3 个 6 年级的学生中，就有一人吸大麻叶，食用 LSD（一种麻醉药物），吞食镇静剂，或喝烈性酒而酩酊大醉。现在播送关于本市青少年吸毒问题的 5 篇系列报道的第一篇。其余各篇每天播出 3 次，到星期五播完。分别谈谈为什么年轻人要吸毒？毒品对他们产生什么影响？以及对于这个问题怎么办？

第二篇：在本市青少年中存在着吸毒问题。由于他们大部分时间都在学校因此教师、校长和监护人对吸毒问题有着自己独特的看法。今天播送的是关于青少年吸毒问题的五篇系列报道的第二篇。将谈谈学校里的吸毒情况。以后各篇——每天播送三次，直到星期五为止——将谈这个问题的其他方面。

第三篇：不论是教师、父母亲还是警察局，他们都说，本市存在青少年吸毒的问题。但青少年们呢？他们否认这一看法。在这一篇报道里——关于青少年吸毒问题的五篇系列报道的第三篇。请青少年们谈他们吸食毒品的体验。其余两篇——到星期五为止每天播送——将报道父母们的意见和卫生局的劝告。

第四篇：大家知道，在父母亲们看来，年轻人吸毒问题最难处理。本篇是关于吸毒问题第五篇系列报道的第四篇，报道面对自己的孩子吸毒，母亲们和父亲们对这个问题的意见，明天的节目将播送卫生局提出的应对吸毒问题的建议。

第五篇：无疑，本市存在着青少年吸毒问题。为了想了解能做些什么来对付这五篇系列报道中前四篇提出的问题。我们同各方面的专家们讨论了可供选择的做法。

　　各篇开头语虽然只播大约半分钟，但对各篇内容作了概述，重复整个报道的主题，并对后续各篇也都提及到了。小型系列报道的制作是一种最有效地使用时间的精编过程。开头语不仅便于听众收听，并且还提供了一个相当精确的写作提纲，使你能够比较容易地处理各篇内容，使之独立成章。

　　系统报道的结束语应该简要地概述一下本篇内容，重复整个报道的中心内容，并交代下一篇谈什么。同开头语一样，结束语可在编写报道之后写出，也可从报道内容本身引申出来。从各篇报道中引出它的结束语，这样做可以防止生搬硬套，矫揉造作。

　　下面是这一组系列报道的结束语。

　　第一篇：毫无疑问……至少有关当局认为本市存在着青少年吸毒问题。如上所述，学校成了大多数非法吸毒行为的中心场所。在明天的节目里——五篇系列报道的第二篇——我们将同老师、校长和监护人谈初中生和高中生的吸毒问题。

　　第二篇：老师们认为吸毒是使学生丧失学习能力的一个严重问题。但学生们同意吗？明天的节目——五篇系列报道的第三篇——对本市一些青少年的访问记，谈他们是怎样吸毒的。

　　第三篇：尽管一些青少年坚持认为吸毒不成其为问题，但他们的父母亲却对吸毒问题感到烦恼，有时甚至感到恐惧。父母亲们害怕什么呢？明天的节目——五篇系列报道的第四篇——将播送对那些面临家庭成员吸毒问题的父母们而作的访问记。

　　第四篇：应采取什么办法来克服父母亲们因自己的孩子吸毒而产生的恐惧？谁也不能作出解决问题的回答，而明天的节目——五篇系列报道的最后一篇——将报道这方面的权威提出的一些建议。

　　第五篇：从这五篇系列报道中，我们看到，本市青少年吸毒问题是一个不易解决的问题，甚至要使大家对这一重要问题取得一致的意见也是困难的。但是，有一项建议似乎值得考虑，就是使越来越多的人参加公开的讨论。今天的节目，以及这组系列报道的其他四篇，正是为了促进这一目标的实现而播出的。欢迎提出意见，下周，我们将就青少年面临的另一个问题——日益加剧的早婚问题，作出深刻的报道。

　　从以上这组系列报道（五篇）中我们可以看出，这五篇内容都从不同角度和侧面，围绕一个主题：关于中学生吸毒问题——而展开的。它们不是跟踪一个事件从发生到结束的连续报道。

由于大多数两三分钟的新闻消息在详细报道方面是有困难的，因此如果你有机会就应该鼓足勇气尝试一下这一形式，不要让系列报道的长度把你吓倒。形式稍长一些可以使你比处理日常新闻节目更能发挥创造性。只要各篇处理得像正常的新闻稿一样，系列报道开头语和结束语又写得很合适，那你就不难发挥这一广播新闻形式的潜力。

（2）连续报道开头语和结束语的作用。连续报道与系列报道截然不同，它与新闻事件发生过程形成同步，即事件开始时播发第一篇，事件结束时报道的全过程也随之结束。因此，连续报道的开头语与结束语，与系列报道的开头语和结束语截然不同。连续报道无法在一开始就向听众介绍整组报道的主要内容，也不可能预告每次连续报道的侧重点，连续报道的连续性受事件本身的发展规律制约。掌握了这种规律，并且根据听众"打破砂锅问到底"的心理，在开头语或结束语中设计出吸引听众兴趣的追问句式，或者留下悬念，同样能使各篇有机地联系起来，形成一个整体。如中央台记者王献林、桂园编写的一组（四篇）连续报道，在处理各篇的开头语和结束语时就采用了这种方法。这是一组关于老农民、共产党员孙玉大拾到三十万元交公的报道。请看连续报道这组（四篇）的开头语：

第一篇：河南省郑州市郊区未乡七十多岁的老农民、共产党员孙玉大拾到人民币三十万元，马上送到公安机关。

第二篇：本台前天广播了河南农民、共产党员孙玉大拾到三十万元人民币的消息，经有关部门调查，这三十万元的丢失，完全是押运员玩忽职守造成的。

第三篇：今天，拾金不昧的七旬老农民孙玉大被请进了市政府大楼，受到了郑州市市委、市政府的嘉奖；玩忽职守丢失巨款的有关人员受到了处分。

第四篇：郑州工商银行上街办事处领导软弱涣散，管理混乱，连续发生重大责任事故，最近，郑州工商银行决定重组这个办事处的领导班子。

请看这组（四篇）连续报道的结束语：

第一篇：在巨款面前，孙玉大没有动心，他让别人看管好，自己马上报告有关部门，现在，有关部门对丢失巨款这件事正在调查当中。

第二篇：……四人昏昏欲睡。途中有一麻袋人民币挤开车门滚了下来，以后车门又自动关上，车上没有一个人知道。回来以后单位验收的时候才发现少了一袋。有关部门将对这件事作出严肃处理。

第三篇：……上街办事处主任王进贤平时松懈麻痹，对职工缺乏安全保卫教育，受到行政记大过处分。

第四篇……根据这些情况，郑州工商银行决定免去这个办事处主任王进贤的职务。

为了使听众（尤其是每一次后续报道开始以后新加入听众行列的人）在收听每次连续报道时都能够了解事件的前因后果，不会产生突兀的感觉，在写这种开头语时就不应该怕重复，要用一两句话重提"旧事"，这种重提对于新听众是必要的，对于老听众也不会成为赘语。如果我们读过中国的章回小说，就会发现每一章节中回目的内容和结束时的诗句，与连续报道的开头语和结束语的作用有极相似之处。因为章回小说滥觞于说唱艺术，说的内容常常是在重复中被听众接受的。①

对连续报道、系列报道两者异同作比较，是为了更好地明确性质、发挥个性，搞好报道。理论是从实践中归纳、总结的。在提倡创新的时代，广播新闻工作者在实践中还会创造出优势互补、交叉型的连续性报道，还会开拓新的报道领域。为了使报道内容更为深入、丰富，以纵向追踪报道为主的连续报道要向横向拓展，以横向联系为主的系列报道向纵向延伸，纵横结合，开拓报道更为广阔的领域。

获全国优秀广播连续（系列）报道一等奖的《好工人许振超》已经在连续报道、系列报道优势互补上进行了成功的探索。它的内容走向是追踪事态最新发展及时传播的连续报道，但主题、题材、意义又具有系列报道的优势，可以说是优势互补复合型的报道。广播记者应以创新意识去开拓这方面题材领域，以充分发挥连续报道、系列报道的共同优势。

第五节 广播深度报道的写作

深度报道最早起源于 20 世纪 20 年代末的美国，促使深度报道产生的最直接的动因是第一次世界大战。当时，新闻界普遍由于在第一次世界大战报道中的失

---

① 参见李岩：《广播学导论》，浙江大学出版社 1997 年版，第 208～212 页。

误，认识到原来新闻也需要解释，于是，带有解释性和调查性的"长新闻"出现了，这就是深度报道的雏形。到了 20 世纪 30 年代，美国的各主要通讯社都改派国际问题专家到重大新闻事件的现场，报道重大的新闻事件，同时，又对其进行分析和解释。1931 年，美国的《太阳报》开辟专栏对美洲的新闻大事进行综述和解释，这被公认为是世界上第一个深度报道的专栏。深度报道在美国最终确立其理论地位是在 1985 年，当时，美国普利策新闻奖评委会经过多年的深思熟虑，终于推出了两个最新奖项：解释性报道奖和调查性报道奖。至此，深度报道开始走向真正的繁荣。

深度报道是对新闻事实或新闻现象所进行的集中而专门的报道。具体地讲，深度报道指的是新闻传媒在相对集中的事件和板块中，运用广视角、大容量、深层次、多手法的思想领域与报道方式，对新闻事件、新闻现象所进行的专门话题或问题进行研究报道。深度报道多为纸质媒体所用，既在报纸中不可或缺，又在新闻类期刊中承担栋梁之任。

现在，深度报道是一种提得较多的体裁，但是提法又有多种多样。英、美叫"大标题后报道"，法国称"大报道"。在我国则称为专题报道，也有称深度新闻。有人认为专题报道大体相当于国外学界所称的"解释性新闻报道"，国内新闻界不少人称之为分析性新闻或深度报道。从广播新闻节目的分类看，广播新闻节目可以分为消息、专题和评论。深度报道和后两种节目形态难分彼此，用专题来替代深度报道显然不妥。因此，作为一种新闻报道的趋向，无论是从新闻界约定俗成提法的影响力，还是从避免误解来看，使用深度报道这个概念较为合适。

一、广播深度报道的特性

广播报道在本质上与纸质媒介的深度报道没有区别，唯一不同的是，广播深度报道类节目要遵循广播的符号规律以及广播听众的信息接收习惯。因此，广播深度报道可以定义为：运用广播符号手段，突出广播音响特点，以客观事实为依据，深层次、多手法地揭示表象事实背后真相的报道方式。

广播深度报道与其他媒介的深度报道有很多相似之处，但是也有一定的不同，这种不同主要是由广播自身的特性造成的。广播是唯一一种单纯诉诸听觉的大众传播媒介，相比于电视，这是一个弱点。但正是由于这一点，广播可以用语言创造语境，用声音创造情景，从而提示听众根据语言符号和声音进行联想，并得到远比纯文本内容丰富的信息。因此，在广播深度报道的写作过程中，编辑、记者既要注意一般深度报道写作的共性，更要考虑广播的媒介特性。

二、营造谈话语境，娓娓道来

如果说，报纸的报道是在"写"新闻，那么，广播报道就是在"说"新闻。这两类报道的语体是不同的，前者是"文字体"，而后则是典型的"谈话体"。口语化为谈话体的形成奠定了基础，而谈话体则要求在此基础上进一步确立一种谈话的语境。大量的广播报道，如广播谈话类节目和广播专题报道是谈话体的报道。广播报道的深度是通过听众和其他各种新闻要素——如采访对象的加入而实现的，而谈话体恰好可以为这些新闻要素的加入提供空间。分析优秀广播深度报道的例文可以看出，谈话体是由一些具体的语境构成的。

1. "一对多"语境

广播深度报道的播报可以采用一个人对多个人谈话的方式。主持人在开篇就用"听众朋友们"这样的口吻向听众介绍事件发生的背景和来龙去脉，在文本中又同样出现了多次，这种方式便于听众很快理解并熟悉新闻事件，并且还产生了强烈的大众式的"在场感"。

2. 对话语境

在"一对多"语境的基础上，主持人可以插入采访录音，此时能够成立一个新的语境，那就是对话语境。这种对话一方面使专题报道的深度和广度有所拓展；另一方面，由于主持人是站在听众的关注点上进行采访的，因此，又让听众产生了与采访对象对话和直接交流的感觉。这在一定程度上又进一步加深了报道的深度。即使在通常情形下，"一对多"的语境也会演化成"一对一"的语境，听众感觉主持人是在对他一个人说话，产生与主持人对话的感觉。在这种场合，听众容易产生情感与认知上的联想，思想与思想的碰撞就成为可能，报道的深度也就被初步体现出来。

3. 对播语境

报道的高潮是在主持人与主要采访对象的对播语境。对播实际上是一种典型的现场对话，这时听众的参与感最强烈，而文本本身的内容也因为整合了专家的意见而变得更深刻，专题报道的深度也由此实现。

综上所述，正是这三种语境构筑了广播深度报道的深度。一方面，通过这些语境，广播深度报道将各种新闻背景整合进来，使文本变得全面和深刻；另一方面，通过这些语境，广播深度报道让听众产生种种情感和认识上的联想，从而让听众感觉到报道的深度。

三、整合多元素信息，构筑跳跃式结构

在报纸深度报道中，虽然也有"断裂行文"的现象，但总的说来，报纸深度报道的结构相对比较严谨，段落之间的跳跃性是较弱的。

广播是一种将声音发挥到极致的媒介，广播常常利用现场同期声和人物同期声甚至音乐作为新闻报道的有机组成部分，这种把同期声和解说词结合起来使用的技巧，被称作"包裹式技巧"。由于同期声和访谈能较好地引起听众的联想，因此，广播深度报道更需要充分利用"包裹式技巧"。"包裹式技巧"使用得当，不同声音的组接就可能体现出专题报道的深度，引起听众的联想。而一旦要采用"包裹式技巧"，报道段落的连续性就肯定会被打破而形成跳跃式结构。这种跳跃式结构也造就了广播专题报道独特的深度感。

第七章　广播新闻编辑

第一节　广播新闻编辑的主要任务

作为一名广播新闻编辑，工作是严谨而重要的。其主要任务不仅是当好一个记者的延续和扩大，还要当好"参谋"，抓有影响的系列报道、专题报道，把握好正确的舆论导向。

一、把握导向，组织报道

做广播编辑的重要责任是把握好正确的舆论导向，把握导向需要自己主动思考：一要了解全局，能够掌握国际国内和本地的各种新的动态，善于对获得的各种信息进行分析研究；二要了解群众，重视处理各方电子邮件、来电、来稿，从中了解群众的情况、问题；三要深入实际，做比较充分的调查研究。要把对上负责和对下负责有机地结合起来。不仅是对负面报道的把关，更重要的是对正面报道的把握。

组织报道也就是新闻策划。这是依据新闻事实，借用传播学中"议程设置"理论，事先策划设置新闻传播方案的一种新闻传播方式。其中的"议程设置"理论，其主要观点为媒体"不能要求人们怎么想，但可以通过传播新闻议题的程序效果，来影响人们想什么"。这一理论在西方媒体早已广泛应用。广播媒体在新时期要努力达到最佳的新闻传播效果，就应当抓好新闻策划，依据新闻事实，设置议程传播程序，严密策划报道的重点、切入点、热点和思路，选取报道的角度、方式和手段，组织深入广泛地采访、深度分析、背景参照和挖掘深层信息，形成集约化的整体舆论场，遵循传播规律，强势引导人们关注。譬如，2008年5月12日14时28分，汶川发生8.0级大地震。中央人民广播电台16时30分召开紧急会议，决定从19时至次日凌晨1时30分推出特别节目《汶川紧急救援》。随即，他们一方面快速派记者赶赴灾区，另一方面马上联系汶川、成都、绵阳、都江堰以及周边有震感的省市电台，征集关于地震的一切信息，进行全方位新闻策划。从报道最新消息，到救人救命；从举国哀悼，到全国支援；从抗灾自救，到救治防疫；从灾民安置，到恢复重建等各类新闻话题，一个接一个过渡，一个高潮接一个高潮传播，包括请专家咨询的直播，虽然听众接受到的是点位上的具体新闻事件，但整个报道战役中新闻主题的切换，舆论热点的形成等，无不体现出新闻策划中关于议题设置方案、步骤的理性和规范。

二、选择稿件，校正稿件

1. 选择稿件

广播编辑要在各方面来稿中决定哪些该取，哪些该舍，哪些要强项处理及时用出去，哪些可以压一压、往后放。编辑对稿件的取舍体现了电台的工作方针，电台的意图、意思，要通过广播编辑的选稿体现出来。广播编辑在选稿时切忌赶时髦，只注意时兴的，而忘记了创新。广播编辑每天的第一项工作就是选择稿件。在选择稿件的时候，应有哪些基本要求呢？

（1）注意政治原则，坚持社会标准。政治原则是我们社会标准的一个重要方面。我们的社会是全面发展、全面进步的社会，这个社会的政治原则是以经济建设为中心、坚持四项基本原则和坚持改革开放。编辑在选择稿件时，首先要注意的就是稿件是否遵循了这一原则。

稿件的内容要有益于社会和大众的利益，这是对编辑选稿的又一要求。不同制度的国家有自己不同的社会标准，这一标准通过法律、道德规范等方面来体现。广播作为一项社会文化事业，属于社会活动范畴，影响面大，因此，编辑选择报道新闻人物或事件的稿件，都应该对所涉内容负责。

（2）注意稿件的重要程度，优先选择反映当前热点的稿件。稿件的重要性取决于它所含的意义。意义的大小由两个因素决定：一是稿件内容与听众的关系。稿件内容关系到的听众人数越多，关系越深，稿件就越重要。二是稿件内容和实际生活的关系。广播编辑在选稿时，要考虑稿件内容是不是抓住了实际生活中尖锐的亟待解决的矛盾，是不是冲击了当前社会上绷得很紧的弦。优先选择这些稿件，能配合政府解决现实生活中的问题，起到舆论监督的作用。

（3）注意新鲜性和显著性，挑选内容上有新意和任务、地点、时间有显著意义的稿件。有新意的报道能引起深思，给人动力。为此，广播编辑要注意反映新动向、新问题、新事情、新见解的稿件。注意显著性的意思是，报道显要人物的活动、著名地区的新闻和听众关系密切的地区发生的事的稿件，应当作为选择的对象。

（4）注意群众性，选用与群众日常生活、情绪息息相关的稿件。广播传播消息迅速，收听工具方便，传播对象广泛，能够深入群众生活的各个角落。广播与群众生活的关系如此密切，广播编辑在选稿时应当特别关心这方面的稿件。

（5）注意时效性，挑选时效性强的稿件或录音。挑选出时效性强的稿件后，应该尽最大努力使稿件及时播出。时效性一是指来稿反映的事实及时，二是指电台报道的及时。

（6）注意可听性，注意选用适合听众口味的自由稿件。收音机掌握在听众手里，如果你所广播的节目不符合听众的口味，听众就会关掉收音机，不管你在制作这个节目时，处于多么良好的意愿和花费了多大的精力。为此，广播编辑要注意选用下列稿件：用事实说话的稿件、有趣味的稿件、能给人启示的稿件和听众平等相处亲切谈心的稿件、形式和表现方法有广播特点的稿件。

2. 校正稿件

广播编辑要把好政治关、事实关、文字关，校正来稿（节目）中的各种差错，防止有错误和有损于社会公共利益的内容播出去。这个工作直接关系到电台的信誉。校正稿件就是传播学中说的"把关"，即把好政策关、事实关、文字关。

（1）把好政策关。要以国家公开宣传口径为准，特别是重大政治问题、理论问题的宣传，要与党中央的路线、方针、政策保持一致。要检查稿件阐述的观点是不是客观、全面，防止片面、绝对。要注意稿件中对重大国内问题、国际问题的看法是否符合党和政府的最新决策。要注意宣传部署，考虑稿件是否适合发表。要遵守法律法规，严格保守国家秘密。

（2）把好事实关。注意检查和校正情节内容和基本事实两方面有无差错。在情节内容方面，要注意前后有无矛盾，是否合乎情理，是否违反科学，有无虚构、添加、嫁接、夸张或"合理想象"、"张冠李戴"等现象。在基本事实方面，要仔细检查人名、职称、组织机构名称、地点、时间、数字、引语等是否正确，是否前后统一。

（3）把好文字关。注意稿件中文理文法不通的地方。注意文字是否口语化、通俗，是否适合于听，注意文字是否简练。长句要改成短句，欧化句要改成符合我国民族习惯的句式。

编辑广播稿件时切忌：第一，想当然任意改动原稿中的事实。为了追求生动，随心所欲地改动原稿中的事实。第二，为了"紧跟"形势，把事实当成面团，随意揉捏，随心引用。

三、改编稿件，编排节目

1. 改编稿件

广播编辑要采用压缩、填补、改写、综合等方法改变各类稿件，使各类稿件的语言、结构、形式和表达方法符合广播的基本要求，符合各类广播稿的特殊要求。

（1）压缩稿件。压缩稿件主要有以下方法：

突出主题。有些稿件常常将很重要的主题淹没在大量平淡的材料中，广播编辑要帮助作者去粗存精，删除那些与主题无关或关系不太大的情节和枝节，使稿件的主题鲜明突出。

突出重点。有些广播稿件，往往是有关部门向上级汇报情况的总结报告或会议上的《纪要》摘录，面面俱到，铺得太开。编辑要从中抓住重点问题，从结构和叙述方面以及用词方面突出重点。

删繁就简。改编稿件要精心比较，精选事例。一两个能说明问题的事例比四五个无关紧要的事例给听众留下的印象更深。叙述过程要突出发展中的主要环节，略写其他次要环节，使过程的叙述有详有略，通讯或事迹报道应"重细节、轻情节"，给听众留下切实可信的印象。

舍去空话。"穿靴"、"戴帽"的空话、套话，不合时宜的抒情，多余的解释，都要毫不吝惜地删除。

（2）增补稿件。稿件中如有事实不足，问题没讲明白，或者重要问题的背景交待不够清楚，或过于简单，广播编辑应当增加补充一些内容。增补的内容可请记者补充采访，也可通过广播编辑调查了解或者找资料，务必做到事实有据，增补得当。

（3）改写稿件。主要从以下几个方面着手：

改变角度。假如原稿是从专业部门的角度写的，编辑应改为听众的角度；原稿是介绍经验的角度，编辑改为报道成果的角度。改写后的稿件必须符合原稿所提供的事实，不能从主观需要出发而随意变换。

改变结构。广播稿的结构安排要使听众听起来感到清晰、有条理，从听的角度考虑，按照时间的顺序写，按照事情的发展过程写，按照事情的因果关系写，这样写比较合适。

改变体裁。体裁的内容不协调或结构不够理想的稿件，可以选择合适的体裁进行改写。

改变语言和表达方式。各种内容、体裁使用的语言和表达方式有所不同。随着角度、结构、体裁的改变，稿件的语言和表达方式也要有相应的改变。

（4）综合稿件。其方式主要有如下几种：

把几条同一主题的新闻集中起来进行分析，找出它们之间的内在联系，重新安排结构，改编成一条综合新闻。

把报道同一个人或同一个集体的几条消息综合，改编成一条消息。

把有关同一事件、同一问题的各方报道综合，改编成一条消息。

把几条同一主题但从不同角度进行报道的新闻组编在一起，加一总标题，形成一组专题新闻，同时可配小言论或评论，以突出其主题、增加报道的深度。

2. 编排节目

广播编辑经常要根据一些特定的任务，自己撰写或编写各种有广播特点的稿件，如广播评论、广播对话、专题综合报道等。电台对编辑的素质要求是比较高的，编辑平时要注意对自己的锻炼，加强思想、知识、艺术等各方面的修养。

在电台，稿件（节目）定稿以后广播编辑的工作远远没有结束。广播编辑还要对播音提出要求，对录音工作和录音质量负一定责任。在录音过程中，编辑要认真监听、复听，防止出播音差错和录音事故。录音完毕要准确地填写播出通知单，连同录音发送给放送部门。

广播编辑的任务是经办节目。各处稿源齐集编辑之手以后，编辑要把它们组编成各种节目，不同的组合会产生不同的传播效果。因此，每次节目的内容如何搭配，开头语怎么写，怎样写提高整个节目如何串连，中间穿插什么歌曲和音乐，间奏乐怎么安排，结束语怎么写，广播编辑要精心设计、精心安排。这项工作的重要性相当于报纸编辑拟定标题和安排版面。

四、做好听联，培养人才

广播编辑要认真处理听众来信，不断根据听众要求改进节目。要利用听众来信举办各种"听众信箱"节目，缩短电台与听众之间的距离，增强节目的接近性。

广播编辑要热情培养通讯员，健全通讯网。通讯员报道信息相当于做编辑的耳目，耳目多了，自然能够眼观六路、耳听八方，及时地捕捉到所需的各类信息。同时，广播编辑还要热心培养年轻记者，帮助他们确定选题，修改稿件，撰写评论，出谋划策，做年轻记者的良师益友。

第二节 广播新闻的串连

广播新闻可以单条播报，也可以把各条新闻编辑在一起进行播报，通过在新闻编辑工作中使用"串连"的方式，使广播新闻能尽可能完整、全面地报道各种新闻事件，以求达到最佳的报道效果。

一、串连的作用

所谓串连是指用一个单词、短语或音乐把听众自然地从这一条新闻引入下一条新闻。这个起连接作用的部分，可以放在一条新闻的后面或下一条新闻的开头。

报纸用版面将各类消息编排在一起，并且根据内容和重要性归入不同的版；而广播节目是在事件的连续流动中完成一组节目的播报的。声音符号顺序形成的语流把单条的消息连在了一起，串连可以引导听众在收听过程中，自觉地把那些有对比效果的或有相同之处的消息联系起来，从中获得更多的信息。

1. 起衬垫作用的语句

用一句话或一段音乐串连消息，为正文的出现作必要的衬垫，引起听众的收听兴趣。这种衬垫作用的语句如果从新闻广播中删除，不会影响听众对内容的理解，不会破坏消息的完整性。但是，如果运用得当，可以始终吸引听众的注意力，使他们从一条消息的收听转到另一条消息。听众的注意力是很容易分散的，那种呆板地、一成不变地播报消息的方式，容易导致听觉疲劳。如在 10 分钟播出的七八条消息中，都是以"本台消息、本台记者报道、新华社消息……"的方式引出各种新闻，方式的一律性或多或少会掩饰消息的差异，对听众来说，千篇一律的句子、语调易引起疲劳感。比如我们在处理七八条国内外消息时，不妨在国内消息播报完之后，用这样的串连与衬垫一下："……在了解了国内的最新消息以后，让我们再来听听来自世界各地的报道……"这样可以起到间隔的作用，提高听众的收听兴趣。

2. 强调对比效果

广播编辑在编排稿件时，经常把可作比较的消息放在一起，使消息之间产生对比，以引起听众思考。串连句引导听众从对比的角度收听这些消息作出是非判断，如编辑可以把关于如何教育子女的两篇报道放在一起播出，这两篇报道讲述的是用两种不同的方式教育子女的事情。一种是呵斥加棍棒教育，一种是晓之以理、动之以情的教育。在第一篇播报完以后，用这样一段串连语承上启下："'棍棒下面出孝子'，这是不少家长在教育子女时认定的一种经验。棍棒下面真的能出孝子吗？刚才的报道已经作出了否定回答。应该用什么方法教育子女呢？我们一起来听听下一位家长的另一种做法……"这样有了前后对比，听众就有了正确的答案。

3. 产生整体感

广播编辑每天面对报道各种消息的稿件，从表面上看，这些稿件所涉及的事实之间并没有任何联系，它们是独立的、互不相干的。但是，它们发生在今天，成为今天的事实，而不是昨天的历史，似乎与今天都有关系。所以，从今天的角度看，它们是同一时间上并列的事件。如果我们从这种并列中看到了某些引起我们关注的现象，或者提示这种并列能够给我们启示的话，编辑就会这样做。串连可以使独立零散的事件互相关照，也可以让同一类事件产生综合效应，增强广播新闻节目的整体感。

4. 完成节目的转换

广播新闻节目只能靠停顿来区分句子、段落、篇章。听众一般根据个人的收听习惯分辨出句子、段落，但对一条消息的结束、另一条消息的开始却不容易分清楚。尤其是在陌生的语境中，由于对所说的不熟悉，对关键词语的含义不明白，较难从听觉上判断一条消息是否播报完毕。广播节目中的串连相当于报纸用横竖排版、加花边等方式区别每条消息。

二、串连的主要方式

串连也就是从不同的角度排列组合每一个节目，并且给这种组合一个说法。它可以根据地区将节目分类，也可以根据事件的性质分类，或根据对比的原则（正比、反比）组合，等等。总之，串连可以体现出广播编辑的意识水平、品位和综合艺术能力。因此，在实践中，广播编辑们创造出了不少有效的串连方式。

1. 报时、报地的串连

这种形式就是采用了播报消息来源的办法，从一条消息转换到另一条消息，这是最简单的一种串连方式了。我们在收听广播时，经常听到这样的串连语句：

> 本台消息……
> 据新华社报道……
> 《人民日报》开罗消息……
> 本台记者从华盛顿发来的消息……

2. 用串连词把几条新闻组合在一起

在五分钟简明新闻的播报中，采用报时、报地的方式会占用有限的广播节目时间，影响正文的播出，若采用串连词联系各条消息，不但可以加深听众对节目的整体感觉，而且使节目进展流畅。

3. 用停顿完成节目的转换

在半个小时或更长时间的新闻节目中，用停顿的方式间隔节目不失为一种简单易行的办法。不过，聪明的编辑们一般不轻易让节目时间白白流过。当然，假如这种停顿本身包含某种意义的话，如在刚刚播报完一条令人震惊悲哀的消息后，稍稍停顿一下，会比用串连词马上引出另一条消息要好得多。

4. 用音乐作间奏曲，衔接与转换节目

在广播节目中，音乐有着十分重要的作用，音乐本身的丰富性，也显示出了它有广阔的用武之地。即使是新闻节目的编辑，对于音乐和各种声音都应该保持

敏感,懂得使用它们。用音乐既可以让听众的听觉稍稍休息,又可以用它把节目划分成不同的"版面"。在中央电台的《新闻联播》节目中,我们可以听到这种音乐。

5. 用男女播音员轮换播报

在一组节目的播出过程中,采用男女播音员轮换播报每条消息的方式,就是以声音的变化来转换节目。这种声音的变化也可以给听众以新鲜感,吸引听众的注意力。

第三节　新闻组合节目的编排

一、广播新闻节目的性质作用

1. 广播新闻节目的性质

广播新闻节目是广播新闻事业的"主体"和"骨干",被西方国家称为电台、电视台的"脊椎"。它的性质与整个社会主义新闻事业的性质任务是一致的,具体体现在以下两个方面:政治立场鲜明,具有普遍的教育性。

1)政治立场鲜明

广播新闻节目真实地记录了时代前进的步伐,深刻地反映了时代的特色,具有鲜明的政治性、思想性和教育性。它讲究鲜明的党性原则,运用马克思主义的立场观点和方法传播和报道新闻,引领时代的航标。

(1)迅速反映形势。广播新闻节目和当前的形势、任务联系最密切,成为人民群众直接了解国内外大事的一个"窗口"。它通过大量刚刚发生或正在发生的生动事例的集中报道,迅速反映形势、反映事实。它提供的信息既新鲜又准确,常常给人以新鲜感和启迪,这一点是其他广播节目无法相比的。广播新闻节目的重要性就在于和形势、任务、政策联系得最密切,就这一点而言,没有任何广播节目比新闻节目更有力量、更能发挥作用了。

(2)强调大政方针。广播宣传要坚持改革开放的方针政策,坚持科学发展观,维护和发展安定团结的政治局面。在实践中,要注意政策的多变性和复杂性,处理好各种关系,掌握好宣传的口径和分寸,以确保党的方针政策的准确性和严肃性。

(3)舆论导向性强。新闻节目的指导性同整个广播宣传的指导性是一致的,主要是指对群众思想的疏导和舆论引导,而不是实际工作中的业务指导。新闻节目的指导思想是通过节目的编排思想、编排手段、节目评议以及精心组织的新闻稿件表现出主流价值取向。每次节目都旨在宣传一种思想、提倡一种精神、批判一种倾向。

2）具有普遍的教育性

广播新闻性节目普遍的教育性，主要体现在政策教育、思想教育和形势教育三个方面。

（1）政策教育。新闻节目通过议论和新闻报道，负责向人民群众传达政令，宣传政策、解释政策，以便让群众了解熟悉党的政策，自觉地增强政策观念，坚定地执行政策，从而使党中央的路线方针政策更好地得到贯彻。

（2）思想教育。思想教育的内容极为广泛，包括爱国主义教育、理想教育、道德教育、文化教育、纪律教育、法律教育和集体主义教育。

（3）形势教育。广播新闻节目每日每时以大量的事实反映大好形势，对人民群众来说，这也是最富有说服力的形势教育。群众从新闻节目中能比较全面地了解整个形势，认清前途、看到希望；能爱岗敬业，在本职工作岗位上干出成绩；进而从中受到教育和鼓舞，以激发其爱国主义热情。

2. 广播新闻节目的作用

广播新闻节目作为广播宣传的"骨干"，是党、政府和人民群众的"耳目"、"喉舌"、"桥梁"它具有以下三种作用：

（1）舆论导向作用。舆论是指"众人的议论"，如《晋书·王沉传》："自古贤圣，乐闻诽谤之言，听舆人之论。"现多指群众的言论，如社会舆论、国际舆论。舆论导向是指广播新闻节目在社会生活中占支配地位的精神力量，指影响舆论、引导舆论的力量。

广播新闻节目的舆论导向作用，首先是通过头条新闻或头几条新闻起作用的。头条或头几条新闻集中反映了党的中心工作和最新精神，代表了当天宣传的重点和方向。一个时期新闻节目的头条新闻，往往可以起着舆论导向的作用。选择头条新闻，一是看它是否突出了当前的中心，是否反映了当前党的工作重点；二是看它是否反映了事物的深度和广度，即典型意义的大小；三是看它是否预示着社会发展的方向，即有多大的新意和深刻性。总之，要从政治上、新闻价值上着眼，看它是否有利于起舆论导向作用。

其次，通过广播言论，发挥舆论导向作用。广播新闻节目的舆论导向作用，是通过广播评论的两个属性——新闻性和政治性得以反映的。所谓新闻性，就是要及时地、准确地对当前发生的新闻事件、出现的倾向阐述观点和发表意见，影响听众，逐渐形成舆论。所谓政治性，就是从政治角度分析问题、论述问题，对客观事物表明某种观点，起着宣传舆论、正确引导舆论的重要作用。

（2）传播信息作用。近几年来，随着广播宣传的深入改革，新闻节目传播信息的功能得到了重视，许多电台的新闻节目提供的信息量大，每天播出新闻节目的次数能做到每小时或几十分钟播出一次，每次都有新内容。全国许多广播电台采取多种措施加强和改进新闻节目，其中突出的做法是增加新闻节目的全天播出次数，合理调整新闻节目的布局，尽量把新闻节目安排在"黄金"时间或整点播出，这样便于广大听众收听。另外，新闻节目的种类也有所增加，出现了"快讯"、"短讯"、"简讯"等，采用滚动方式播出新闻，给新闻节目增添了蓬勃的生机和活力。

（3）实践指导作用。广播新闻节目指导实践的作用应包括两个方面：一方面要积极地宣传好党的路线、方针、政策，包括直接播出中央决定的文件、公告、命令和中央领导的重要报告、讲话等。播出的节目稿（如消息、通讯、评论和录音报道等）的内容要符合中央的现行政策，符合中央的最新精神。另一方面，新闻节目集消息、评论、录音报道和听众来信等多种体裁于一身，通过一桩桩、一件件生动事例的报道，陶冶人们的高尚情操，激发人们乐观向上和进取的精神。

二、广播新闻节目的基本特征

当我们了解新闻节目的性质和作用后，有必要深入探讨它的基本特征、内在规律，这对于进一步认识新闻节目、办好新闻节目是极为重要的。

1. 新闻信息总汇

广播新闻节目是新闻总汇，它汇集了天下精华，丰富了节目内容。广播新闻节目稿源丰富。除了本台记者、通讯员采写和编辑必编的稿件外，还汇集了新华社、《人民日报》以及各省、市的报纸，国际台、各地电台的大量新闻，听众的来信、来稿等。

中央人民广播电台的影响最大、最有代表性的《新闻和报纸摘要》节目，由"要闻"、"言论"和"首都报纸版面介绍"三个部分组成。鉴于该节目的时间仅半小时，只能播出 6000 字左右，还不到报纸的一个版面，所以，广播编辑要根据中央的宣传方针和政策要求，择优选用稿件，尽量播出最重要的新闻。

新闻节目汇集信息量之多、容量之大，是其他新闻传播工具无法相比的。就以中央人民广播电台来说，据统计，全天大约要播出新闻 100 多条，约 3 万多字。一昼夜中新闻节目传递的信息远远超过任何一家日报。

近几年来，广播新闻节目经过改革，充分发挥了"汇总"、"汇精"的优势，节目质量明显提高，尤其是注重增加重要的新闻，减少一般化和"中不溜"的新闻，开始向"十增十减"的方向努力，并初见成效，使广播新闻节目真正成为新闻总汇。

2. 有效信息量大

什么叫信息？信息论创始人克劳德·申农对信息的解释是"消除人们认识上的不确定性"，即把信息看成是"不确定的消除"。如果人们通过获取信息，消除或减少了不确定性，那么这种信息就是有效信息；反之则是无效信息。

作为广播宣传重要组成部分的新闻节目，传递信息之多、内容之广泛，是其他广播节目无法相比的。它传递的信息包括方针政策、生产建设、文化科技、医疗卫生、体育，以及人才、经济、管理、生活、市场和商品等方面的信息，可谓面广、量大。

由于广播新闻节目信息量大、内容丰富，它日益成为现代社会中人民群众基础获取信息的主要渠道之一。为了增加广播新闻节目的信息量，全国许多电台普遍增加了新闻节目的播放次数，增加了新闻条数；提高了信息质量，并扩大了节目容量。

3. 新闻传播和接受同步进行

广播新闻节目依靠无线电波传送，加之节目制作简单、周期短，可以说，"刚刚发生"或"正在发生"的新闻及时播出大大增强了新闻的时效性。随着广播技术的现代化，今天我们已能做到新闻传播和接收同步进行。

现在各地电台播出新闻的时效性明显增强，不久前的新闻、昨日新闻明显减少；今日新闻和刚刚发生的新闻，以及短新闻、短通讯、短评论、超短型录音新闻大量增加，有效地增强了新闻节目的时效性。

4. 讲究听众民主管理和听觉效果

广播新闻节目的听觉效果离不开听众的心理，它受听众心理因素的影响和制约。一般来说，听众的共同心理包括：求快、求新、求知、求实、求真、求美、求名、自尊、好奇等心理，这一切体现在收听节目时具有选择性，也可以说是选择性心理。在谈到选择心理时，美国新闻工作者桑得曼分析了人们对传播选择的三个心理上的因素：（1）选择性注意。人们基本上只参与他们喜欢的传播。（2）选择性感应。一旦投入传播，人们习惯于使内容符合自己的观点。（3）选择性记忆。即使人们理解了一次传播，他们还是习惯于只顾所要记的东西。根据听众上述共同的心理特点，尤其是选择心理，广播新闻节目需要从整体上去把握听觉效果，而不是仅从某一点或某个方面着手，要使广播新闻节目富有吸引力，增强可听性，关键是要抓好题材编排形式和音响效果的工作。

作为供人收听的新闻节目的题材内容，应该是人们普遍关心和感兴趣的问题，要适应听众的收听心理特点，满足他们的新闻求知欲。受众最喜欢的新闻一般是：时事政治、体育新闻、文化艺术活动、法制新闻和批评不正之风等。如对《北京新闻》中的经济新闻，听众喜欢的是经济生活服务、商品知识、经济理论和经济工作经验方面的内容。由此看来，广播新闻首先要注意从题材内容上增强听觉效果。要抓重大题材，尤其是政治性大事和经济改革题材；要注重题材的新鲜性和时代感；要抓好听众普遍感兴趣的文体新闻和社会新闻。

注重广播新闻的编排形式，是讲究听觉效果的又一方面。要努力按照广播特点办好广播节目，充分注意到广播线性排列和顺序收听的特点。做到活而不乱、精而不杂，力求适合听、听得清、有魅力。具体做法是在编排中要突出重点新闻、增加独家新闻，要求主次分明、层次清楚、题材新颖，长、中、短结合；节目形式力求生动活泼，以增强吸引力；要精心写好提要和串连词，力求内容新、写法新、结构富于变化，一下子就能抓住听众，吸引听众的注意力。

音响一般分为两大类：自然界的音响和人们社会活动中的音响。新闻节目中的音响以后者居多，要求真实、准确无误，要选择能反映新闻事件特点的典型音响。音响要清晰，设法去掉杂音和噪音，使之变得和谐、悦耳。一次节目中往往有多种声音，编辑应根据节目内容的需要，对"声音总谱"进行总体设计，使多种声音互相协调、和谐统一。

三、广播新闻节目的编辑思想

正确的编辑思想是编排好广播新闻节目的前提和依据，广播新闻节目的编辑思想集中体现在下面四个观念：

一是大局观念。广播新闻编辑要胸有全局，审时度势，站在时代的高度处理稿件、编排节目。树立全局观念要注意两点：一要在政治上同党中央保持一致。在新闻节目的宣传中必须按中央的要求宣传，不允许带有个人的成见，更不允许以个人的意愿代替党的政策。二要吃透"两头"：一头是认真学习，全面准确地理解党的政策；另一头是要了解实际情况，当前尤其要通过深入系统的调查研究了解经济工作的全局，了解改革的全过程。

二是政策观念。广播新闻节目的政治性、政策性很强，因而树立牢固的政策观念是新闻节目编排思想的重要内容。为了在宣传报道中正确体现党的路线和方针政策，避免宣传上的片面性，要加强对党的政策的研究，深入领会，吃透精神。宣传报道中既要做到准确，又要迅速及时，增强时效性，提高舆论引导水平。

三是节目观念。广播不是通过单篇稿件而是通过节目的形式进行宣传的，编辑的主要职责就是编制广播节目。广播新闻编辑人员要下工夫研究新闻节目的内在规律、基本特征和编排制作的艺术，要讲究如何配置和优化组合稿件，注意稿件之间的内在联系，讲究稿件的综合处理和对比处理；充分挖掘稿件蕴涵的新闻价值，从而使新闻在节目中产生新的光彩，达到最佳的宣传效果。

写好新闻提要和串连词，既是节目观念的体现，又是编辑思想的重要体现，它有助于提高新闻节目的质量。

四是听众意识。强调听众意识，目的是了解听众，注重反馈、改进节目。当今世界出现的"视听学"或"舆论调查学"就是加强听众观念的结果。日本广播学会把这种舆论调查看做是广播电视的"神经"和"耳目"，是架在观众、听众和广播电视之间的一座桥梁，具有"安全阀"的职能。他们规定的舆论调查任务主要有三项：国内外政局动荡变化的时刻，有哪些重大的或有争议的问题；受众对节目的看法；公民的生活方式。针对这三项任务，采取了不同的措施，其重点是调查受众的思想动向、普遍心理以及对节目的反映、愿望等。

近几年来，我国许多电台普遍开展了调查，并根据听众反馈信息不断改革广播新闻节目，取得了明显的社会效果。

四、广播新闻节目的编排要求

1. 新闻节目编排的内容要求

当前，广播新闻节目的内容要突出科学发展观。突出中心、突出重点的关键是选编好头几条新闻，尤其是头条。重点新闻节目的头条，正如报纸头条一样重要，它代表着当天宣传的方向。编辑部的主要负责人要亲自抓头条，要在整个节目的编排中突出头条（题）；同时还要树立本次节目的骨干篇，以便让听众听完新闻节目，就能明确本次节目的重点。

在突出中心的同时，还要防止"单打一"，红花与绿叶应当相映生辉。无论是重点新闻节目还是一般新闻节目，都有一个突出重点和兼顾一般的问题。新闻节目的内容要求"软"（通常指文教新闻、社会新闻）"硬"（通常指经济、政治、科技新闻）结合。一般来说，"软"新闻比较生动、有趣、活泼，且知识性、趣味性强；"硬"新闻比较严肃、枯燥，但指导性强。"软""硬"结合，既可突出中心，又可扩大报道面，能满足和吸引广大听众的需要。

扩大报道面，要求把新闻触角伸向社会的各个角落，要突破一些"禁区"，做到题材多样化，内容丰富多彩；要重视社会新闻，开拓新的新闻领域。

提高信息质量要从提高每条新闻的信息量入手，多写独家新闻，减少叙述同一事件的新闻或内容雷同的新闻；多写接近生活、接近群众、接近实际的为群众所关心的新闻，减少内容一般化、可有可无的新闻；减少无效信息，增加有效信息，注重新闻信息的实用性，增加服务性新闻。

2. 新闻节目编排所遵循的原则

收听广播新闻，听众只能顺着播音员的声音一条一条按顺序听下去。因此，要求广播新闻节目稿件的排列，一定要正确体现当前的宣传精神，做到主次分明，层次清楚，详略得当，流畅明白。

（1）遵循新闻价值原则。编排新闻节目，要遵循新闻价值大小的原则。新闻价值大的排在前面，新闻价值小的排在后面。目前国外广播电台新闻节目的编排均采用这条原则。新闻价值由重要性、新鲜性、迫近性和趣味性等要素组成。编排时要对这些要素进行综合考虑，但应把重要性放在首位。

从新闻价值的原则出发，编排新闻节目贵在抓好头条新闻。头条新闻的主题在一定时期内，既要集中反映党的中心工作和最新精神，又不能搞绝对化、老讲一个主题，应经常变换。对头条新闻的长短也应重视。如果头条新闻的重要性相近，可把短的放在前，长的放在后面。从听的效果检验来看，应先播短的、印象深的新闻。

另外，要抓好要闻的排列。要闻除应尽量放在开头部分外，还可加配本台评论、编后话，编写新闻提要，以引起听众注意。

（2）遵循单元配套的组合原则。所谓单元配套，是指在一次新闻节目中，把反映同一方面题材、同一内容或同一范围的几篇稿件集中编排成一组，不搞插花编排。单元配套组合原则是根据广播的传播特点提出来的，它的优点是：听起来集中、清楚，有声势、层次分明，适合听觉需要，整体听觉效果好。

（3）遵循新闻排列次序原则。长期以来，在我国广播新闻节目中，国内新闻排在前，国际新闻排在后。国内新闻包括工业、农业、财贸、政治、军事、外事、文教、科技、体育、卫生等内容。在一般情况下，经济新闻排在前面，文教新闻排在后面；政治、军事、外事新闻，大多数排在经济新闻和文教新闻之间；重大事件也可排在它们之前。外事新闻的排列，一般应以我方为主，我方的排在前面，对方的排在后面。

随着广播的深化改革，这种传统的先国内后国际的排列原则正在受到冲击，特别是一些率先进行改革的地方台，正在冲击传统的模式，完全按照新闻价值的大小来确定新闻的排列次序，不论是国内新闻还是国际新闻均按价值大小确定排列次序。

（4）遵循节目结构组合的原则：

——篇幅长短的组合。一般来说，长新闻舒缓浓厚而易流于沉闷枯燥，短新闻简洁明快而易有急促肤浅之嫌。无论是长新闻还是短新闻，都要尽量避免过于集中地挤在一堆，而应适当地穿插编排。

——节奏快慢的组合。考虑到各种不同新闻的内在节奏因素，在不违背内容整体性的情况下，应作适当的穿插，力求表现出层次感、节奏感。

——体裁单一和多样化的组合。在一档广播新闻节目中，除以消息为主外，还应兼有通讯、评论、录音报道；既有单发新闻，又有集束新闻。

——区域远近的组合。考虑新闻区域远近的因素，由近及远，先近后远，是新闻节目的一个原则；是密切信息与听众联系，增强节目可听性的重要手段。

（5）遵循节目突出重点新闻的原则。广播和报纸不同，突出重点新闻的编排手段也不一样。广播没有版面，以一定时间限度组成的节目出现，属线性结构，只能按时间先后的次序排列，重点新闻均放在头条或头几条，以起到先入为主的作用。此外，还可采用配言论、加编后、写新闻提要、搞音响报道等编排手段，把重点新闻尽量突出。尤其是配言论和写提要的编排手段效果更好，配言论既可采用各种报纸杂志有关评论，也可根据需要撰写评论，还可播发听众的来信和言论；写提要时可把重点新闻写入提要，放在新闻节目开始前播出，还可在整个节目结束时再重播一次提要，以便给听众造成强烈的印象。

广播要讲究编排艺术，增强新闻节目整体播出效果。广播新闻节目题材广泛、内容丰富、信息量大、体裁多样，如编排不当，很容易显得杂乱无章，影响播出效果。因而要讲究编排艺术，充分运用各种编排方法，常见的方法有：

同类编排：把内容相近和重要性相同的几篇稿件排列在一起。

组合编排：把主题相同而体裁不同的几篇稿件组合排列在一起。

对比编排：把两条内容相同、矛盾性质不同的稿件排列在一起，一褒一贬形成鲜明对比，从而形成比单篇报道效果大得多的反差效果。

配合编排：把两种体裁以上的稿件配合排列在一起，一般以新闻为主，然后配评论，配发新闻资料等。这样做有利于扩展新闻的内在力量，充分展示新闻价值和新闻社会意义，从而使整个节目能实现更好的社会效果。

栏目化编排：近年来有不少台设置了新闻增强板块，按照报道内容分成不同的栏目。这些小栏目有机地组合成一个新闻板块，能大大增强新闻的社会效果。

五、编写广播新闻节目的内容提要

所谓新闻提要，是指对广播新闻节目中主要新闻内容的高度概括、提示或评点。

广播新闻节目中除了三五分钟的"简明新闻"、"快讯"、"短讯"等可不设新闻提要外，一般来说，凡时间较长的（如10分钟以上的）新闻节目，尤其是各地的重点新闻节目都应该设有新闻提要。新闻节目的提要与报纸的标题一样重要，它在新闻节目中不是可有可无的，而是不可分割的重要组成部分；提要写得好不好，直接影响到收听效果。一个好的提要往往能给新闻节目增色不少，可以起到吸引听众、扩大宣传效果的作用。

1. 广播新闻提要的作用

(1) 预告和介绍新闻，以吸引听众收听。提要犹如新闻节目的"眼睛"和"窗户"。人们打开报纸首先映入眼帘的是大大小小的新闻标题，哪个标题生动吸引人，读者就会先看哪条新闻。看杂志时也总先看目录，读者常常从目录中寻找自己最关心、最感兴趣的文章。新闻提要放在节目开始前，向听众预告和介绍本次节目的重要新闻和主要内容，既满足了听众的需要，又可以吸引听众收听。

(2) 揭示新闻要点，评论新闻内容。提要是对新闻内容的高度概括和提示，也是对新闻内容的评议，还是编辑部的一种间接表态，它可以帮助听众深入理解新闻的内容和意义。

(3) 先声夺人，先入为主。据调查，收听提要的听众要比收听整个节目内容的听众多，收听时的注意力也比较集中。精心写好提要，可以提高新闻节目的质量，吸引更多的听众，扩大节目的影响。

(4) 美化广播新闻节目。精彩的新闻提要能给新闻和新闻节目增添魅力，增强吸引力。同样一次新闻节目，提要写得美不美、精彩与否，所产生的影响及宣传效果是不同的。

2. 广播新闻提要与报纸标题、新闻导语的差异

(1) 任务不同。广播新闻节目的内容提要除了肩负类似报纸新闻标题和新闻导语对某则新闻的"主要内容或中心思想的概括和提示"的任务之外，还肩负着对"一次新闻节目的主要内容或中心思想的高度概括和提示"。它既要考虑一次新闻组合节目中主要新闻的写照，又必须考虑到一次新闻组合节目内容的整体需要，考虑到新闻提要这个"小整体"自身整体性的需要，这就要求新闻内容尽量不重复。如有两篇以上反映同一内容、同一个具体问题的稿件，一般只精选其中一篇写提要。

(2) 结构不同。报纸标题由主题和辅题组成，辅题又分为引题和副题；新闻导语结构富于变化，种类多样。广播新闻的内容提要只有主题，结构比较简单，这种结构便于工作时收听。

(3) 写法不同。报纸标题讲究文采、凝练、含蓄、对仗；新闻导语虽不一定五要素俱全，但几个主要要素不可缺少，且提要讲究简练朴实、通俗流畅、适合听。广播新闻标题无虚题，全是实题。

3. 编写广播新闻节目内容提要的要求

(1) 要突出新闻节目的主要内容。内容提要既不能违背或偏离稿件原意，也不能只反映稿件的次要内容。提要必须"画龙点睛"，把广播新闻节目的主要内容告诉听众。

(2) 事实要真实。内容提要应与新闻事实相符，要求表述准确。

（3）观点要鲜明。内容提要不仅是新闻事实的高度概括，而且还要善于通过典型事实反映新精神、新观点，直接表明鲜明的政治倾向性和褒贬态度。赞成什么、反对什么，毫不含糊。没有思想、没有感情色彩的提要是不能感染和教育听众的。

（4）语言要通俗、生动、规范。广播新闻提要是供人收听的，从听的特点和听的效果出发，广播新闻提要的语言要符合语法逻辑，句子要完整，听起来流畅，意思明了易懂；而且还要用通俗口语，读起来朗朗上口，听起来清楚明白。

（5）形式要多种多样。广播新闻题材广泛、内容丰富，这就要求有与之相适应的多种提要形式，这样才能完美地予以反映。提要形式切忌呆板。目前普遍的提要是采用主谓宾的叙述结构，写法平铺直叙，缺少变化，听起来单调乏味。因此，提倡广播新闻节目的内容提要多样化，已势在必行。广播新闻节目要改革，内容提要首先要改革创新，要提倡百花齐放，打破当前"千人一面"的局面。①

---

① 参见陆锡初：《新闻节目》，载《广播新闻编辑教程》，中国广播电视出版社 2001 年版。

第八章 广播新闻评论

新闻评论和新闻报道是两种不同的对客观事实的反映：新闻报道是对客观事物的表象的描述，它向人们介绍事物发生、发展的过程、原因及结果等。新闻评论是对刚刚或正在发生事实的判断和评价，直接表达的是作者的观点和看法。由于作者的思想观念和评判标准不同，对于同一事件会产生多种不同看法或截然相反的意见。因此，本章不仅是教学生掌握一种写作技巧，更是教他们一种观察和认识社会的思想方法和思维方式。

"思想也是新闻。"新闻发现体现在新闻业务系统之中，也体现在新闻评论生产操作的每一道环节之中。把新闻发现简单地归在采访学中，不利于对新闻发现内在规律的探索，严重制约着应用新闻学的发展和研究空间。新闻广播作为一种独立的传播媒介，其传播方式、方法有其自己的优势和弱点。新闻广播的个性决定了广播新闻评论在采写和录制上，也应该有自己的特点和规律。

广播新闻评论是广播电台对当前具有普遍意义的新闻事件和重大问题发表议论、阐述道理，具有鲜明针对性和指导性的一种传播形式。广播新闻评论是在报纸新闻评论的基础上产生的。18世纪末，英国报纸正式建立社论制度。19世纪以后，美国报纸也有了新闻评论。

我国新闻评论出现于19世纪70年代。1874年，王韬在香港创办《循环日报》，是我国最早刊登新闻评论的报纸，王韬成为我国第一位资产阶级报刊政论家。后来梁启超主办的《时务报》等也都刊登评论，许多知识分子和政治家利用报刊作讲坛，撰写政论，宣扬政见。早期著名的报刊政论家有四位：王韬、梁启超、章太炎、张季鸾。

广播新闻评论在世界上出现是在20世纪20年代，在我国出现是在20世纪40年代。1947年6月10日，延安新华广播电台认为广播评论"短小精悍、一针见血、易受欢迎"，要"多写广播评论"，并提出要有计划地培养广播评论员。

第一节 广播新闻评论的要素与特点

一、广播评论的要素

广播评论以其结构安排来看，与其他论说文一样，要具备论点、论据、论证这三个基本要素。

1. 论点

论点也叫主论或论断，是作者对所论述问题提出的主张和看法，是评论所要阐述的观点和见解。论点是评论的核心，是评论首先要解决的问题。广播新闻评论因具有明显的新闻性，因此论点的设立都是针对新闻事件或具体的社会问题的，不是谈论纯理论性的问题。

论点又分为中心论点和分论点：中心论点也叫总论点。它是文章中全部观点的高度概括和集中，对全文起着统领的作用。多数文章一开篇就直截了当地提出总论点。广播评论篇幅短小，多数把总论点摆在最前面，这就如同写广播新闻要有导语一样，先给听众一个总印象，以便顺利听取下文。有些评论的总论点是在文章的最后，在论述中先提出几个分论点，从几个不同的侧面进行分析，最后"综上所述"归纳出总论点；还有些评论的总论点在中间。这后两种方法，广播评论虽然不排斥，但是根据广播的特点，还是应该提倡第一种方法。

正面提出并确立论点的过程叫立论，一篇好的广播评论，它的立论应该具备五个条件：准确无误、有针对性、要有新意、要站得高些、思想集中。

2. 论据

论据是用来证明评论的依据，分为理论依据和事实依据两种。

事实论据即常言说的摆事实、讲道理。事实论据包括现实材料和历史经验两种，数据是事实论据的一种特殊形式。广播新闻评论主要是以事实为依据的，它需要有真实的事实材料作为论点的支柱，如果离开了材料的准确真实，广播评论也就失去了价值。

理论论据就是用革命理论和科学道理来作论据，引用理论论据宜少不宜多。

立论有大有小，可以从大的事件中找到具体的较单一的理论观点，也可以以小见大，从具体的事件中找出带有普遍意义的问题，加以评说。

3. 论证

毛泽东同志说："一篇文章或一篇演说，如果是重要的带指导性的，总得要提出一个什么问题，接着加以分析，然后综合起来，指明问题的性质，给以解决的办法。"① "提出一个什么问题",即"立论";"分析"、"综合"、"指明",即"论证"。论证就是证明中心论题和论据之间的逻辑关系,它通过推理形式进行,必须遵循推理的规则。

立论就是提出一个什么问题,论证就是分析一个什么问题;立论和论证是新闻评论写作和制作的两个十分重要的环节。2003年度中国广播新闻奖评论类获奖作品,都在这两个环节上做得比较好,获一等奖的作品在立论和论证上做得尤其好。

(1) 立论就是提出并确立立论点的过程。论点分为总论点和分论点:总论点是作者对论述问题的总看法、基本观点;分论点是为了论证总论点所设的一个个观点、一层层意思。广播新闻评论篇幅短小,多数情况总论点应出现于评论的第一段,即想论什么,想提倡什么,反对什么,要开门见山、开宗明义,评论第一段就应鲜明提出,让听众抓住要领,乐于听下去。当然,某些评论特别是录音评论,也可以在开头先给出一个事例、一个场景,然后引出总论点。但是,这个事例、场景必须与所论的问题直接相关,必须有利于总论点的提出,让人感到顺理成章,而不能故意卖关子、绕弯子。分论点从属于总论点,是具体论证总论点的着力点。将一个个分论点论证清楚了,总论点也就完全说明白了。因此,分论点必须是总论点的题中之义,不能在总论点之外另起炉灶。有些评论的失败就在于分论点跑题,论着论着,生出了一个枝杈。

一篇好的评论,立论应该符合五项标准:

第一,立论要正确无误。何为正确无误?就是在原理上要符合马克思主义的世界观、方法论,在现实上要符合党的路线、方针、政策。一切提法、口径都要与党一致,不允许有丝毫错误。马克思主义世界观是唯物论,马克思主义方法论是唯物辩证法,它要求人们看问题要辩证思考,避免片面性。评论贵在准确,准确首先应表现在立论上。立论有误差,导向就会出问题。写评论不能满足于选题重大,选题重大还要写得细心;不能满足于论点正确,还要分析准确。

第二,立论要有针对性。要反映舆论,更要引导舆论。评论的立论要紧密针对现实生活中的问题、现象或倾向,不能是毫无目标的空论。有针对性才有指导性。吉林电台获一等奖的《警惕"项目之痛"》,针对经济工作的立项问题进行阐述,对振兴东北老工业基地很有现实指导性。历年参评的绝大多数广播评论作品都做到了立论有针对性,只是有些作品立论针对的问题偏小,社会关注度不强不宽,从而显得评论的分量不够。

---

① 《毛泽东选集》第3卷,人民出版社1991年版,第839页。

第三，立论要有新意。这里的新意是指在与党的基本观点保持一致的前提下，评论的立论应尽可能展现一些新鲜的思想见解。就是说，评论在党的基本观点上不能创新，但在阐述这些基本观点时应提倡新鲜见解。

辽宁电台的录音评论《海城豆奶事件叩问公众知情权》，其新意就在于关乎民众生命安全的重大社会事件，政府部门必须及时公告全社会，公众对此有知情权。知情权一词在西方已经使用多年，近几年来，随着我国民主政治的日益发展，知情权的提法已经出现在我国的社会生活中。特别是重大疫情发生时，公众的知情权就愈发显得重要。在经历2003"非典"之后，人们对此已经形成共识。辽宁电台评论针对海城豆奶中毒事件中有关方面、政府部门封锁消息，不向社会通报，致使中毒儿童家长都不了解相关情况的一系列做法，严肃叩问：在海城，公众知情权哪里去了？评论推动了问题的解决，提出了若干教训，论述了公众知情权的政治意义。评论选取的事件有新闻性，所论问题有新鲜感，从而使所谈的道理富有新意。

第四，立论要站得高些。任何评论都不能只是就事论事，都不能只是简单地判明是非，而是要就事论理，就实论虚，将寓于个性之中的共性揭示出来，使评论所讲的道理具有更加广泛的指导性。写得不够好的广播评论，有的只是对某件事情提出批评，停止于判明是非的浅层次；有的停止于提出问题，问题提得虽有价值，但未展开论述，更像是提建议，而建议不是评论；有的通篇以讲新闻事实为主，只在结尾处有一两句议论，从整体上看是报道，不是评论；有的停止于对某种现象的感叹，或者就此发出几声呼吁……以上种种基本属于立论缺少高度，评论缺少理性。评论是讲道理的文章，没有道理可论的题材，就不要硬去作评论。

第五，立论要集中。一篇评论只能有一个总论点，然后围绕总论点，设几个分论点展开论述。这样听来中心明确、层次清楚。有的评论散得很，似乎是现想现写，想到哪写到哪，到想不出写不下为止，没有构思，不讲结构；有的评论围绕论题，四面出击，面面俱到，看不出总论点，什么都说了，什么也没说透。凡是好的评论，立论都很集中。例如吉林电台的《警惕"项目之痛"》，集中围绕经济工作中主观主义乱上项目这一问题立论，说事例、论危害、找根源，对现实提出警示；河北电台的《"河北第一秘"引发的思考》，集中围绕省委第一秘书腐败问题立论，摆现象、找原因、说教训，引发人们思考更深层次的问题。其他获得一、二等奖的评论，也都具有立论集中的优点。

（2）论证就是用论据证明论点的过程，就是我们通常说的论述。写评论常用的论证方法有三种：

一是例证法——举现实生活中的事例、数据或历史资料来论证。大部分作品都运用了这种论证方法，有的以事例为依托，从中引出论点；有的提出论点后，举出事例、列数据来证明。若做得不好，则表明对事例的阐发不够，像是在罗列事例，给人的感觉是一篇"综合报道"，而不是评论。

二是引证法——引用领袖人物、权威人士、党和国家文件中的话来论证。录音评论中对专家学者、政府官员的访谈录音也属于引证。引证法运用得当，可增强评论的论辩力和权威性。例如辽宁电台《海城豆奶事件叩问公众知情权》，引用了时任辽宁省省长薄熙来对海城隐瞒事件真相的批评，引用了温家宝总理讲公众知情权重要性的一段话，从而使评论的论证力度大大增强。

三是喻证法——用比喻来论证。这种方法的好处是可以使评论增强生动性、形象性。把严肃的道理隐含在一种可比的生动、形象事物中，既避免了枯燥，又增加了情趣。例如吉林电台的评论在讲到随意上项目时候说，有的人是"拍脑门儿上项目"，项目上了之后，干了一段时间发现不行了，于是"拍大腿后悔"，最后无法收场了，此公"拍屁股走人"，易地做官去了。用"三拍"来比喻个别人以长官意志搞个人"政绩工程"的行为，何等生动、形象，又多么准确到位！

使用喻证法一定要恰当，关键是比喻的含义和所造成的语言形象，要和被比的事物一致，两者要情理相似、相近乃至相同，要使听众能将二者联系起来。有一篇广播评论把抗击"非典"比喻为"一场人民战争"，这是可以的，因为它反映了全民动员的实际。可是，接着又说抗击非典是"遍地烽烟"。这一句就欠妥了，因为"遍地烽烟"带给人的语言形象，无论如何也无法与抗击非典时街上行人稀少、乡下"村自为战"的景象联系起来。这种比喻不仅不利于论证，而且会让人产生歧义。

以上是常用的三种论证方法。实际上，贯穿评论始终的基本方法是概念判断和逻辑推理。概念准确，判断清晰，逻辑演绎，环环相扣，严丝合缝，不留漏洞和疑问，这才是最基本的。如果一个广播评论的作者话说不通，理说不明，那就别写评论了。

二、广播评论的特点

案例：广播评论

反对听假话

陆先荣

多年来，"反对说假话"之声一直不绝于耳，可见说假话是何等顽固。

过去治说假话，多着眼于嘴巴，现在看来，光治嘴巴不行，还得治治耳朵——反对听假话。

也许有人不同意：说和听，说在前，听在后，不说假话，何来听假话？且慢，虽然说在前，听在后，但听并不是只处于被动地位，说是为听服务的。说了无人听，谁还说？嘴巴挖空心思说假话，不正是为了讨好耳朵吗！因为生活中爱听假话的耳朵不少，如有的耳朵好大喜功，听喜不听忧；有的耳朵偏听偏信，闻风就是雨；有的耳朵胸中无数，任凭嘴胡诌；有的耳朵欺上瞒下，专门奖励说假话的嘴巴……在这类耳朵的宠爱下，说假话的嘴怎不越张越大呢！再则，说假者的名利算盘打得是非常精的，个个都是无利不开口。如果说一次假话，就失掉一次提级、加薪的机会，那说假话的嘴早就闭得严严实实了。所以说，耳朵不但不处于被动地位，而且还能主动地为说假话起着导向作用。

当然，不是所有的耳朵都有导向作用，只有手握重权的领导者才有导向功能。治疗说假话这个顽症，首先就要治一治领导爱听假话的耳朵。领导的耳朵自觉反对听假话的时候，便是爱说假话的嘴巴被迫闭住的时候。①

1. 贴近社会，抓住"热点"

广播评论本身的特定功能决定主题要突出，能讲清一个道理或者传达一个新的思想，通过评论不仅能快速告诉听众当前热切关心的事实和问题，更能剖析其内在的层次，从而在社会上引起广泛关注和反响。

2. 短小精悍，内容集中

广播评论是靠声音诉诸听觉的，强调长话短说，除了要扩大节目容量外，主要是为了适应听众专注收听的耐久力。广播评论的论题应单一、开门见山，言之有物，听之入耳，而对需要长篇论述的评论，则化大为小，采用系列评论的方式连续播出。中央电台播出的评论，500~600字的占60%以上，1000字左右的只占10%，1500字左右的几乎没有。

3. 说理通俗，深入浅出

广播评论通俗易懂，它要求把一篇评论的政论性内容及其所蕴含的深奥的、非大众化的道理，通过具体可感的材料及解释深入浅出地加以表述，让听众便于理解、易于接受。只有精练、明快的语言，掷地有声、爽快果断的判断，才能同广播评论这种文体相适应。同时，广播评论要避免两个误区：

① 此评论1996年12月9日宜昌人民广播电台《宜昌新闻》节目中播出。

（1）"通俗"不等于"庸俗"。不能滥用比喻、成语等，更不能插科打诨、油腔滑调。修辞手法、方言、俗语等当然可以用，但要从表现内容出发，要用得恰当。

（2）不要认为易懂就是肤浅简单，而是要深入浅出、把深刻的道理用通俗易懂的语言形式表现出来。要在内容的深入开掘上下工夫，触及问题的实质。

4. 生动活泼，平等交流

广播评论的音响化要求形式和语言的多样性、丰富性、生动性、活泼性，以吸引听众的注意力，增强趣味性、可听性，并引起广泛的深思。新闻评论以说理为主，广播评论也不例外。但是，与报纸评论的理性相比，广播评论更多的是呼唤感情，强调与听众的平等沟通，以产生共鸣。

第二节　广播新闻评论的类别与创新

一、广播新闻评论的类别

广播新闻评论的分类有多种方法。按照联系所论问题的重要程度和宣传规格，广播评论目前常用的有以下几种类别。

1. 本台评论（相当于报纸社论）

本台评论是本台编辑部就国内外（或省、市、自治区）的带有全局性的重大问题进行分析评论，指明当前形势、任务和奋斗方向。在甄选日常选题时，应着重考虑传达、阐述中央（或省、市、自治区党委）事关全局的新部署、新精神、新政策；同时，重大政治活动（如党的代表大会、人民代表大会）、重大节日都应发本台评论。

2. 本台短评

新闻评论中的一种，它的任务是对某一个具体问题、具体事情发表看法，有时直接评议这件事件、这个问题，或者将其中的道理引申开来，使之具有新的高度和广度。

3. 本台评论员文章（特约评论员文章属于此类评论的派生）

它所论述的内容的重要性和广泛性，介于本台评论和本台短评之间。它的任务是就当前实际的某一方面、某项工作、某个问题进行分析、评论，所论问题一般带有专门性、部门性，但仍具有普遍意义。

4. 广播谈话

它属于谈话体广播评论，在内容上与报纸上的思想评论相类似。它的任务是对带有倾向性的思想领域的问题，对新人、新事、新风尚、新经验进行分析，发表看法，也适于新典型事例来解释某项政策。在甄选选题时，要注重思想、作风、道德方面，多采取一事一议的方式。写作时要注重"谈"的口气，要亲切、自然、朴实。

5. 记者述评

广播记者对新闻事实所作的夹叙夹议的评述，既具有新闻对事实报道的特点，又具有评论的说理性特点，事实与道理紧密结合，适用于讲经验、抓问题的报道题材。写作时，要注意事实的精练，议论要紧扣事实，起到画龙点睛的作用。

6. 编后语

编辑对前一篇新闻报道的基本态度。用短短几句话，或总结问题的要害，或对已经宣传多次的老主题，点出它在新形势下的新意义，或借题发挥，给听众透出一点新的信息、新的精神。编后语有说明、评介、建议、提示、表态、辩驳等多种样式。①

7. 广播评论员谈话

它是指广播电台专职评论员主持的评论节目。它要求评论员对世界（或国内外）政治局势有深入研究，对采访对象了如指掌，具有评论员素质和自己的时政风格。

二、广播评论的创新

西非国家布基纳法索于1987年春天办了一个广播电台，这个电台的名字叫"进来就讲"。来者不必向广播电台接待人员申报讲话内容和题目，接待人员负责安排讲话次序，来讲者提出的问题谁愿意回答，谁都可以回答。这家电台自开播以来，来讲者络绎不绝，没有出现空播现象，其收听率也很高。

"进来就讲"广播电台给我们一个启示，这就是我们广播宣传的播出形式应该改变，应该具备多种形式，开辟与听众进行平等交流的渠道。

1. 创新型广播评论的特点

（1）更"实"。它比报刊评论更具体形象，明白流畅。

（2）更"短"。广播评论比报刊评论短，声音一播而过。

（3）更"通"。广播评论语言、主题、意蕴直接而迅速地进入听众心灵。

（4）更"活"。广播评论要求语言活泼顺口，音韵优美。

---

① 参见曹仁义：《实用新闻广播学》，中国广播电视出版社2000年版，第47~50页。

2. 创新型广播评论的增值功能

（1）反馈增值。许多新闻性节目是一次性报道，且听众的来信和言论，由于各种制约因素而难以发表，由此新闻广播杂谈带来了大量的反馈信息。

（2）增加受众。现在，信息传播已由"传播者——信息"的二维方式变成"传播者——信息——受众"的三维方式。由广播播出的言论可以每秒30万公里的速度传播到通都大邑、山乡边寨，不存在发行障碍，听众数量远远胜于报刊评论读者。

3. 创新型广播评论的发展趋势

（1）新闻节目中零星出现新闻性小杂谈。

（2）新闻节目中设立杂谈专栏。

（3）除新闻广播杂谈外，另设独立的广播评论专栏。

（4）广播评论和报刊合作，举办联合征文。

第三节　广播新闻评论的写作要求

广播新闻评论写作有两个要求：一是一般要求，二是特殊要求。

一、广播新闻评论写作的一般要求

从一般要求来讲，怎样才能写好一篇广播新闻评论呢？简言之，要做到这样五条：言之有义、言之有物、言之有理、言之有情、言之有味。

1. 言之有义

有三层意思：一是观点要准确。广播评论被看做是广播的旗帜和眼睛，是解剖旧事物的解剖刀，是歌颂新事物的进军号，是引导人们观察事物的显微镜……要起到这样的作用，观点不准确怎么行呢！我们要求准确，就是文章的观点一定要符合唯物辩证法的基本原理，这一点可以说是评论的生命。二是要有新的思想。所谓新，就是除准确以外，要给人以新的启示，不是老生常谈，要让人感到新颖，受到教育。如有篇广播评论，题目是《应当珍视"共同点"》。讲的是当前有人觉得老一代和新一代之间有隔阂。其实这是现象，从本质上看，新、老两代人都有共同点，就是爱国。女排获得世界冠军后，老一代、新一代不都是热烈欢呼吗？这个"共同点"应当珍视。这篇评论看过以后，使人看到"隔阂论"是片面的、消极的。三是言要及义，就是道理要集中，不能言不及义，离开主题。

2. 言之有物

就是有的放矢，针对性强。要做到有的放矢，就要注意选准题目，俗话说，题好一半文，广播评论怎样选题呢？

（1）选方向性的题目。就是党中央抓什么，我们就选什么。比如，中央当年抓两件大事：机构改革和打击经济领域里的严重犯罪活动，电台在选题目时，也从这个方向上选。在媒体上，发了不少这方面的好评论，围绕机构改革、老干部退居二线的有《赞"余热发电"》、《场上换人的联想》、《并非笑话》等。围绕打击经济领域里严重犯罪的斗争，有《糖弹来自何方》、《扎紧思想上的"篱笆"》、《发人深思的教训》等。

（2）选比较迫切性的题目。就是在政治思想、经济、教育、生活等方面，都有许多急需解决的问题，从这些问题中去选题目，就会吸引人听。比如，有人针对政治上的所谓"信仰危机"，写了《"信仰"危机与"能源"危机》；针对不少单位违反财经纪律私设小钱柜，写了《三斤鸭子二斤嘴》；针对学生作业太多，写了《"题海"得失谈》；针对煤矿工人找对象难，写了《甜蜜的事业》，希望大家都来为矿工当"红娘"。这些题目都是从某一方面急需解决的问题中选出来的，所以针对性强，矢矢中的。

（3）选群众关心的题目。作为一个广播评论作者，要满腔热情地关心群众疾苦倾听群众的呼声，从群众的喜怒哀乐中选题目。例如，有的同志听到老太婆反映买不到合适的皮鞋，全是高跟鞋，就写了一篇《一阵风之弊》，批评有的商业部门组织货物喜欢搞一阵风，什么时髦抢什么，不注意群众多方面的需要。有的同志看到不少单位不愿意接收失足青年，于是便写了《为"浪子回头"解忧》，呼吁大家都来关心要求进步的失足青年。像这类评论，及时反映了群众的心声，所以必然受到听众的欢迎。

3. 言之有理

广播评论是讲道理的，必须做到以理服人，让人心服口服。怎样才能做到说理充分呢？这里先举一个例子：有位女青年向电台反映她的男朋友各方面都不错，就是表示爱的方式使她接受不了，如上街拉着她的手，搂着她的腰，甚至想吻她，她要求编辑予以回答。编辑在回信中，没有一句"小资产阶级情调"、"资产阶级作风"、"流氓习气"这样上纲上线的话，而是心平气和，耐心说理。编辑告诉她宪法和其他法律没有规定不允许那样表示爱，而且他又不是对所有的女性，而只是对他所爱的人，不能说他的"亲热"是坏事。紧接着又说，虽然不是坏事，但也不能提倡。因为国有国情，民有民俗，这种外露式的"亲热"不适合中国人的习惯，容易引起人们的反感。然后又讲到即使在外国，也不是所有的人都欣赏外露式的"亲热"，比如马克思就提倡含蓄、羞涩。最后，谈到恋爱双方应当互相体谅，对方不愿意的也不应当强加给对方。这样，就把外露式的表达爱的方式为什么不好，一层一层说得入情入理，使人易于接受。这篇评论之所以道理讲得比较充分，令人信服，主要是具体问题具体分析，实事求是，不乱扣帽子；就事论理，不讲空话、大话；着重诱导启发，深入浅出，寓理于事。

4. 言之有情

我们的广播新闻评论除极少数是对境外敌对势力以外，绝大多数是对自己人，因此，不论是歌颂性的，还是批评性的，都要字里行间满怀深情。俗话说要通情达理，只有"通情"，才能"达理"。要通情，首先要尊重听众，要把他们当成我们的服务对象。其次，要先当学生，要以商量的口吻讲道理，切忌居高临下地教训人。有位编辑曾针对某些同志发牢骚、说怪话的消极情绪写过一篇评论。为了写得亲切、自然，他采用书信方式，仿佛是和老朋友谈心。这样，使人感到感情真挚，与人为善。

5. 言之有味

写广播新闻评论，最忌空泛、干巴、枯燥、没味道。要做到"有味"，需从五个方面努力：

（1）选题要新。人家看文章、听广播，首先是关注内容提要和题目，题目新颖，才能吸引人。如有人针对甘当螺丝钉、甘当无名英雄的精神，写了题目为《当好"二传手"》的评论。讲女排的炮手郎平、张蓉芳都很出名，如果没有孙晋芳这个优秀二传手给他们提供"炮弹"，她们这些炮手就无法施展本领。尽管这篇文章的思想别人都宣传过，但它的题目新颖，同样吸引人。

（2）取材要精。就是评论中列举的材料一定要典型。有位小学生在造"只要……就能……"这一句时。写的是"只要有熟人，就能走后门"。一位同志看后写了篇评论《一个小学生的警告》，要大家警惕不正之风已无形中腐蚀了孩子们的心灵。由于材料选得精、文字不长，就产生了良好的引导效果。

（3）构思要巧。写评论切忌老一套，要绞尽脑汁避免刻板，要写得生动、有趣。例如有篇评论讲到正确对待任务、成绩、报酬和缺点，但它不是从正面讲，而是用了这样一个题目:《"加减乘除"用法辨》。说有的人报告成绩用加法，接受任务用减法，取报酬用乘法；查缺点用除法。这样一比较，谁对谁错，就一清二楚了。

（4）语言要活。评论文章一般都是几百字，多则千余字。要逗人看，语言要求简练、明快、畅达、生动、新鲜、辛辣，听起来悦耳，读起来上口。

（5）手法要变。文章最忌走旧路，踩着人家的脚印走，即写作手法要创新。如有篇评论批评有人在公共汽车上抢占专留给老弱病残的座位，不讲文明，但文章不是按一般的写法，而是用"专座"自述的拟人化手法。用"专座"自述的口吻，批评了某些不文明的现象，这就使人感到新鲜。①

二、广播新闻评论写作的特殊要求

从广播新闻评论适用于"听"的特殊要求来讲，广播新闻评论写作有如下要求：

短：短小精悍，是广播新闻评论写作的基本要求。广播新闻评论的概括性和抽象性决定了它不能长，听众经常处于半收听状态，而评论需要专心地听，篇幅一长，就影响效果。

浅：广播新闻评论是用口语化、通俗化的语言传播的。"浅"不是"肤浅"，而是深入浅出，把抽象的内容具体化，运用比喻、举例和比较等手段，把深刻的道理、抽象的观点"稀释"成浅显易懂的道理。

软：广播新闻评论要幽默风趣，做到事、情、理三位一体。事，是新闻事实；情，是新闻事实引起的情感；理，是事实蕴藏的道理。广播评论要晓之以理，动之以情，夹叙夹议，以情化理。情与理的自然交融，是广播写作的最高要求。

响：要发挥广播的优势，突出广播音响的特点，牢牢抓住听众的兴趣，提高收听率。

第四节　广播新闻评论的特色与风格

广播新闻评论作为新闻评论的一种，不仅具有新闻评论的基本特性，同时又受广播自身规律的影响，具有不同于其他新闻评论的一些特点。广播新闻评论经过努力探索、发展，已逐步形成了自己的一些特色和风格。

一、通俗化

广播新闻评论需要通俗已成为共识，原因主要有两个方面。

首先，从广播听众的组成成分来看，评论的内容需要通俗。广播和报纸不同，它面对的是不同身份、不同层次、不同地域的听众，讲的是同样的道理，不因年龄、职业、文化程度而异。因此，广播新闻评论的内容必须面向整个社会，要贴近群众、贴近生活、贴近实际。评论的内容，应该选择那些具有普遍意义

---

① 参见陆先荣：《说说怎样写好广播新闻评论》，引自2003年6月9日在宜昌市广播电视系统"马克思主义新闻观研讨班"上的演讲。

的、广大听众有共同兴趣的话题，而专业性、技术性强，从领导或工作角度谈问题的评论则尽量要少。

其次，从广播收听规律出发，广播新闻评论的说理需要通俗。报纸评论，读者可以反复看，而广播评论是一播而过，一听即逝。因此，广播新闻评论的内容和文字更要明白畅晓、一听就懂，不能隐晦曲折、令人费解，隐喻、反话甚至倒装句都不宜使用。

二、形象化

形象化是广播新闻评论在追求通俗化时所形成的另一趋势。综观近几年在全国获奖的一些广播新闻评论，如《借火也能点灯》、《好戏就在真唱》、《莫把衙门抬下乡》、《既要打锣，就不要怕响》、《致富不能"鸡啄米"》、《当不了驸马不能不娶妻》等，人们就不难发现，广播评论形象化的走向日渐明显。作者说理都是有意识地通过某一特定的形象载体去表达，或用一个具体的事实做引子，或用一种比喻，或用一句名言警句，或用一个典故寓言，总之决不会就理说理，完全靠逻辑论证方式去写评论。同时，在评论文章的写作中，也要尽量使用文学中的形象描绘方法。是否形象化几乎已成为一篇广播新闻评论能否成功、能否受听众欢迎的关键。广播评论必须以形象化取胜这一认识，已被各级广播电台普遍接受。

三、小型化

目前，各级广播电台日常播出的评论基本上都是数百字的小言论。广播新闻评论不宜太长，应该短而精。长篇大论，听众听了后面忘了前面，效果不好。不少人认为广播新闻评论最多不宜超过一千字，这是符合广播规律的。由于篇幅较短，一篇广播新闻评论一般只能提出一个论点，讲清一个道理。论证要简明扼要，直截了当，一下子就说到点子上，使人一听就知道评的是什么问题，讲的是什么道理，有什么独到的见解和新意。

广播新闻评论出现的通俗化、形象化、小型化的发展趋势，并没有改变它作为新闻评论所固有的新闻性、政论性的特性，以及作为新闻媒体"旗帜"的职能。它所表现出的与报纸等其他新闻评论的不同之处，主要是在评论的表达形式上。说到底，报纸评论是读的，广播新闻评论是听的，而评论的政论性、逻辑性、抽象概括性等特点，决定了看比听的效果好，所以广播评论必须走出一条扬长避短、能克服自身弱点的新路子。广播评论逐步形成的通俗化、形象化、小型化的特点，从根本上说，也都是为了更有利于听这一目的。广播新闻评论比起报纸评论来说还很年轻，它自己的形式还未完全定型，有待继续发展。但有一点却可以断言：广播新闻评论无论怎么发展，都要服从"听"这一广播最根本的特点；广播新闻评论的路必定是朝着更加有利于听、容易听懂、吸引人听的方向发展。这应该是确定无疑的。

第九章 广播记者

与电视记者、报纸记者相比，广播记者需要更多的敬业精神和自信心。由于某些先天和后天的原因，人们往往更加偏重电视和报纸，但事实上，广播记者有其自身的特点，他们在自己的岗位上有着不俗的表现。

广播记者和报纸记者相比：第一，报纸记者的出稿周期长，一天的采访到傍晚了才开始写也行，而广播记者却要赶时效，上午的采访要争取在中午的新闻里就播出，而下午的采访在傍晚的新闻里就要播出，所以采访任务重的时候，一整天都要保持高度的紧张。第二，报纸不受写作地点限制，有上网的地方就行，而广播必须要将采集到的录音素材进行剪辑，这项工作只能用专业的设备才能完成。所以，从采访地点到广播台，来来回回的奔忙就要花掉不少时间和金钱。第三，广播记者经常要做现场连线，所以对口头表达能力要求也比较高，这些是需要花时间去练习的。

广播记者和电视记者相比：第一，电视记者有车，因为要摄影，电视台的采访一般都会配一辆车，这样就给电视记者抢时效创造了有利条件，而广播记者大多数市内采访都是孤身完成，在没有车而时间紧的情况下就要打的，台里对这类费用的补贴是不够的。第二，电视采访分工明确，典型的搭配是一次外出采访三个人：一个司机、一个摄像师、一个出镜记者。三个人可以排解旅途中的寂寞，也可以彼此提醒互相照应。而广播记者大多数情况下都是独来独往，当采访有难度事件的时候，更是备感孤独。

然而，从传播的效果来看，报纸和电视都要好过广播，这也是为什么电视、报纸的记者会在广播记者面前骄傲的原因：广播是弱势媒体。其实，辛苦本身也是一种磨练。能在最短的时间内找到新闻点并迅速成稿，能脱口进行现场报道，能相对独立地完成采访任务，能忍受旅途中的孤独，这些都是广播记者所面临的挑战。还有，由于广播记者数量少，所以能经常涉足不同领域，接触的社会面比电视、报纸记者都要广。有挑战就有机遇，作为一名广播记者可以获得更多的锻炼。

第一节 广播记者的敏感

在我们国家做广播电视新闻工作，应当具有政治敏感、新闻敏感、语言敏感和现场直播敏感。四种敏感也就是四种能力：政治敏感表现为对国家和社会生活中捕捉和采写编播的能力；新闻敏感表现为广播新闻工作者的必备素质和能力；语言敏感体现出对人民大众鲜活语言的吸纳能力；直播敏感表现出对现场新闻事件的现场报道能力和评述能力。

这四种"敏感"、四种"能力"可以在大学广播电视新闻专业和自学的过程中形成基础，更重要的是在广播电视新闻实践的历练中积累提升。

一、政治敏感：审时度势、把握大局

我们通过一则录音新闻来阐述广播记者的政治敏感。2003 年 12 月 1 日是"世界艾滋病日"，国务院总理温家宝专程来到拥有艾滋病药物研究资格的国家级临床基地北京市地坛医院，看望住院治疗的艾滋病患者，慰问医护人员。郭亮随即发表《录音报道：温家宝握手艾滋病患者，提倡全社会关爱艾滋病人》①，取得了良好的社会效果。

二、新闻敏感：围绕主题捕捉事件

一个新闻记者如何从纷繁复杂的社会现象中发现新闻？如何从一般性的新闻报道事实中挖掘出新闻深层的内涵？如何不仅能把握新闻事态的现在，更能预测事件的走向及发展趋势？这就需要记者达到超乎常人所不具备的新闻敏感的"三重境界"，即新闻的发现力、新闻的挖掘力和新闻的预测力。

何谓"新闻敏感"？新闻敏感是指记者迅速发现和判断新闻的感知能力。又称"新闻嗅觉"，西方新闻理论称之为"新闻鼻"，指记者对新闻事件所蕴含的新闻价值的粗略认识，是记者政治水平和业务水平的综合表现。激活性和指向性是构成新闻敏感的两项主要指标，也就是指记者迅速识别和判断新闻事实中的新闻价值的能力。

何谓"发现"？发现就是经过研究、探索等，看到或者找到前人没有看到的事物或规律。由此引申，所谓的"新闻发现力"，就是记者在具备新闻敏感的基础上，经过研究、探索等方法，把前人没有报道过的新闻事物和新发现的规律，及时准确地传播出去的一种职业能力。

---

① 中央人民广播电台 2003 年 12 月 1—2 日播出。

深入现场采访无疑是重要的，但更重要的还在于记者的发现、联想和感悟。王国维在《人间词话》中说："诗人对宇宙人生，须入乎其内，又须出乎其外。入乎其内，故能写之；出乎其外，故能观之。入乎其内，故有生气；出乎其外，故有高致。"采写新闻也是如此，既要身入，更要心入；既要看见，更要发现、联想和感悟。1991年，新华社解放军分社高级记者贾永参加了西藏和平解放40周年报道。当时，拉萨戒严刚刚解除，一些不了解中国实际情况的国外政客和媒体，对中国尤其是对西藏的人权问题多有指责。怎样才能在这次报道中，既为西藏真正的人权状况提供一个有力的佐证，又巧妙地对国际上关于西藏人权种种无根据的舆论予以回击？贾永决定先到实地去看一看。他没有直接从北京飞往拉萨，而是沿着青藏公路乘汽车边思考、边往拉萨赶。没想到，这次让他差点丢掉性命的行程，竟使他获得了一个重大发现：连接内地与拉萨的两条高原公路，原来是一个巨大的"人"字：一"撇"是川藏公路；一"捺"是青藏公路。正是这两条被藏族同胞称为"彩虹"、颂为"金桥"的路，构成了西藏生存与发展的生命线。这由两条高原之路构成"人"字的发现使贾永蓦然开朗：这就是我要向西方所谓"人权卫士"提供的"人证"！这就是这篇新闻通讯的主题！顺着这条思路挖下去，他还了解到，为了修筑这两条高原公路，4000多个英灵化作了生命的路基；为了守护这两条路，1400个年轻生命永远地留在了茫茫高原。正是共产党领导的人民军队的这种巨大牺牲，使西藏人民真正获得了人的幸福和人的尊严！人世间还有比这更大、更崇高的人权吗？通讯《壮美的人证》经新华社播发后，成为一篇证据确凿的批驳西方"人权卫士"的檄文。① 它的价值，不仅在于这个发现本身的新颖，更在于一个"人"字赋予了文章以灵魂。

记者要近距离拥抱生活，观察事物，发现问题，并且在发现中习惯于思考和联想、认定和发掘。也就是说，从已经报道的新闻或已经收集到的新闻线索中，发掘事实具有新的新闻价值的能力，这是一种更深入的新闻发掘。

1. 质疑是新闻发掘力的核心

2003年2月18日，新华社播发了一条消息，称经中国疾病预防控制中心等权威机构共同努力，"非典型肺炎病原基本可确定为衣原体"。找到了非典真凶，在当时本是一件令人欣慰的事情，许多报纸都转载了新华社关于报道北京医学专家观点的消息。然而，《南方日报》记者段功伟却未敢随声附和、人云亦云。敢于质疑权威的禀性驱使他追根溯源，甘冒风险，不畏压力，探寻真相。经过精心采访，沉静思考，仔细推敲，他毅然拿出了报道，有理有据地向北京专家"叫板"："非典型肺炎是病毒性肺炎的可能性极大。"后来的事实表明，这种质疑不

① 参见贾永：《记者的发现与联想》，载《新闻战线》2005年第1期。

仅是正确的，也是有根据的，同时还为日后世界卫生组织确定"非典的病原是变种冠状病毒"的结论提供了极有说服力的论据。① 于是，这篇《非典型肺炎病原是衣原体?》的深度报道，当之无愧地荣获中国新闻奖2003年度通讯类一等奖！为什么在当时全国媒体舆论都出现"一边倒"的情况下，唯有段功伟穷追不舍，敢于直言呢？原因便在于他敢于质疑，主动思考，善于发现问题。具有批判精神和冒险的勇气，有底气、有积淀，懂得唯有坚持事实，才能坚持和捍卫真理。

那么，如何才能培养新闻发掘力呢？段功伟的成功经验说明，要发掘新闻的潜在内涵，必须有评析问题的眼光，有透析问题的判断，有解剖问题的思考。要做到这些，学会质疑显然是根本。因为只有质疑和批判，才能真正透析问题，达到理性、建设性的传播目标。换言之，要想做一个有思想的新闻人，就必须具备这种质疑、批判而不盲目迷信权威的能力。

2. 预测力：前瞻思维至关重要

一名记者能从社会生活中捕捉到新闻是一种基本技能；能迅速判断已发表的新闻中哪些与记者已采访到的新闻事实有关，从而挖掘出更重要的新闻是技高一筹的"能人"；而那些不仅能把握新闻事态的现在，还能预测事件的走向及其发展趋势，并作出翔实而有说服力的报道的，则是将新闻敏感发挥到了极致的人才。

三、语言敏感：广泛吸收群众的鲜活语言

广播是一种凭借声音传递信息的媒介。对于传播主体来说，是一种"说"的艺术；对于接受客体来说，是一种"听"的享受。要使听众听得满意，听得悦耳，广播记者就要注重锤炼语言，具有对人民群众鲜活语言的吸纳能力。

所谓"语言敏感"，就是指广播记者要能迅速发现和判断采访对象是否"说"得到位、"说"得精当、"说"得传神，其语言具有新闻美感和可听性音响效果。也可以说，语言敏感能力是广播电视记者识别和判断自然界、人类社会的音响是否具有新闻价值的能力。

录音新闻《棉花收购站的笑声》的主题是反映国务院采取措施禁止给农民打"白条"后，湖北枝江县棉产区农民喜庆丰收的喜悦心情。广播记者对会场音响仍不满足，又驱车十多里赶到江口棉花收购站作现场采访，录下了与老农交谈的声音：

---

① 参见段功伟：《寻求政治家办报与独立思考的统一》，载《新闻战线》2004年第11期。

"大爷，您是哪个村的？"

"李家岗。"

"您今年种了多少棉花？"

"四亩二"。

"今天卖花收多少钱？"

"3450元。

"上交多少？"

"上交600元。"

"剩下的钱，您准备干什么用啊？"

老汉把手中提着的胖头鱼高高一举，大声道："喝酒！"

"哈哈哈"，周围爆发出一阵欢笑声。

　　这段颇具乡土气息的广播新闻《棉花收购站的笑声》，表现了老农风趣、幽默的性格，农民们丰收后的喜悦之情呼之欲出，听众如闻其声、如见其人，产生了较好的艺术效果。如果记者在家里或泡会场，仅仅满足于应付差事，根本不可能在现场采录到这样生动、鲜活、具有农民个性的声音。

　　广播记者语言的敏感还表现在记者对采访对象语言细节的把握上。有经验的广播记者，出门乘车或上山下乡随身都带个小本和笔，听到精彩的群众语言就随手写下来。比如，"不怕客来，只怕贼来"；"小车不倒只管推"；"过去是饿着肚子流血，现在是饱着肚子流汗"；"把路跑成槽"，等等。有年轻记者认为这种方法太"土"、太"小儿科"了，其实还是挺管用的。比如获得第十二届中国新闻二等奖的消息《四个月没死人，村主任丢了官》，主人公河北省曲周县河南疃镇朱口村村委会主任朱自强在接受记者采访时说："孙书记（乡党委书记）说没多有少哩，一万二没有就拿一万，一万不中拿八千。我说，别说八千了，八分我也没有，村里不死人，我上哪给你弄火化费呀？咋为这个我还得给你弄死两口子？我说不好听，孙书记一家伙急了眼了，说河南疃镇三四十个村都死人，就你们这都吃了长寿药了，贵贱一个也不死？没钱儿，赶明儿了你给我写辞职报告。"

　　这段话里有大量的细节：村主任和乡党委书记的交涉、乡党委书记的官僚和霸道、村主任丢官的原委，这些全部蕴含在村主任的乡俗俚语里，既有浓郁的地方特色，又交代了新闻的重要事实。

　　可以说，广播新闻有了精彩的语言，就可以使新闻变得生动、鲜活、厚重起来。那么，这些生动、朴实的群众语言如何获得呢？一是要深入新闻现场，有不怕吃苦的精神。比如，上述消息《四个月没死人，村主任丢了官》，事情发生后，记者马上赶到村里，采访了村干部、农民、县乡有关领导。几经周折，才采访到乡党委书记最精彩的那句话："以前开会说死这事儿了，谁交不上钱来，谁就别干。镇里也没办法儿，那县里给咱压着任务哩。"二是要善于观察。新华社老社长穆青曾要求年轻记者学会写"视觉新闻"，就是要记者学会观察。在对客观事物进行由表及里的观察和思考中，广播记者要做到全面仔细，抓到别人抓不到的细节，体会别人体会不到的微言大义。三是要善于表达，用最精到的语言表达最精彩的内容。发现了好的语言，如果不善于选择，不善于运用音响，不善于捕捉人物的语言，就不能将声音传神、到位地表达出来。这就要求记者不仅要有语言敏感，更要有对听众心理的了解，对广播特点能够充分把握。同时，要不断地进行新闻实践，在实践中不断地总结、提高。四是要注意现场采访音响。音响是广播最鲜明的特征，好的音响尤其是能表现细节的音响，既能向听众传播新闻事实，又比文字更能传情达意，它使听众仿佛置身于新闻发生的现场，营造了一种富有现场感的情境，给听众以无限的遐想空间和艺术震撼力。

四、直播敏感：同步解读新闻事实

随着媒介市场竞争的白热化，广播新闻改革日益深化，广播人的新闻报道已进入"现场报道时代"。

所谓"现场直播"，就是广播电视记者利用电子信号，把新闻现场的声音直接发送并同步播出的节目。一位资深新闻同行曾说："只有那些在社会科学方面目光敏锐、具备一定专业知识的记者，才能明智地处理和解读新闻事实。"广播现场直播不仅要求记者、主持人同步报道正在进行中的新闻事实，还要求"明智地处理和解读新闻事实"。现场直播既要求有成功驾驭现场的记者、主持人，更重要的保证是要有一支团结合作的团队。包括编辑、导播、技术、总监等各个传播流程，在现场直播中配合默契、机智应变，使听众在直播报道中不仅了解事实的最新进展，还能及时了解与新闻有关的背景信息，从而满足听众对收听大时段直播节目的信息期待。中国传媒大学教授曹璐说："广播媒介要将自身优势开发至最有效层面，在重大事件报道中，尤其是重大突发事件报道，广播现场直播应成为媒介博弈的主要平台，也是展示广播媒介潜能与实力的最佳时空。从这个角度讲，广播现场报道创优过程也是当今广播人不断挑战自我、超越自我、走向成功的必经历程。"①

---

① 曹璐：《现场直播品质提升与超越》，载《中国广播影视大奖 2004 年度新闻佳作赏析》，新华出版社 2004 年版，第 131 页。

总之，政治敏感、新闻敏感、语言敏感和现场直播敏感，这四个"敏感"以及与之相匹配的四种"能力"，是当广播电视记者、主持人的基本条件。没有政治敏感，广播记者的立场观点就会出问题；没有新闻敏感，录音报道节目就会无新意；没有语言敏感，文字话语就会太呆板；没有现场直播敏感，不仅没有自己的观点，也失去了广播媒介的独特优势，广播记者就会与报社记者相同无二。遗憾的是，在我们的广播新闻报道中，擅长面对话筒即席说话，具有对现场新闻事件述说能力的全能记者还太少。应该说，这样的口才能力并不是完全天生的，而是具有一定的表达规律的，完全可以通过研究挖掘出来加以把握的。广播电视记者、主持人都应该向这个方向努力。

第二节　广播记者的学养

为了掌握新闻记者的成才规律，有人把记者归纳为三种类型：一种是新闻型记者，一种是作家型记者，一种是学者型记者。在向社会主义市场经济的过渡阶段应当提倡做学者型记者，因为记者的任务是双重的：一方面是报道事实，一方面是解释事实。把社会问题研究得比较透了，才能更好地报道，如果记者不拿出点时间研究问题，增长见识，我们的报道也难搞好，记者的社会责任也会落空。走学者型记者之路，就是提倡记者对实际工作和现实中的各种问题有深刻的研究，并形成自己的独到见解。

怎样才能尽到记者的社会责任？笔者认为应当注重解决一个问题，即在工作方法中"跑龙套"与"撑双篙"的问题。广阔的社会舞台为记者采写新闻提供了驰骋的空间，但是若不注意研究问题则容易浅尝辄止，劳顿奔波一辈子，仅仅是个"跑龙套"或当"万金油"的角色。而提出当学者的问题，则要求记者在培养扎实的采访作风的同时，更要具备全面的理论功底，两手都要硬：一手抓报道，一手抓论文。一方面，记者要以厚实、渊博的理论知识指导新闻实践，采写出有深度、有厚度、有力度的新闻作品；另一方面，记者要以丰富的新闻实践作素材，撰写出有见地、有剖析、有分量的新闻论文和学术专著。

一、新闻记者的"学养"要像学者那样深厚

谈到新闻工作者要提高"学养"时，范敬宜特别强调记者要学点历史知识，"博古方能通今，博古为了通今"。"以飘逸潇洒之笔，论经文纬武之事。"① 他

---

① 范敬宜：《探索一条学者型新闻工作者的道路》，载《新闻战线》2001年第1期。

在为经济日报记者庹震史论著作《史街背影》一书所写的序中，尤其称赞其"耐得寂寞，抗得纷扰"的精神。

怎样做一个好记者呢？也许可以用这样两句话来概括，叫做"深入实际兼读史，立定脚跟做圣人"。"圣人"者，具有厚实的"学养"之谓也。人民日报原总编辑邓拓写的152篇杂文集《燕山夜话》，从社会科学到自然科学，从天文到地理，古今中外，无所不包，如果没有渊博的知识和学养，写得出来吗？

当然，记者除了具有丰富的历史知识外，还应对政治、经济、文化、科技等方面有一定的了解，尤其当前特别要注重学习掌握和运用马克思主义的新闻观，打下扎实的理论根底。会外语、懂电脑、能开车，是新世纪对新闻人才的基本要求。

在信息社会，科学技术发展一日千里，电脑、网络等新知识、新科技层出不穷。学者型记者应当使自己成为"新生事物的贪婪者"。要具有强烈的求知欲望，对于新知识的出现极为敏感；通过从新知识中摄取营养使自己更加完善，并且通过知识更新适应不断变化的环境，使自己的思维方式和掌握现代高新技术的知识，始终处于有关学科领域的最前沿。

二、记者要培养独立思考的习惯，具有学者的风范

没有学问是不可能有高超的见识的，但光有学问，也不见得必有见识。往往有这样的读书人，他的学问攻得很精很深，可是见识却并不高明。这类人在社会上被称作"书呆子"，反应迟钝，人云亦云，见识与能力太差！

一个记者若能独立思考问题，并投入生活怀抱，善于和人打交道，采写出具有思想性、指导性更强的新闻精品，这比文字功夫更重要。只有想得深、体会得深，写出的东西才生动。记者在事实真相面前，如果人云亦云，没有自己的独到见解，很有可能造成错误地反映现实或歪曲事实的后果。

在一些重大问题上，许多记者的公开报道或内参经受了历史的检验，往往是由于记者能独立思考、实事求是地进行调查研究的结果。说雅一点，记者应当多写点自己发现的观点，用自己的观点，发"一家之言"；说白一点，记者脑袋要长在自己的肩膀上，不要满足于当别人的"传声筒"。

三、记者要像学者那样注重积累"财富"

记者有"穷"、"富"之分。所谓"穷"记者，即不太重视积累"财富"，随采访随扔，"家底"空空，临到下笔时，尽管搜索枯肠也是枉然。也有一些记者十几年甚至几十年就只会一个本报消息，甚至连通讯也不会写或写不好。就是因为他只满足于传递消息而不注意积累，不重视思考和研究问题。而要能弄通一

些问题，则必须有知识的深度和广度，要有学问做后盾。"富"记者则不然，积累的"家底"厚实，对历史与现实情况了如指掌，使用背景材料"呼之即出"，下笔如有神。

记者怎样做到由"穷"到"富"呢？关键在于积累。这就要求记者善于积累知识、积累材料、积累思想，抓住一闪即逝的"思想火花"深化报道主题，撰写有思想、有分析、有独到见解的深度报道。记者积累资料是为了自己采访和研究的需要，因此积累资料的范围不宜过宽，内容也不宜过杂，主要应围绕报道分工的领域及自己感兴趣的课题进行，久而久之，手头资料就会具备一定的规模，"家底"自然愈来愈"厚实"，不仅完成一般任务游刃有余，而且著书立说，纵横捭阖，成一家之言，也不是没有可能。

四、记者要像学者那样惜时如金、勤于著述

大凡在专业学术领域卓有成就者，都是孜孜不倦刻苦学习、夜以继日的勤奋工作者。梁启超自称"平昔眼中无书，手中无笔之日绝少"。据徐佛苏先生估计："先生生平之文字、合著与述论两项，约在 1400 万字以内。"这包括《饮冰室合集》40 册、148 卷，计 900 万字，未收入集中的论著约有 250 件，近 100 万字，师友书信 700 余件，自述 400 万字。这么大的工作量，完全凭先生用毛笔小楷一笔一画书写出来的，这该需要多大的毅力和勤奋！

以《生活》杂志影响几代人的新闻学家邹韬奋，每天业余时间写作不少于 4 页稿纸。他献身新闻事业以后的 20 多年中，从来没有间断过著作和翻译作品。埋头做事，勤于笔耕，这些大学者都是新闻记者学习的榜样。

五、记者的思维方式要像学者那样严谨

一段时间以来，新闻界弥漫着一种浮躁，乱飞的高帽子到处可见。如在收视率大得惊人的央视屏幕上，一位仅仅跟某著名导演拍过一部戏的年轻女演员，竟然被戴上了"国际巨星"的桂冠；在某全国新闻联播的广播频道中，一项早已实施的技术项目，被吹嘘成"刷新了世界纪录"……

这种"客里空"式的吹捧，往往与事实有出入。问题就在于记者采访不深不细，大而化之，不求甚解，作风浮躁，静不下心来。编辑、记者应当有学者严谨的思维方式，多学点辩证思维方法，具有逻辑思维能力。对待新事物，既要有满腔热情，不能无动于衷、麻木不仁；又要有严谨求实的科学态度，冷静思考，多问几个为什么，讲科学、讲道理，做到心要热，脑要冷。

邓拓有两句箴言："记者生涯当自励，一言一动慎思量。"无疑值得所有新闻工作者记取。

六、记者要像学者那样专注事业，长期孜孜不倦

邹韬奋在《新闻工作者活动的正确动机》一文中说："记者应有事业的兴趣，没有个人的野心。"名记者华山曾经说过："我最低职务是记者，最高职务也是记者。"他在病危中对前来探望的新闻同行，谈到要反一反新闻界的不正之风，指出："记者着了官迷，就是不正之风的一种。"华山的这些话，很令人深思。有容乃大，无欲则刚。原新华社总编辑、现全国政协文史委员会副主任、高级记者南振中大学毕业到新华社当记者后，给自己定了这样几条规矩：第一，要抗拒虚荣心的诱惑；第二，要抗拒物质利益的诱惑；第三，要正确对待毁誉。生活目标是毕生追求真理，忠实地写下"时代的日记"。从事记者这项工作三十多年来，南振中始终保持旺盛的精力，顽强地向着既定的目标勇往直前，写出了许多新闻名篇，出版了经济学、新闻学专著，并荣获首届范长江新闻奖。

七、记者应当像学者那样具有强烈的社会责任感和事业心

有无社会责任感与事业心，对记者来说至关重要。一般把记者视作职业，没有事业心的记者，往往把新闻岗位视作"传令兵"的差事。还有的记者把主要精力和时间用于"第二职业"，搞有偿新闻。有成就的记者则不分"八小时以外"，为了搞清一两个问题，常常废寝忘食。新华社上海分社工业记者吴复民说得好："想到我的祖国未能达到应有的富强，想到她的贫困和富饶，她的落后和崛起，我经常辗转反侧，夜不成眠，感到应该用我的笔，尽可能多地向中央汇报下情和民心，为振兴中华尽匹夫之责！"正是这种强烈的使命感，驱使她写下许多引起国务院和有关部委高度重视的调研性文章和内部报道，促使中央及时作出了调整纺织品价格的重大决策，成了比较懂行的"半个纺织专家"，上海市市委开年度财经分析会时，还邀请她参加，聆听她的"高见"——记者当到这个分上，确实也真够"味"了！艾丰当记者大半生，先做广播记者，后做报社记者，从中国社科院新闻研究所硕士班毕业后，放弃当北京广播电台副台长的机会，到人民日报做记者、经济部主任，成了知名的学者型记者，然后做经济日报总编辑，出版了《艾丰文集》，专著《新闻采访方法论》获得首届吴玉章学术成果奖、全国首届范长江新闻奖。记者的事业心使他不敢有任何懈怠，孜孜以求，潜心进取，成为我国著名新闻学者、经济学家。由此可见，记者要取得成功并不难，关键在于要有这种强烈的事业心和社会责任感。

八、记者要像学者那样，把"博"与"专"、"杂"与"专"结合起来

习惯认为，编辑、记者是"杂家"，然而只是以"杂"为满足，不能在

"专"上下工夫，不能在某些问题、某些领域逐渐成为"专家"的话，采写的稿件就很难避免一般化。同时，随着年龄的增长，记者到了跑不动时，他就会感到悲哀，因为别无所长，既没法去经营企业，又无才学去当作家或学者。要改变这种"满头白发，两手空空"的状况，就得不断增长自己的学养、见识和能力，这就需要自己有丰富的内涵。所以，无论是从记者采写的稿件深度还是长远前途考虑，走"学者记者型"的道路不仅走得通，而且大有必要。

人民日报副总编辑、作家梁衡谈到自己治学体会时说："记者做学问，固然有专业底子薄、时间紧等困难，但也有知识面宽、框框少等长处。"这也是他"三栖"于新闻、科技、散文领域，出版了《新闻学术著作三部曲》、《散文创作文集》和科技史章回小说《数理化通俗演义》，集记者、学者和作家于一身的经验之谈。

对记者来说，要想既不一辈子"跑龙套"、当"万金油"，又能够在知识领域使自己的视野得风气之先，那么比较可行的途径是，在熟练掌握新闻业务的基础上，利用记者的职业优势，再深入一门或两门知识领域，触类旁通，兼具其他，完全可以成为学者型记者。①

第三节　广播记者的发现力

近年来，随着改革开放的不断深入，我国新闻媒体之间的竞争也愈演愈烈。为了适应竞争的新形势，于是，报纸纷纷扩版、增刊、办电子报；电台、电视台从中央到地方也都积极改革创新、开辟新频道，增设新节目。然而，这些都还只是新闻媒体外延的改革。新闻媒体真正要使自己在竞争中立于不败之地，还必须改革新闻报道，提高新闻报道的质量。

报纸、电视改版、扩版之后，扩大了信息量，稿件的需用量也增加了，有些媒体一时出现了稿源不足的情况。虽然大千世界每天都有不少新事发生，但并非新发生的事件都能写成新闻，这就要求记者提高发现新闻的能力，学会捕捉有用的新闻线索。

一、广播记者要做有心人

记者是一种特殊的职业，有人说当记者永远下不了班，无论在什么时候，甚至晚上躺在床上脑子也不能歇着，要随时随地做有心人。

日常生活中有些司空见惯的事情，在别人看来不算什么，可在记者眼里，它

---

① 参见肖峰：《做学者型记者八点论》，载《新闻知识》2001 年第 6 期。

也许就是一个新闻线索。在 2009 年的"两会"中，中央人民广播电台一位记者站在调查解决民生问题的全局考虑问题，细心听取人大常委的发言和议案，将议案和问题细化到如何保障农民工的合法权益，直至最终找到一个许多农民工急迫需要解决的问题——社会保障转移。记者先采访了热点新闻人物——人大代表、中铁四局集团有限公司董事长程聚生。随后，记者又找到另一人大代表戴仲川，安排他和听众电话连线，进行现场访谈，进一步追踪关于这个议案的其他支持者和实际进程。像这样的事情，广播记者经常碰到，可又有几个人去关注了呢？就看你是不是个"有心人"。做广播记者，特别是要做一个优秀的广播记者，就要勤思苦想，把写新闻放在第一位，不要中途分心，这样才能制作出令人称道的录音报道。

二、广播记者要有灵敏的"新闻鼻"

广播记者的这种新闻灵敏性不是天生的，而是平时注意学习、注意观察的结果。广播记者要认真学习党的方针政策，熟悉党和政府在一段时期内提倡什么，反对什么，这样对日常新发生的事情就能很快"嗅"出哪些该报道，哪些不该报道。比如说，2009 年受全球金融危机的影响，中国大学生就业成了许多人关注的问题。于是，中央人民广播电台记者晓菲在两会中，主动约代表就此问题谈自己的看法。知名节目主持人、全国政协委员杨澜在接受广播记者采访时说："现在大学生就业压力也越来越大，政府应尽力为大学生创造更多就业机会。"她坦言，20 世纪 70 年代初，自己为找工作骑自行车到北京应聘也遭拒绝过，但失败却更加坚定了自己的信心。2009 年 3 月 9 日，中央人民广播电台和中国广播经济之声节目，播出了广播记者晓菲采制的广播录音特写《大学生面对就业形势，要坚定自己的信心》，收到了很好的社会反响。

三、广播记者要学会"沙里淘金"

广播记者的能力从某种意义上说，就是发现的能力。我们经常进行会议报道，一个会议要研究的问题往往很多，当然不能都写进报道里，于是如何写好会议报道，就成了广播记者们感到最头疼的事情。有的广播记者因此就怕写会议报道，认为不可能写出好稿件来。然而，会议报道又是广播电台的记者无法回避的问题。能不能写好呢？中央人民广播电台老台长杨正泉曾说，会议是十分丰富的新闻源，会议上精神最集中，议论最集中，信息最集中，如果广播记者用心捕捉、细心研究，几乎每一个会议都可以写出好的广播优秀作品来。那种认为会议新闻必然呆板、枯燥的看法是不全面的。

广播记者在"淘金"时，还要认识什么是"金"，把党和政府要办的、不知道又想知道的事情"淘"出来,这就是"金"。比如报道一个交通会议,广播记者常常要写哪位领导参加了这次会议,会上谁作去年工作的总结报告,谁布置今年的工作,等等,这些工作过程和老百姓有什么关系?没有。所以,要跳出会议,写老百姓喜欢听的东西。如果广播记者从会议上发现政府决定今年整修哪条路,建一座什么桥,何时动工何时竣工等,马上写出就播,广播就和人民群众的工作生活有了密切联系。广播记者写稿时要注意抛开事情发生的过程,抓住群众关心的新闻事实来写,那么,这条广播新闻就是一条真正"带响的"、有效的广播录音新闻。

学会了如何抓新闻,采录到了"带响的"录音素材后,广播记者还有一个如何根据广播新闻的特点和规律,写好广播新闻稿的问题。这就要根据广播时效性、群众性、通俗性的三个特点,在写广播新闻稿时,努力做到以下四点:

第一,要注意观察生活,增强新闻敏感性。新闻的时效性和通讯员、记者对新闻的敏感程度有直接的联系,这一点广播和报纸要求一样,不是广播的特性,这里不再多讲。

第二,要努力捕捉各种听众都感兴趣的东西。每天听广播的人比看报的人多得多,他们的文化水平不一,对广播内容的要求、理解程度以及接受能力都有差别,但是他们有共同的要求。我们写广播新闻稿,从内容上说,就是要努力探索广大听众的共同要求,抓住那些有普遍意义、为众多听众感兴趣的事情加以报道,这就是当年许多新闻工作者在研究的所谓读者、听众的"共同兴趣"。在2009年的"两会"上,中央人民广播电台记者晓菲并没有采写一般的会议议程,也没有写工作性的一般报道,而是写浙江南溪江的人大代表陈飞带着他的3000多只菜篮子到两会开会。于是,晓菲就采访他为什么带着菜篮子开会,陈飞说他的家乡在南溪江,是一个美丽的地方,现在人们大量使用塑料袋把美景破坏了,于是他呼吁环保。晓菲就写了《晓菲看两会——人大代表提着菜篮子上两会,呼吁环保》,达到了很好的宣传效果。

第三,要尽量使用各种听众都懂的共同语言。我们在日常生活中常常发现,尽管一些人的职业和文化程度不同,但他们之间仍然有许多共同语言。邻里之间能够和睦相处,见了面很谈得来,说明他们有共同语言。又如我们请一位客人到家里吃饭,当他放下碗筷主人问他是否吃好了,他常常回答"我吃好了"。不论这位客人是什么身份、什么文化程度,都会用这样通俗的语言来回答,即使是高级知识分子,也不会用什么"我吃得恰到好处"、"我吃饭要适可而止"等文绉绉的字眼。因为这些词太书面化,不符合人们的语言习惯。所以,我们写广播稿就是要尽量使用为各类听众所熟悉、并且常用的那些话。当写完一篇广播稿时,不妨自己先念一遍,看稿子上不上口;也可以请别人念给自己听听,看听着顺不顺耳。广播稿的句子不能太长，太长了，播音员一口气说不下来，中途停顿容易说破句，影响语义的表达。

第四，采用符合广大听众思维习惯的写作方法。广播稿是播给别人听的，首先就要考虑如何给听众一个完整的概念，写广播稿最好是按事物发展顺序来写，这样人们听了觉得有头有尾，印象比较完整，因而不宜使用外国电影常用的那种跳跃手法或倒叙手法；广播的开端也可以埋伏笔，但不宜过多地制造悬念，过多地使用倒装句，否则容易把听众的思路搞乱，影响收听效果。写广播稿还有一个特殊要求，就是在关键的地方需要进行重复，比如新闻节目，先播提要再播全文，最后还可以复述一遍提要，这样的重复听众不但不会嫌啰嗦，而且觉得很有必要。但如果登在报纸上就不行了，这也是广播这种工具的特点所决定的。重复的目的就是加深印象，帮助听众把应该记住的东西记住，所以也并不是说任何一句话都需要重复，必要的复述和啰嗦是两回事。

第十章　广播新闻节目主持人

在广播电视中出场为听众或观众主持各种节目的人叫节目主持人。主持人不是表演者，也有别于新闻通讯和文章的播报者。主持人是以自己的身份个性直接面对听众或观众的人，在节目中处于主导地位，其主要职责是组织、串联一次节目的各个部分，也直接向听众和观众传播信息。

第一节　节目主持人的产生与发展

节目主持人首先产生于 20 世纪 20 年代的西方，发展、兴盛于 20 世纪 50 年代。

一、西方主持人的发展

进入 20 世纪以来，随着科学技术化、技术科学化的推进，以原子能开发利用、电子技术等为代表的新技术得到迅速发展，西方经济也从第二次世界大战结束后得到复苏，政治、社会、文化逐渐步入正轨。人类自身也对信息传播形式有了更新的需求。

西方媒介大多是商业媒介，其生存都依赖广告的收入。要想吸引广告商，节目就必须吸引观众。社会的需要、媒体间的竞争和传播技术的发展，给节目主持人的诞生提供了广泛而坚实的基础。最早的节目主持人诞生于荷兰，1927 年，荷兰开办了世界上第一个对外广播电台。这个电台在第二年推出了一个名为《快乐的电台》的节目，向世界各地介绍荷兰。其中用到了节目主持人艾迪·勒达兹。艾迪·勒达兹因此被认为是世界上第一个广播电台节目主持人。

20 世纪三四十年代间，广播事业进入黄金发展期，尤其是在美国。1934 年，美国的商业电台就超过了 600 家。其中，哥伦比亚广播公司拥有附属电台 97 座。如此强大的竞争，导致各电台想尽办法发展自己的队伍，丰富自己的节目，由此也造就了一批著名的节目主持人，爱德华·默罗就是其中最出色的一个。1938 年 3 月 12 日，他安排了广播史上第一次"新闻联播"。当时正是希特勒进攻奥地利的时候，默罗正在华沙筹办一个文化节目。接到德军开始武装进占奥地利的消息后，他立刻独自飞往维也纳，并指示助手夏勒前往伦敦，另外还雇佣了三名报纸记者，分别从柏林、巴黎和罗马向美国听众报道他们的所见所闻。这次报道被视为广播史上的第一次"新闻联播"。默罗这一创举也向人们展示了广播的独特优势。1940年8月18日，默罗又创办了著名的以欧洲战争为中心的广播节目《这里是伦敦》。整个"二战"期间，爱德华·默罗做了无数次的实况报道。他独创了战地现场广播、连续广播报道等口语广播形式。这些形式的创新，不仅真正发挥了广播的优势，而且使广播在美国成为合法、严肃、传播面极广的新闻媒介，改变了人们过去一直把广播只看做消遣娱乐工具的看法。这一切都使他成为美国人心目中的传奇英雄。曾任VOA台长、NBC新闻评论员并获普里策奖的约翰·钱塞勒这样评价默罗："默罗是个很有才干的人，他天生具有新闻报道的灵感和历史感，又是才华出众的作家。每一代人中都会有一些出色的人才，他们完美地集人格、才干和毅力于一身。"

汉斯·冯·卡顿伯恩是哥伦比亚广播公司著名的电台评论员，被誉为"电台评论员的先驱"。1936年在西班牙内战时，他首创战地实况报道形式。在1938年的慕尼黑会议期间，他设置《一分钟最新消息》节目，及时向公众报道国际时事的新动态，并加以分析评论。"二战"前夕和战争期间，卡顿伯恩的专栏节目收听率最高，对美国公众舆论有广泛的影响。他作为全国广播公司的首席政治评论员，主持广播新闻节目长达20年之久。

20世纪20年代中期，电视诞生了，但是直到第二次世界大战结束后，电视事业才得到发展。电视以声画俱备的形式超越了广播，更让报纸望洋兴叹，受众的注意力也被吸引到了电视上。不过在早期，受欢迎的电视节目大多是从广播节目中改编而来。爱德华·默罗本人也在1951年加盟了电视节目《现在请看》，走到了受众面前。1952年，哥伦比亚公司启用沃尔特·克朗凯特主持共和党与民主党的全国政治年会的新闻报道。克朗凯特从此走向了主持人的成功之路，他于1962年4月担任哥伦比亚广播公司《晚间新闻》节目的主持人，以快速准确、公正的报道和稳健的风格吸引了无数观众。自20世纪70年代起，美国电视节目主持人进入兴盛时期。各家电视台对主持人制度越来越重视，导致了大批节目主持人的出现，其中不乏出色者。如哥伦比亚广播公司1981年接替克朗凯特主持《晚间新闻》的丹·拉瑟、主持《60分钟》节目的迈克·华莱士、被誉为美国最有思想的节目主持人之一约翰·钱塞勒、美国广播公司的王牌主播彼得·詹宁斯、第一位进入美国三大电视网的亚裔宗毓华等。

在美国节目主持人蓬勃发展时，世界各国也将节目主持人这种形式引入本国相关媒介，俄罗斯、加拿大等国的广播电视行业都出现了大批受欢迎的节目主持人。

二、我国节目主持人的发展

我国广播电视节目主持人在 20 世纪 80 年代才开始尝试实施。党的十一届三中全会以后，"在冲破各种思想阻力的过程中，新闻宣传工作真是起到了披荆斩棘、振聋发聩的开路先锋作用"。① 改革开放的大局，也要求对既有的传播方式进行大胆尝试。1980 年召开的第十次全国广播电视会议后，广播电视战线改革步伐逐渐加快。改革力度也日益增大。1981 年元旦，中央人民广播电台对台湾广播推出了《空中之友》节目。主持人徐曼（徐乃文）一改传统的"高调门、强语气"的播音方式，以亲切平易、甜美柔软的播出风格赢得了听众的喜爱。台湾同胞亲切地称呼她"徐曼小姐"，她也成为中国大陆广播历史上第一位节目主持人。1981 年 4 月，广东人民广播电台推出了李一萍、李东主持的《大众信箱》，他们聊天式的主持风格很受听众喜爱，李一萍也被青年听众亲切地称为"知心姐姐"。一时间，广播主持人形成"北徐南李"的格局。从 1985 年起，主持人现象也受到了各种广电机构、院校和电台电视台的关注，纷纷展开各种研讨会，研究主持人现象的理论与实践问题，极大地促进了主持人的健康发展。

1986 年 12 月 15 日，中国第一座经济广播电台——珠江经济广播电台正式开播。它率先在国内采用主持人直播形式的大板块节目结构——"珠江模式"，即主持人直播、听众通过热线电话直接参与节目、大板块内容组合、全天滚动式新闻的全新播出形式，在中国广播界产生了前所未有的影响，成为中国广播史上一面旗帜和一种象征。之前，从延安新华广播电台创建到 20 世纪 80 年代中期，我国广播电台一直采用传统的录播形式，基本上是单向传播，听众只能被动地接受，节目稿件的形成也是采取报纸新闻的编辑方式，"采、编"重于"播"，而且一般的新闻和信息不具备时效性。

1987 年 5 月，上海人民广播电台推出《蔚兰信箱》（现改为《792 信箱》）。这是一档以主持人名字命名的谈话节目，它很快带动了全国的广播谈话节目。天津人民广播电台在 1989 年 1 月开办了一档性教育节目《悄悄话》，以宣传普及性科学知识为主，同时涉及婚恋、家庭等内容，是我国创办最早的宣传、普及性科学知识的广播节目。当时的主持人张琦以亲切、自然、大方的主持风格，得到了广大听众的认可，而《悄悄话》本身也带动了全国广播夜话节目的发展。在随后的几年中，广州人民广播电台创办了《零点一加一》，北京人民广播电台创办了《今夜私语时》，山西人民广播电台创办了《午夜悄悄话》，广播性教育节

① 范敬宜：《关于改革开放 30 年新闻宣传工作的一点看法》，载《中国记者》2008 年第 12 期。

目如雨后春笋般涌现。此时，心理咨询节目也在夜间成为广大听众青睐的知音。湖北人民广播电台《今夜不寂寞》节目成为夜间不眠者、进城务工人员和高校青年学生的朋友和导师。

进入 20 世纪 90 年代，节目主持人更为活跃，此时涌现出了大批优秀的电视节目主持人。1990 年 3 月 14 日，中央电视台推出全国第一档综艺节目《综艺大观》，以让观众在春节联欢晚会之外有机会观赏到不同形式的更多表演。当时任主持的倪萍和王刚，分别以热情平易、圆熟老到的风格赢得了观众的喜爱，倪萍还被观众誉为"最具中国女性魅力的节目主持人"。1990 年 4 月 21 日，《正大综艺》开播，推出了仍在大学读书的杨澜与赵忠祥一起担任节目主持人。这一老一少，一个沉稳，充满洞察世事的沧桑；一个热情，尽显涉世未深的清纯明快。场上节奏一动一静，有张有弛，韵味无穷，在观众心目中留下了深刻印象，他们也被新闻业界评为"最佳节目搭档主持人"。

1992 年邓小平南方讲话发表后，我国加快了改革的步伐，进入了一个发展的新时期。在广播电视战线上，多数的省市广播电台实行窄播化，按频率设置经济、交通、音乐等专业台。这种设置进一步扩大了主持人的队伍，丰富了主持人的构成。

新时期以来，我国有关节目主持人的理论研究也取得了较大进展。各种广播电视学术委员会、研究委员会每年都会召开研讨会，并逐步开展对外的交往，向较为成熟的西方媒介汲取经验。大批与节目主持相关的学术专著纷纷出版，许多高校也开办了播音主持专业。广播电视节目主持人的理论研究，出现了一派繁荣的景象。

第二节　节目主持人的特点与类型

无论是广播还是电视，这些新闻媒介的作用有五点，即传播信息、宣传报道、舆论监督、传播知识、提供娱乐。作为节目的展现者，主持人必须具备以下特点。

一、节目主持人的特点

1. 表达要口语化

所谓"口语"，是指主持人说话要朗朗上口，通俗流畅，说得清楚，听得明白。特别是广播类节目，以声音传播为主，主持人说的话首先要让听众听清楚、听明白。

主持人主持节目时，其有声语言与新闻中所广泛使用的播报式、播讲式的语言表达方式不一样,主要采用交谈式的方式。这种方式既吸收了播讲方式中的吐字准确、规范、富于音乐性的长处,也吸收了口语中亲切自然的长处。这种方式语言流畅,语句松紧变化比较多,但吐字力度不大,却比较清晰,适于第一人称有声语言的需要;其语言生活化,从而增强了受众的平等感、亲切感。交谈式的方式要求符合生活中的谈话规律,也就是与受众的思维同步。主持人的语言同样存在发声技巧、语言技巧以及各类文体播音样式的把握的问题。就拿声音来说,主持人没有悦耳动听的声音、标准的语音,节目的美学价值就要大受影响。好的声音不仅能准确地表达出主持人丰富多变的感情,而且会声声入耳、娓娓动听,吸引受众倾注到节目中去。

2. 主持人个性要与节目特点相结合

主持人要有个性,才能让受众爱看、爱听节目,并且记住节目。从内容和形式上要突出主持人的个性色彩,即主持人运用个性色彩为受众服务,并且其个性色彩和节目要一致,主持人才能充分发挥联系节目和观众之间的桥梁的作用。如果主持人的个性色彩与节目不一致,则会让人觉得不伦不类。节目主持人的个性特色不仅是单纯的性格特点,而且还包含许多其他因素,如语言、形象、衣着、打扮等,是一个立体的东西。主持人要时刻注意保持自己与节目相一致的个性色彩,即使不在主持本节目的时候,也要注意自己的言行举止和一贯主持的节目风格相协调,不要破坏自己在受众心中已经形成的一个固定的形象。主持人沈力曾经讲过自己的一次经历:有一次在体育馆里与一位相声演员共同主持一场文艺性的节目,这位相声演员设计让沈力忘带节目单,然后会引起一阵笑声,起到一定效果。当时沈力听了这个设计后,马上想到:我是《为您服务》节目的主持人,在观众中的印象是一个非常热心的、认真的、耐心的大姐姐的形象,如果在这个主持会上出现一个马大哈的形象,对以后我主持节目就会有一定的影响,起码我这个主持人的个性特色就不太稳定了。因此,沈力就跟这位相声演员探讨了另外一种形式,这种方式使沈力的形象保持了一致,并且衔接得非常完美。

二、节目主持人分类

经济的高速发展,使人们的生活方式发生了巨大的变化;分工的细致化与专业化,使人们被细化成了更小的群体。广播电视节目受众也不再满足于大综合的频道,于是媒体节目专业化的趋势不可避免。现在打开收音机、电视,每一个频道都代表了不同类型的节目。节目主持人必然也被分成了不同的类型,由此也引发了一个新的学科——节目主持学的诞生。对主持人进行分类,不仅有助于这一学科的发展,更有助于主持人自身能力的提高,更好地促进主持人工作的发展。

1. 节目主持人的类型

依据不同的分类原则，可以将节目主持人划分为不同类型。比如，按媒体划分，可分为广播节目主持人、电视节目主持人等；按知识结构划分，可分为专家型节目主持人、杂家型节目主持人等；按发挥作用程度划分，可分为初级节目主持人、高级节目主持人等。还有以节目形态、主持方式不同来划分的节目主持人，分为评论类节目主持人（各类评论节目），记者型节目主持人（各类现场报道、专题片），谈话类节目主持人（以谈话交流为主，主持人多一对众），访谈类节目主持人（以采访为主，主持人多一对少），串联、报幕类节目主持人，仲裁、服务类节目主持人。

1）按节目主持人在节目中的地位与作用分类

傅成励先生在《再谈主持人类型》中提出，划分节目主持人应当以主持人在整个节目制作中所处的地位和发挥的作用为标准。因而可以分为独立型、单一型、参与型、主导型四种。

（1）独立型节目主持人。独立承担整个节目采、编、播各个环节的工作，是承担节目最主要工作量的制作人。由于一个人精力有限，一般来讲，这类节目主持人只适合主持内容较为单一、时间长度有限的栏目。这可能是纯粹意义上的"编播合一"式的节目主持人。

（2）单一型节目主持人。即发挥作用比较单一，几乎只从事播讲工作的节目主持人。这类主持人与传统意义上的播音员有所不同，不仅体现在播讲方式的改变，更体现在编播关系上的变化。即主持人不再是播一篇与其个人特征无关的稿件，而是面对编辑根据其自身特点贴身打造的一篇主持性很强的文稿，并不要求其一字不差地宣读，可以根据现场情况做一些机动性调整。

（3）参与型节目主持人。参与节目采、编、播等各个环节的工作。一般来说，这种节目主持人与编辑是平等合作的关系，在节目宗旨和主持人形象要求等方面达到默契和融和。这类主持人在节目选材和构思阶段可以提供一些思路，在节目成形阶段可以修改和润色。目前，这种类型的节目主持人在我国占主体。

（4）主导型节目主持人。是整个节目的策划者（确定节目方案）、组织者（组织各个环节实施并负责审改）、采编者（亲自采编重要稿件）、体现者（完成最后演播合成）。因此，这类主持人既是出镜传播者，又是幕后的业务负责人，所以又称为"主编式主持人"。作为一个节目的"主编"，当然不可能也没必要事必躬亲，但要善于从指导思想、选题上把关，能够协调指挥各个工种，形成一个团结、高效的制作集体。这是"编播合一"式节目主持人的高级形式。

还有其他一些分类形式，不管准确恰当与否，都反映了早期研究人员对节目主持人的认识。

2）按节目类型分类

随着主持人的发展日趋成熟，广播电视节目类型也逐渐成型，各种分类日益明确，在上述传统分类中，经常被提及或者实际应用价值较大的有一种划分方法，即按节目类型分。归纳起来，广播电视节目主持人有如下类型：

（1）新闻类节目主持人。在新闻、娱乐、教育、服务各类节目的主持人中，新闻节目主持人应该是最具发展前景的主持人。重大事件、国计民生、医疗卫生、食品安全等，都可以是新闻。新闻资源的丰富性及重要性决定了新闻节目主持人的重要性，因此，此类节目对主持人的政治文化素质要求较高。服务、教育、娱乐类节目主持人因为题材相对单一，节目本身留给主持人的发展空间大，所以较易把握和发挥。而新闻节目总是题材广泛，涉及各行各业和各层人物，知识面涉及政治、经济、法律等各个领域。要统率新闻节目，主持人没有较高的修养和渊博的知识结构是很难胜任的。

新闻节目主持人要求摆脱"播音员"的影子，讲话应具有可信度，以其娴熟、有魅力的个性形象，使"媒体传播"达到"人际交流"的自然状态。美国CBS广播公司新闻主持人克朗凯特对观众播讲新闻的过程就如同与人当面对话一样轻松、愉快，充满了口语交流的随和、互动气氛。这种台上的驾轻就熟状态来自于台下对节目内容理解、消化和驾驭的功夫。许多新闻类节目主持人迟迟不能摆脱"播音员"的影子，大多因为控制节目的能力不够，影响了自由发挥，导致"被动主持"，结果像播音员在播音，但实际上连播音员也不如了。

新闻类节目主持人不同于新闻播音员的一个硬性标志就是：播音员没有改编节目的权力，只有"润色"即所谓的"二度创作"权力，而新闻节目主持人与生俱来就有"改编"节目的权利。然而目前在我国，有些新闻节目主持人不敢大胆利用这一权力，从而使他们的主持形象在可信度方面大打折扣。比如，某新闻节目主持人本来是一位娴静的知识女性，可她却要播讲这样的新闻："入冬以来，我市农村大搞农田水利基本建设，市领导采取了一竿子插到底的方法，使今年的水利工作不但抓得紧而且抓得好……"显然，这样的语言从这位女主持人口中说出，给人的感觉不好。如果她改成："入冬以来，我市农村对农田水利基础设施进行了较系统全面的治理，市领导采取了每段工程都责任到人的管理方法，使今年的水利工作完成得既高效又扎实。"改动后的新闻再一次强化而不是破坏了主持人娴静、敏锐的知识女性形象。如果照前播出的话，岂不让人觉得这位女主持一会儿像一个高雅、细致的知识女性，一会儿又像个大大咧咧的"傻大姐"吗？主持人形象的可信度显然会受到影响。在新闻学方面，编辑、记者可能更专业，但在传播学、心理学方面，主持人肯定更专业。所以，主持人应大胆地、当仁不让地使用自己的主编权进行"改编"、"撤换"、"统稿"、"定稿"

等。因此，新闻类节目主持人要想有所发展，在提高自己政策理论水平的同时，更要提高自己的业务能力。提高对新闻的敏感能力，加强现场应变能力和口语表达能力。

（2）综艺类节目主持人。综艺类节目是以文艺内容为主的节目形式，具有明显的艺术特征。综艺节目内容丰富、形式多样、结构规模庞大、时间跨度长，既有欣赏性、娱乐性，又有参与性、互动性。同新闻节目不同，综艺节目非常注重同观众的互动。随着综艺节目内容和形式的日益丰富和发展变化，主持人在综艺节目中的功能不断深化。满腔热情地背诵串联词已经不足以满足观众，主持人在节目现场要作出快捷迅速的反应，把多种艺术形式和现场观众组合成一个有机整体，由此与观众产生共鸣，引起互动，在现场创造性地表达编导的意图。由于综艺节目的这些特点决定了主持人在语言上要极富特色与能力，在节目中要运用有声的语言符号穿针引线，营造氛围，调动情绪，控制节奏。综艺节目主持人语言功能的核心是控制能力，这种控制能力要求主持人保持亲切自然、坦率真诚，并且注重交流。

要做好综艺节目，主持人必须具备以下几点基本的素质。一是要有文艺素养。如果本身没有任何文艺方面的素养，就无法理解演员们的各种表演节目，自然就无法与节目产生共鸣，因而就不能理解到位，与观众分享。中外娱乐节目主持人中都不乏较高文艺修养和艺术天赋的人，他们良好的素养帮助他们在综艺类节目的主持中获得了极大的成功。倪萍在作主持人之前是个小有名气的电影演员；周涛的母亲是舞蹈教师，她从小就跟母亲学习舞蹈；美国综艺节目创始人弥尔顿·伯尔勒是个有名的喜剧演员；美国著名的娱乐节目主持人埃德·沙利文在娱乐行业以对娱乐艺术有超强的鉴赏力而著名。二是除了文艺素养，主持人还要有即兴演讲的能力。因为在节目录制过程中，尽管之前栏目组都做了充分的准备，却依然会有意外状况发生。尤其是在直播节目中，如果主持人不具备临场应变的能力，节目很有可能无法正常进行。三是主持人的谈吐还要有幽默感。语言的风趣幽默是主持人机敏智慧的表现，也是其个人魅力的展示。但在幽默的过程中，要避免低级趣味的情调。

（3）谈话类节目主持人。谈话节目是一种以语言表述为形式，没有事先写好的台词，没有固定的稿纸，一旦谈话正式开始，主持人就要因势利导，以此来引领节目有序发展的节目形式。谈话节目的主持人，其首要任务是把握好节目的整体走向，引导嘉宾达到最佳的表达状态，发现嘉宾只言片语中的闪光点，使谈话主题的表达更趋于完善。所以，在谈话类节目中，主持人是节目的主心骨，不仅担负着引导话题、调度情绪、协调气氛、拉近和受众距离并提起访谈对象谈话欲望的重任，而且控制着全程节奏，决定着节目的走势和趋向。这些都集中体现了主持人的驾驭能力，这种驾驭能力主要表现在要有朴实无华的亲和力。

主持人在主持节目时很大程度是拼语言功底，但是，节目主持不是播音，不需要带着上传下达、一板一眼、不容置疑的权威性。谈话类节目的主持不需要华丽的辞藻，维系节目运转、进行的动力是主持人与受众之间的亲和力，它使节目风格尽可能地保持平常生活的原有状态。不同的谈话节目自然会选择不同层面的嘉宾，主持人必须根据嘉宾的身份、个性、生活状况等背景来进行合理的设计，寻找到最合适的对话方式和内容，以便于嘉宾以常有的谈话方式接轨，在双方之间引起思想的共振，为话题的进一步深入推波助澜。

要做好这一点，主持人首先就是要了解节目的宗旨和编导的意图。只有做好了这一点，才能切身地体会到编导想要什么，节目想要什么，为什么问题要这么设计，在节目的现场有哪些亮点可以临时发挥一下。这样就不会有太多的废话或者是套话，也知道了自己在主持方面的不足。其次要做一个很好的聆听者，主持人要会听故事，而且主持人要听懂故事。会听故事，是要知道故事里面讲的是什么东西和讲的这些内容里面有没有什么闪光点，有没有什么可以继续深挖的地方。听懂故事，就是明白整个节目的走向，通过故事的内容承接节目以下的内容。主持人在听懂嘉宾的谈话的同时，还要去把握各个嘉宾之间谈话的度的问题。也就是要有一个大局观，既要考虑到节目现场的气氛，又要巧妙地引导节目顺利进行，用比较恰当的承接语句去控制和驾驭现场的嘉宾和谈话的节奏。因此主持人要会插话，但这种插话又不是那种抢话。抢话会破话谈话节目的气氛，也会影响嘉宾的情绪。插话也不是不让嘉宾说，而是属于控制谈话的节奏和把握谈话话题的方向。节目驾驭能力不是与生俱来的，也不是在一两次节目中就可以产生的，它需有一个持续的锻炼过程，持续的时间越长驾驭力就越强。

(4) 服务类节目主持人。所谓服务类节目，是指对人们的工作学习、衣食住行、卫生健康等具有实用意义和指导意义，能提供某种具体服务的节目类型。服务类专题节目严格地说属于电视社教节目类的范畴。与过去相比，当前的社教节目在保持了它原有的一般属性外，还特别强调节目的服务性，在过去的"我向你灌输"的基础上，特别强调"你要我提供什么样的优质服务"。生活节奏的加快、生活质量的提高，促使人们更加关注与自身生活紧密联系的信息。在健康、住房、出行等方面，人们期望能得到全方位的信息以供参考。贴近生活、实用的服务类节目，满足了人们的这种需求。

服务类专题节目内容广泛，形式多样，专业技术含量大，更需要生动活泼、幽默诙谐、形式多样的报道技巧和主持人的机智、风趣以及形象的典雅、大方、自然，只有具备这些素质才能得到社会的认可和观众的喜爱。面对社会各界对此类节目要求的提高，节目制作者和主持人需要对自身提出更高要求，需要依靠专家学者，也更需要依靠观众，以达到引导社会、引导观众、求得共识的目的。

随着各种传媒的竞争和各种不同类型节目的争奇斗艳，服务类专题节目对主持人的要求就不再是传统主持人的念稿模式，而是要培养其成为"专家型"、"全能型"的主持人，这样才能在激烈的竞争中力求不败。专家型主持人，必须具备基本的业务基础和综合素质，同时又要求他（她）成为所从事宣传报道领域的"专家"（相对而言）。在拥有深厚的播音主持造诣、新闻采编专业知识和创造性思维的同时，拥有此领域的相关专业知识，其中包括：对本领域情况的全面而深刻的掌握，对本行业所涉及的专业知识有接近专业工作者的专业水平。这样一来，就能在相对纷繁复杂的事物中深入浅出地表达出观众最想得知、最能理解的信息。专家型主持人，就很容易判断出哪些可以表达，哪些很难一时说清，素材的取舍就可以游刃有余；同时不仅可以表述事物的五个"W"，而且还可以解释"W"背后的故事，介绍与报道事件有关的背景。

要做好一期节目、主持好一类栏目，不仅仅在于时效、受众关注程度、语言表达的亲和力和情趣，更重要的是要有独到的见解、深度的分析、权威的解释。这些恰恰是服务类专题节目主持人的优势。

（5）对象类节目主持人。这类节目有明确的服务对象，指向非常明确。比如很多电台中的交通节目，对象就是司机，还有很多以少儿、青年、老人、军人为对象的节目。要做好这类节目，主持人要全身心地投入节目所面对的特殊群体中，有的放矢，这样才能得到认可。

3）按主持人自身的特点分类

除了以上比较传统的主持人分类外，随着近年来国际国内电视栏目花样的不断翻新，节目主持人有了新的分类，大致有以下几种类型：

（1）思想型主持人。他们不只是起着充当传声筒、播报工具的作用，而是以记者身份登台，以他们对社会个性化的观察走向主持人这个岗位。传播学者伟光在20世纪80年代就曾提出：要从社会主义文化精英中选拔节目主持人，或者要把节目主持人培养成社会主义的文化精英。这类主持人要善于用辩证唯物主义的观点和方法，观察事物、分析事物、判断事物，不但能透彻地分析事物的现在，而且能预见未来的发展。新闻节目主持人要对新近发生的各种新闻事件和受众所关心的问题进行评述，要准确、鲜明地揭示事物的本质。经过一段相对漫长的发展道路，随着《东方时空》、《焦点访谈》、《决策者说》等栏目相继问世，思想型主持人正在逐渐成型。

（2）"知道分子"主持人。"知道分子"本意是嘲讽那些没有独立学术观点，"抄惯了别人的宏论"的人。但后来这一名词演变为虽然知道的东西很杂很多，但却不是传统的知识分子；他们时尚，博而不渊，喜欢享受，与世界潮流同步；向往金钱，不屑于研究，富有表现欲；热衷于搜寻消费资讯、八卦"星"闻；喜欢参加电视智力秀、社交派对、脱口秀等，并且为很多人接受，比如很多名作家，或者大学教授。

（3）签约主持人。签约主持人从某种意义上说属于职业主持人，但又不是任何一家媒体的在编人员。他们大多阅历广泛，有一定社会知名度。比如演员、作家和文化体育界人士，所主持的栏目也以综艺、游戏、谈话类节目为主，有的长期跟一家媒体签约，有的则跟若干家同时签约。媒体通过选聘签约主持人以弥补在编人员的不足。

（4）方言主持人。目前我国许多省市的广播电视节目都有方言内容，其中以川渝、苏杭、东北地区为多。这些栏目地域特色明显，个性化特征突出，贴近百姓生活，在当地有着较高的收听/视率。乡音是联络乡亲、乡情的有机纽带，它可以自然地拉进传受距离。方言活跃的地区大多经济发达、人文厚重、生活富足，那里生活的人有相当一部分以说方言为荣，方言节目可以轻而易举地赢得地域性市场。另外，方言是地域文化的载体和有机部分，方言节目可以保护和传承地方文化。

（5）另类主持人。这类主持人是相对于以正襟端坐、大方持重仪态出镜的主持人而言的，他们因与传统观念中的主持人形象定位不相吻合而得名。这些主持人又可分为四种类型：扮相另类、举止另类、语言另类、解读另类。另类主持人拥有与绝大多数主持人不同的外形特征和语言特征，由于这种形式上的非主流，使之一出现就容易以其独特性而吸引"眼球"。但是，这种外在的吸引决不是另类主持赖以生存的全部基础，因为外在的形式只能作用于一时而不能持久。当代社会，人们对主持人的角色期待已经超越表现方式，而进入能否进行深层交流的欲望层面。

2. 节目主持人分类的意义

（1）有利于建立完整的主持人学科体系。节目主持人的主持行为，是一个流动的、递进的思维过程与人际交往的过程。不同类型的节目对主持人有着不同的要求，分类研究这些特征，能促进主持人学科理论的深入发展。在吸收相关学科经典的基础上，建立以某一传播样式为专门对象的模式节目主持人学，如广播节目主持人、电视节目主持人；或者以主持的不同环节为研究对象的节目主持人学、节目主持人采访学；还有以不同节目类型建立不同的研究方向，如新闻节目主持人学、综艺节目主持人学、谈话节目主持人学，等等。分类研究的结果，就是促进主持人这一学科向更丰富、更专业的方向发展。分类研究从各个角度、层面出发，创造性地吸收其他学科的研究方法和成果，将其整合为主持人学科所用，可以开拓节目主持人研究的领域，建立以主持人为中心的其他学科，如节目主持人心理学、节目主持人美学等。不分类或者对于分类不够重视会造成理论的滞后，并影响实践活动的发展。

（2）有利于提升节目主持人自身的实践能力。不同的节目对主持人素质的要求是不同的。新闻类节目主持人要求具备较高的新闻素养、较强的新闻敏感，能准确地把握新闻价值，抓取合适的新闻角度。由于新闻起着"旗帜"的作用，所以主持人也往往是大众传媒的"旗帜"。在国外，新闻节目主持人往往是由资深记者、新闻评论员担任。沃尔特·克朗凯特在他的《记者生涯》一书中这样说道："在我担任哥伦比亚广播公司电视节目主持人的绝大部分时间里，我还每天做个五分钟的评论。……弗兰德利当上公司新闻主席后，他建议我在每晚的'晚间新闻'节目结尾时也做个相似的评论。"谈话类节目由于内容涉及方方面面，话题有很多种类，并且谈话对象也是各种类型的人，所以这种节目要求主持人要有丰富的知识，并且要善解人意。除了节目的不同对主持人有不同的要求外，主持人自身的特点促使其不得不选择与自身风格相近的节目。有的人有严谨的思维和缜密的逻辑，就适合做新闻评论类节目；有的人热情奔放，并且容易感染人，就适合做娱乐节目。除了天赋之外，主持人还需要后天刻苦钻研，孜孜不倦地努力才有可能把节目做出品牌、做出影响。对节目主持的分类，一是可以帮助主持人迅速找准角色，促进其向明确的方向努力，减少盲目性带来的损耗。二是有助于节目主持人风格的形成。三是可以对主持人进行有效的管理，促进主持人机制的健康发展。

第三节　新闻节目主持人素养

当今社会，听广播、看电视已成为人们日常生活中不可缺少的部分。人们也不再满足于只作为一个受众简单接受，他们对节目的质量提出了越来越多的要求。对于一个节目的代言人、主持人而言，如何让受众爱看、爱听自己的节目，需要努力提升自己的素养，从专业素质与个人魅力上吸引受众。对于新闻节目主持人来说，素养尤其重要。

一、新闻专业素质

新闻节目主持人可以来自各行各业，但是进入主持这一行业之后，就要具备这一专业的基本的能力，采、写、编、评、播等新闻业务素养要特别优秀。

采访与写作是一个新闻节目主持人的基本功，对于一个真正意义上的能将采、写、编、评、播融于一体的主持人来说，采访是他的看家本领，是基础因素。在采访前主持人必须提前分析好选题，确立准确的采访要点，拟订采访提纲。采访过程当中交流方式要平等，不管被采访者是什么年龄、什么社会身份，主持人必须懂得尊重对方，不卑不亢，将重点定在与被采访者真诚的沟通与交流当中。

编辑是指一个新闻节目主持人做出的、贯穿于整个节目的、良好的节目内容策划与构思。这个过程必须是具体的、细致的、认真的。一个良好的新闻节目策划与编辑是主持人节目获得成功的重要因素。只有参与编辑过程，主持人才能深刻体会这一节目的重点，避免"播"新闻节目。

新闻节目主持人在镜头面前要自信，但自信并不是凭空而来的，而是来自于充分的准备。主持人要充分了解栏目设置的目的与背景，栏目的内容、形式等各方面。主持人要有明确的对象感，尤其是广播新闻节目，主持人看不到受众，这时候就要求主持人要设想自己正在面对受众，且心中要装有受众。主持人在语言上应随时保持积极的态度和新鲜的感情，注意用词，从而与观众相互呼应。而在电视栏目中，主持人除了语言上要丰富积极，目光也要注意多交流，均匀交流，这样有利于场上人员与主持人之间的呼应，有利于主持人找到对象感。

二、新闻节目主持人的个人修养

在掌握了基本的新闻专业能力后，新闻节目主持人能长久吸引受众的是自身的个人魅力，即自身的修养。

首先，新闻节目主持人要有良好的思想品德素质修养。尤其对于一个时政节目主持人来说应该胸怀坦荡、一身正气。要具有正确的世界观、价值观、是非观和一定高度的思想水平、政策理论水平。广播、电视媒体不仅仅是给人们提供信息的、最迅速的平台，也是引导社会舆论最有力的方向盘。另外，新闻节目主持人还要有强烈的事业心和高度的敬业精神。要具有比较敏锐的政治洞察力，能够理解党和国家的大政方针和工作重心，坚持正确的舆论导向，真实地传播新闻信息，准确地把握事态发展，给人民以鼓舞和信心。

其次，新闻主持人要有良好的学识修养。落实到实际当中就是：第一，新闻节目主持人要不断学习知识，丰富内涵，提高理论修养，加强主持人应有的功力训练，并且在理念层面上有所追求与探索。第二，当新闻主持人有了一门专业特长的时候，还要根据自己的栏目特点、知识结构状况和兴趣爱好，拓展自己的知识构架，从而达到一专多长，厚积薄发。因为一个优秀的新闻栏目，它在内容上和形式上都有可能是丰富多彩的。新闻主持人如果想要随时应对各种突发情况，必须了解各个方面的常识。

最后，新闻主持人要有自己鲜明的个性特征。新闻节目主持人在表现事实、进行正确引导舆论的同时，要在栏目中体现出自身的个性魅力，使栏目形成一种风格。新的主持人没有必要模仿老一辈的优秀主持人，要有自己的创新内容。但是，新闻主持人要善于把握分寸，避免空泛地表现"自我"。既要保持个体与新闻节目整体效应相适合的固定形象，又要善于在不变中求变化，时时给听众、观众一种新鲜感。不然，新闻主持人会显得肤浅、幼稚。

三、新闻节目主持人的基本能力

首先，新闻主持人要拥有自身稳定健康的心理素质。新闻主持人在话筒与摄像机镜头前，无时无刻不在准备着承受现场瞬息万变的种种"不测"。面对尴尬的场面、意外事件，新闻主持人要及时作出相应的对策，善于用巧妙的辞令"圆场"，遮掩"纰漏"。比如，在主持新闻节目时可能会出现突然断电、邀请的重要人物未到、嘉宾讲话出现小的失误等情况，新闻主持人要及时想出应对方法，这都需要有良好的心理素质和应变能力。

其次，新闻主持人要具有协调能力。新闻主持人要善于与创作集体的每一个工作者和谐相处，能够积极主动协调各方面的关系，共同合作搞好新闻传播工作。

再次，新闻主持人要具有较好的语言表达能力。新闻主持人语言要亲切、自然、口语化，并且要以"情"为先导，与受众面对面，坦率、质朴、直接、平等地与受众沟通、交流。

最后，新闻主持人要根据自己的音质和语言习惯形成自身的语言风格和节目主持风格，拥有自己的受众群。

第四节　节目主持人的未来发展

改革开放近30年以来，节目主持人经历了一个从"职业人时代"到"名人时代"的发展过程。在未来的日子里，广播电视节目主持人将进入一个"能人时代"，在以下方面得到发展与进步。

第一，节目主持人的形象立体化。形象立体化并不是指主持人的相貌特征，而是指在不同类型的广播电视节目中能够引起人的思想和感情活动的事物的具体形态。它包括主持人的声音形象、外表形象、智慧形象和人格形象等。节目主持人必须扮演好三种角色：一是不可替代的个人角色；二是体现媒介的特质；三是完成媒介赋予的角色任务的媒介角色，按照社会需要与期待所塑造的社会角色。这三种角色不是孤立存在的，而是相互联系的，共同构成主持人立体的形象。

第二，节目主持人的品牌价值。我国媒体已经由广告竞争、发行竞争、新闻竞争、人才竞争发展到了品牌竞争阶段，具有品牌价值的优秀主持人是媒体最鲜活、最具个性的品牌，不但对受众具有广泛的号召力，而且对受众的忠诚度具有重要的影响。努力提高广播电视主持人的品牌价值，实际就是在提高这一媒体本身的品牌价值。这也是为什么现在的电台电视台都在打造"明星主持"的原因。

第三，节目主持人的民族化。在全球化的发展格局中，广播电视节目能给人留下深刻印象的，除了具有思想内涵的话语外，还应该在多元文化中显示自己的民族特色，吸收世界多元文化，丰富发展中华民族文化。主持人未来的努力方向应该是更加坚持民族化、地方化、特色化，成为世界多元文化中的一员。主持人要努力体现最传统、最本土的中华文化，以表现自我、表现中华民族、表现时代和未来。

第四，做学者型、专家型节目主持人。广播电视节目未来将会朝着更细致的专业化发展，每个频道都有自己特定的内容范围，每个节目也将会有特定的受众。那么，主持人同样需要与时俱进，学者型、专家型主持人将是未来发展的方向。未来的主持人首先必须是某一个方面的学者或专家，以适应节目的需要。主持人的声誉与权威性，同受众对传播的信任感成正比。权威的主持人是节目的代表者、代言人，更是节目的灵魂和化身。

具有亲和力、感召力的节目主持人的出现，是一个广播电视栏目、一个传媒甚至是一个社会成熟和进步的标志。中国广播电视节目主持人任重而道远。

第十一章 广播新闻受众

"鱼骨天线"的故事

20世纪80年代以后，经济状况稍稍好转，广东沿海地区的不少家庭开始有了黑白电视。可有了电视却没有可看的节目，内地电视台节目频道少，信号不稳定，而且播出时间太短。很快，不知谁发现了一个好看处，那就是香港电视节目，只需要将一根带有放大器的鱼骨架形天线用竹竿伸进天空，就可以直接收看。

一时间，家家户户效仿，很快就普及到了整个珠江三角洲，连广州市的高高矮矮的楼顶上也发豆芽般地长出了密密麻麻的鱼骨天线，像向日葵一样仰望东南方向。当时正值全国舆论开始猛烈围攻广东的时候，"鱼骨天线"事件正是火上浇油，再次引爆了海潮般的谴责声，广东更成了众矢之的。迫于压力，广东省委、省政府紧急制定措施，严禁收看香港电视节目，甚至动用消防车逐村逐户强行拆除。

1983年5月，广东省委第一书记任仲夷到省委宣传部召集宣传文化系统负责人开会，在讲话中，他第一次提出了那个著名的观点："排污不排外。"自觉排污是必要的、明智的，但决不能因噎废食，笼统地反对一切外来思想文化，盲目排外是错误的、愚蠢的。排污要分清界限，要排真正的污，对资本主义国家先进的科学技术和优秀的文化成果，我们不仅不能排斥还应当积极地吸收借鉴。在整篇讲话里，对于拆除鱼骨天线和干扰香港电视频道，他只字未提。

就在此后不久，中共中央总书记胡耀邦来到广州，住进了珠岛宾馆。按照惯例，服务员把他房间电视的香港频道全部锁闭了。任仲夷发现后马上吩咐把所有的电视频道全部打印出来，放在电视机旁边，以方便客人选择收看。连续几天，胡耀邦始终没有提什么意见。从此之后，香港电视在任仲夷的任期内再也没有受到强行干扰，鱼骨天线也成了南粤大地一道独特的风景，在悄悄地却是猛烈地发酵着传统的岭南意识……

社会存在决定社会意识，受众需要决定受众选择。广东沿海地区受众架设"鱼骨天线"，收看香港电视节目，在于当时的香港电视节目满足了他们的精神需要和文化需要。要使广播电视节目喜闻乐见、卓有成效，研究受众的需求，了解受众随时代发展而产生的一些变化，对办好节目是十分必要的。

第一节　受众需要与受众心理

一、受众需要

需要是人的机体由于缺乏某种生理或心理因素，而产生的与周围环境的一种不平衡状态。它是人们由于自身的生存和发展而产生的一种对内部环境和外部环境要求获得补偿的主观感受，反映着人们对外部环境的一种客观的依赖关系。在人们心理活动的大系统中，它居于核心地位，它的变化制约着各种心理活动的发生、发展，是心理活动和行为活动内在的原驱动力。

人的需要不是凭空产生的，它是客观存在的反映，受客观环境的制约。人们为了能够创造历史，必须能够生活，因此第一个历史活动就是生产满足这些需要的资料，这些资料既包括物质的，同时也包括精神的。正确认识和满足人的需要是社会发展进步和管理现代化的要求。

关于人的需要理论有许多人进行过研究，最著名的是美国心理学家马斯洛（A. H. Maslow）于1943年在《人的动机理论》一文中提出的"需要层次论"。马斯洛认为人有五种基本需要：生理需要、安全需要、爱的需要、尊重的需要、自我实现的需要。马斯洛的理论来自于临床经验和实验的结果，当时他并不认为他的结论已十分完备。1954年他在《激励与个性》一书中又补充了两个需要层次，即在"尊重的需要"之后，增加了"求知的需要"和"求美的需要"。美国著名的行为科学家、心理学家麦格雷戈（D. McGregor）1960年在其名著《企业的人事方面》中对"需要层次论"作了进一步的发挥，但基本观点一致，可以看做是对马斯洛理论的补充。麦氏提出的需要层次是：生理需要、安全需要、社会需要、自我需要。①

华中科技大学新闻与信息传播学院教授赵振宇在《奖励的科学与艺术》一

① 参见冬青：《行为科学概论》，中国经济出版社1987年版，第62页。

书中，对人的需要提出了新的层次划分方法。赵振宇认为，人们生活在纷繁复杂的社会生活之中，不仅具有自然属性和社会属性，而且，由于人的社会本质使人脑的自然属性具有独特的意识机能，这就使人有了其他任何动物都不具有的思维属性。与这三个属性相对应，也形成了人的生理需要、社会需要和精神需要三个层次，以及在这三大层次下所形成的无数小阶梯。①

由于先天条件的影响，加之人们性别、年龄、职业、经历的不同，特别是在接受外部环境刺激的不同条件下，人们主观的不同反映形成了各自的需要模型。

根据三类需要在人的需要结构中所占比例的大小，可以确定一个人成熟水平的高低。因此，人的需要可以具有以下几个特性：

（1）人的需要具有客观社会性。人们只有在创造财富的生产劳动中，才能提出自己的需要和满足自己的需要。在我国社会主义条件下，人们的劳动既是自食其力和致富的手段，又是施展、发挥个人创造才能的场所，同时也是为社会、为人民服务的具体行动。人们的一切需要必须以社会的尺度去衡量，同时必须受到客观社会各方面发展的限制。

（2）人的需要具有层次性。一般来说，随着人们的生长、成熟，社会的不断发展进步，人的需要层次在不断提高。但是，人的需要不是由低向高简单地机械上升，而是一个高低层次的集合体。在不同时间、空间、内外部环境的作用下，人的需要层次结构是不断发展变化的。

（3）人的需要具有时期性，即需要有短期和长期、当前和将来之别。满足人们眼前和局部的需要，人们才会对长远和将来的需要充满希望和信心；同时，只有帮助人们认识长远、将来需要的意义，才有可能克制甚至牺牲某些眼前、局部的需要。懂得这个道理，有志者才能干出一番大事业。

（4）人的需要具有相对性，即人们对某一层次的需要是相对的，是当时最紧迫的。当前一种主要需要满足后，后一种次要需要又会上升为主要需要，随着时间的推移，当时满足了的需要又会成为新的突出的需要摆在首要位置上；现实的需要满足了，潜在的需要又会转化为现实的需要。

（5）人的需要具有个体和整体的统一性。个体离开了整体不能存在，同样，整体没有了个体也无所谓整体。在社会实践中，要注意满足个体需要，否则，满足整体需要就是一句空话；同时也要个体明白，只有整体需要满足了，个体需要才可能满足。要不断调适个体与整体需要的矛盾，任何片面强调一方、牺牲一方的做法都是不妥当的。

（6）人的需要具有满足方式的多样性。在人们获取生理需要、社会需要、

---

① 参见赵振宇：《奖励的科学与艺术》，科学普及出版社 1989 年版，第 51 页。

精神需要的过程中，有的是一次性需要，有的则是连续性甚至是终身需要；有的是稳固的规律性需要，有的则是不稳固的弹性需要；有的是直接需要，有的则是间接需要。

除此以外，人的需要还有合理性需要和不合理性需要、可能性需要和不可能性需要等特征。①

二、受众心理特点

以一定的观点和思想对受众的意识和行为产生影响，并力图说服他们想到策划者的意图转变或行动，这是一项十分复杂的活动，其中包括受众的心理活动。要实现传者与受者的相互沟通或一致，必须先研究和掌握受众作为广播新闻传播的接受对象所表现出来的心理特点。

（1）从众心理。这是人作为社会的个体最易表现、最常表现的心理特征。从众心理反映的是个体在群体中常常会不知不觉地受到群体的压力，而在知觉、判断、信仰以及行为上，表现出与群体中多数人一致的现象。这种心理表现在接受新闻信息方面，一般会认为被大多数人认可的信息便是可靠的。当然，这种引导别人跟随的"众"的言行对大多数人而言，都起着先入为主的引导功能。如在一些典型宣传中，有时选用大量列举群众意见的方法，目的就在于达到一种"众人都说好，我就相信它"的效果；有时也更多地听到、看到一些专家、学者、知名人士（包括演员、运动员等）的画面和语言，目的在于通过权威形象的特殊效应，引导受众从众心理的形成。受众的这种心理特点反映在新闻报道中，就表现为不管是正确的或错误的观点，只要有人传达和实践着这些观点就会"引导"受众跟随。

（2）求异心理。追新求异是人的心理本能，人们收听广播、观看电视就是要从中了解以往不知的新奇内容。所谓"奇"，就是事物的异常性。"奇"有程度的不同，广播内容的趣味性也不同。这种新奇，有的是与人们距离相近但过去从未公开的内容，有的是与人们距离遥远过去未曾接触过的内容，有的则是以往司空见惯但从未换个角度去认识的内容，有的则只是变换了包装和传播的手段，如此等等。有了网络媒体之后，无数的人一下子被深深地吸引了，其中的原因之一是它以最快的速度向人们提供了大量的过去不曾传播的新内容，满足了人们对新奇事物了解的欲求。人们总是对没有接触过、尚未认识的事物表现出好奇的兴趣。新的传播形式刚出现时，总能赢得大量的受众。一旦这种形式变得司空见

---

① 参见赵振宇：《现代新闻评论》，武汉大学出版社 2005 年版，第 114、118 页。

惯，受众便会毫不犹豫地予以抛弃。这就迫使新闻传播人不断创新，包括内容和表现形式的创新。

（3）爱美心理。受众都有一定的审美意识，不管是自觉的，还是不自觉的；是明晰的，还是朦胧的。从新闻到文艺，美的四种主要形态：优美、壮美、悲剧美、喜剧美。就是知识性节目和广告等服务性节目，也能在不同程度上使受众得到某种满足，从而感到愉悦。而且，不论是哪一类广播节目，那些新鲜活泼的宣传形式，乃至生动亲切的语言表达，都能给受众以美的享受。更何况受众听广播看电视既是一种实用性的行为，也是一种精神性的行为，就是说，还是一种情感活动。广播电视的美感因素能给受众以美的享受，而受众也程度不同地表现出爱美的心理。

（4）求善求乐心理。"人之初，性本善"，"恻隐之心，人皆有之"，讲的就是这个道理。人生的本质还在于追求快乐，无论是给予、奉献还是接受、索取，都是为了获得一种愉悦。记者采访和传播新闻的过程充满了乐趣，受众接受新闻也希望获得乐趣。为了满足人们的求乐心理，除了报道内容的编制、播放要讲究趣味性外，报道者自身的形象、语言、表情、手势、姿态等均应注意美的韵律。以电视的视频符号为例，反映突出公共事件的场景就特别引人注意。广播的优势在于先声压人，随身听，移动收听；电视的好处在于有声、影结合。

（5）逆反心理。逆反心理是指人们与传播者的思想和行为反向而动的一种心理倾向，它常常表现对传播内容持怀疑抵制的态度和倾向。在新闻传播中经常可以发现这种情况，人们对某种社会现象十分反感，而广播电视上却说在这方面取得了很大成绩，你越说人们就越不相信了。还有，某些人或某些事由于某种原因在受众中产生不好印象，于是，当这些人或事出现，受众就对其产生反感，哪怕你说的正确他也不愿接受。受众的逆反心理一旦形成，便会殃及其他，媒体的公信度便大打折扣。逆反心理产生的原因是多方面的，但主要还是由传播者本身及传播内容和方式的失当引起的。如媒体虚假新闻，当人们了解真相后会因受蒙骗而愤怒而产生逆反心理，从而对所倾慕的新闻人物产生厌恶感。

（6）权威心理。权威心理是受众心理的一个特点。受众对权威有一种特殊的信任感，就如病人去医院看病愿找名医一样。新闻的权威来源、权威人士身上发生的新闻事件、著名记者的报道、著名评论员的评论、专家学者传播的知识发表的见解、著名广播主持人播的节目，都是唤起受众兴趣、取得受众信任的重要因素。

第二节　受众的社会地位及态度变化

信息传播的对象是广大受众，但是，受众在社会上的地位往往影响他们对一种观点和思想的取舍。我国改革开放 30 多年来发生了翻天覆地的变化，信息传播的对象不再仅是以往的工、农、商、学、兵了，已经出现了许多以前不曾出现的阶层和职业。就是原来的职业随着时代的发展也发生了许许多多的变化。研究和掌握这些发展及变化，对于新闻传播工作者来说都是大有益处的。

一、新的社会阶层

中国社会科学院社会学所于 1999 年成立"当代中国社会结构变迁研究"课题组。经过 3 年的努力，在全国 12 个省、市、自治区，72 个市、县、区进行了6000 份问卷调查，由课题组成员会同这 12 个省、市、自治区的学者，于 2002年完成了《中国当代社会阶层研究报告》。该研究报告以职业分类为基础，以组织资源、经济资源和文化资源的占有状况为标准来划分社会阶层。组织资源包括行政组织资源与政治组织资源，主要指依据国家政权组织和党组织系统而拥有的支配社会资源（包括人和物）的能力；经济资源主要是指对生产资料的所有权、使用权和经营权；文化（技术）资源是指社会（通过证书或资格认定）所认可的知识和技能的拥有。在当代中国社会中，这三种资源的拥有状况决定着各社会群体在阶层结构中的位置以及个人的综合社会经济地位。

根据这种分层原则，该研究报告勾画了当代中国社会阶层结构的基本形态，它由十个社会阶层和五大社会经济等级组成。这十个社会阶层是：国家与社会管理者阶层（拥有组织资源）、经理人员阶层（拥有文化资源或组织资源）、私营企业主阶层（拥有经济资源）、专业技术人员阶层（拥有文化资源）、办事人员阶层（拥有少量文化资源或组织资源）、个体工商户阶层（拥有少量经济资源）、商业服务业员工阶层（拥有很少量的三种资源）、产业工人阶层（拥有很少量的三种资源）、农业劳动者阶层（拥有很少量的三种资源）和城乡无业、失业、半失业者阶层（基本没有三种资源）。

各社会阶层及地位等级群体的高低等级排列，是依据其对三种资源的拥有量和其所拥有的资源的重要程度来决定的。在这三种资源中，组织资源是最具有决定性意义的资源，因为执政党和政府组织控制着整个社会中最重要的和最大量的资源；经济资源自 20 世纪 80 年代以来变得越来越重要，但它在当代中国社会中的作用并不像在资本主义社会那么至关重要，相反，现有的社会制度和意识形态都在抑制其影响力的增长；文化（技术）资源的重要性则在近十年来上升很快，它对人们的社会阶层位置的重要性并不亚于经济资源。

研究报告列出的五大社会经济等级是：

社会上层：高层领导干部、大企业经理人员、高级专业人员及大私营企业主；

中上层：中低层领导干部、大企业中层管理人员、中级专业技术人员及中等企业主；

中中层：初级专业技术人员、小企业主、办事人员、个体工商户、中高级技工、农业经营大户；

中下层：个体劳动者、一般商业服务人员、工人、农民；

底层：生活处于贫困状态并缺乏就业保障的工人、农民和无业、失业、半失业者。

研究表明，不同地方的社会经济等级结构是不同的。如深圳和合肥的社会经济等级结构是中部较为宽大的类似橄榄型，而湖北汉川和贵州镇宁则是明显的顶尖底宽的金字塔型。深圳的社会经济等级结构最类似橄榄型，中中层所占比例最大，接近半数的人处于中中层，但同时其结构的下半部分仍然明显比上半部分大，中下层所占比例比中上层高出 13 个百分点。合肥的社会经济等级结构则处于从金字塔型向橄榄型的过渡中，所占比例最大的还是中下层，但中中层所占比例正在接近中下层，中上层的比例则相对较小。城乡合一的城市与县的社会经济等级结构有极大差异。在汉川和镇宁，80%～90% 的人处于中下层，中中层和中上层所占比例还很小。

该研究报告还指出，各社会阶层已经出现了社会经济特征和地位的变化。这些特征和地位的变化是：第一，与职业和技术相关的经济分层形态开始出现。第二，各阶层的社会地位与经济地位出现一致化倾向。第三，主观等级地位认同与客观社会经济地位分化之间有距离。第四，各阶层的政治地位有所变化，主要表现为私营企业主中的党员比例明显上升，产业工人中的党团员比例明显下降，专业技术人员阶层的政治地位在提高，等等。

社会是在不断发展变化的，社会阶层也会出现新的走势、产生新的矛盾。武汉市社会科学院曾对武汉市的各阶层情况作过调查，发现在 2000 年武汉市 417.8 万的劳动力人口中，处于上层的占 1%，处于中上层的占 18%，处于中中层的占 21.7%，处于中下层的占 44.2%，处于底层的占 15.5%。这种分布已经改变了延续中国社会几千年的"金字塔型"的历史形态，但又未形成理想的"橄榄型"形态。从目前的研究中可以发现社会各阶层流动走势：农业劳动者阶层正在逐步缩小；蓝领工人和白领工人将同步增长；社会中间层在不断壮大；新兴阶层作用重大；新兴的城市贫困群体存在。由此，社会矛盾出现了新特点，这就是工农、城乡二元结构性矛盾、干群矛盾、贫富之间的矛盾、不同行业收入差距的矛盾、统一阶层内部的矛盾，等等。① 从目前的研究中可以发现社会各阶层的流动趋势：农业劳动者阶层正在逐步缩小；蓝领工人和白领工人将同步增长；社会中间层在不断壮大；新兴阶层作用重大，新兴的城市贫困群众存在。

二、不同社会阶层受众态度的差异

不同的职业阶层对生活的满意度也有不同的差异，通过调查，在总的生活满意度方面，随着职业地位的下降，人们的生活满意度均值也逐渐下降。在各个具体领域，各职业阶层的满意度在遵循总的生活满意度变化规律的同时，也体现出一些不同的特征，职业地位最高的公务员和专业技术人员在某些方面的满意度并不是最高的。高收入阶层在某些方面（如婚姻、健康）的满意度呈下降趋势，客观生活质量高但主观满意度并不高，出现了"生活质量悖论"现象。②

在急剧变革的社会条件下，社会生活发展中面临的问题是多方面的，受众关注的热点问题也是具体的。据武汉市社会学会和中南社会调查研究所完成的一项调查，武汉市民关注的热点问题达 32 项，根据选项率高低位于前 10 位的是：惩治腐败（95.3%）、实现祖国统一大业（86.50%）、保护环境（83.80%）、社会治安（82.60%）、医疗保障（79.70%）、法制建设（77.00%）、收入保障（75.70%）、劳动就业（73.00%）、教育改革（70.30%）、发展经济（69.10%）。市民们所关心的，既有与自身利益密切相关的实事，也有关系到城市发展全局和国家前途命运的大事，从一个侧面反映了市民对于城市发展的参与意识和责任意识。

如果说整个市民对于城市发展、国家前途的关注程度在增强的话，那么年轻一代特别是年轻一代中的大学生对于国事、天下事和人类的未来则更是充满热情。据湖北省教育厅进行的对武汉地区近 2000 名大学生所作的调查分析，大多数大学生对我国的政治局势和经济态势看好：90.5% 的大学生认为，近一年来我国的政治局势非常稳定或比较稳定；绝大多数学生认为，未来 5 年和 10 年，我国的政治局势将会非常稳定或比较稳定；91.9% 的学生认为，"21 世纪将是多极化的，中国是重要的一极"。有的学生发表自己的看法："中国将成为新世纪的政治经济文化中心。"这充分表达了年轻一代对国家前途和人类命运的极大信

---

① 参见陆学艺：《当代中国社会阶层报告》，社会科学文献出版社 2002 年版，第 8、26 页。

② 参见刘崇顺：《2003 年武汉社会形势分析与预测》，武汉出版社 2003 年版，第 50、70 页。

心。另据新华社播发的包括武汉市在内的 15 个城市青少年对祖国未来的展望的一组调查统计数据显示：对于 2010 年的中国，有 71% 的青少年认为"经济实力将大大增强"；55% 的青少年认为"妇女的社会地位比现在更高"；64.2% 的青少年认为"城市空气污染比现在严重"；69% 的青少年认为"就业压力会比现在大"，说明年轻一代在对未来充满信心的同时，对于面临的挑战也有着足够的心理准备。

三、时代进步导致观念变化

时代的发展、社会的进步，不仅使人们的物质生活发生了根本变化，而且相应地也使人们的思想观念包括心理发生了很大变化。这些变化表现在：

1. 从保守趋向开放

以往，传播者担心受众对新观念、新信息的接受力有限，对国外的新潮思维、对国内外灾难等重大突发事件的及时传播总担心会刺伤受众脆弱的神经，引发社会的不稳定。如今这种顾虑完全可以打消。传播者面对思想已十分活跃，对来自各方的各类信息具备较大的包容性，能做到兼收并蓄，对传播信息能保持宽容态度的较为成熟的受众，这就要求新闻传播者及时全面地传播各类新信息，满足受众日益增长的信息需要。

2. 从盲从趋向自主

市场经济是一种自主经济，市场经济中的现代受众不再对来自上层的指令盲目服从，自主意识明显增强。他们对新闻报道的东西不再像以往那样全盘接受，盲目信服。他们有着强烈的自主意识，知识面拓宽，敢于对新闻媒介发出的信息问一个为什么，哪怕是权威的意见，他们也敢与之商榷。人们思考问题也不再只从一个方面出发，而是从多方面入手，对传播信息进行全方位的思考和辩证分析，从而得出较为科学、正确的结论。

3. 从肯定趋向否定

肯定与否定这两种对事物的态度本身就表明了受众的价值取向，这两种不同的价值取向却并不意味着相应的对或错。面对当今世界突飞猛进的发展，面对全球一体化的新现实，人们已不再满足于纵向比较，转而进行横向比较，看看自己的生存状态与同时代的其他地区、国家的人们相比处于怎样的位置。横向比较使人们特别是青年人不再津津乐道于取得的成绩，喜欢在肯定成绩的同时找差距，从而提出建设性的赶超先进水平的良好愿望和意见。如此看来，否定意味着肯定，其中蕴含着更深意义上的肯定。人们价值观念的多元化已经在社会的方方面面表现出来。

2003 年 6 月 20 日，由新浪网与国内 17 家强势媒体共同推出的"20 世纪文化偶像"大型公众调查揭晓，评出"20世纪十大文化偶像"。他们是：鲁迅（57259票）、金庸（42462票）、钱钟书（30912票）、巴金（25337票）、老舍（25220票）、钱学森（24126票）、张国荣（23371票）、雷锋（23138票）、梅兰芳（22492票）、王菲（17915票）。这一评选活动引起了文化界和学术界的强烈反应，有学者说：对鲁迅这些历史化的经典文化名人，人们投去的是尊重；而对后来的王菲、赵薇之类的明星们，怎么去尊重呢？另有学者说：雷锋这个毛泽东时代树立的革命英雄，居然在20世纪80年代启蒙文化与20世纪90年代大众消费文化的双重"围攻"下依然大难不死，其得票率直追比世界上许多总统还要出名的张国荣，如果人们不对雷锋的入选感到惊讶（或者欣慰），反而对张国荣、王菲指手画脚，那可真是邪门了！还有专家从偶像的评选层面上进行了分析：这次评选的十大文化偶像，至少体现了四个文化层面：一是主导文化层面，如钱学森和雷锋；二是高雅文化层面，如鲁迅、钱钟书、巴金、老舍；三是大众文化层面，如金庸、张国荣、王菲；四是民间文化层面，如梅兰芳（他也可以归于高雅文化层面）。如此看来，对文化偶像的评选予以认真的关注，是必要的，它有助于我们看到大众文化与其他层面文化之间复杂的互动景观。还有的教授指出：文化偶像是从不同的立场、不同的角度、不同的语境不停地解说、膜拜、教化、灌输、宣传、炒作、复制、阐释的结果。有多少人真正理解鲁迅？理解雷锋？评选结果反映了当今时代人们的精神裂变、观念转移的过程，传统、现代与后代的交错，也充分证明了我们这个转型过程中的文化无意识、社会无意识与政治无意识，等等。① 这就是我们的时代，这就是我们时代人们价值观念的多元化。

第三节　广播受众构成的特点

受众这个概念有整体和个体之别，我们研究广播受众的构成，是以个体为基础、以整体为对象的，其构成由于研究的出发点不同而各具特点。

一、稳固受众和非稳固受众

广播受众有的是长期不间断或少间断地听广播，有的是有时或偶尔听广播，这样，广播的受众就出现了稳固和非稳固的区别。

稳固的受众有哪些特征呢？其一，收听广播具有经常性。稳固受众指的是在比较长的时期内不间断或少间断地听广播的那一部分受众。这又有三种情况，一

---

① 参见赵振宇：《现代新闻评论》，武汉大学出版社2005年版，第126、129页。

是长期听广播，但对某一电台并没有固定的指向；二是长期听某一电台的广播；三是长期听某一电台的某一个或某一些节目。其二，受众有比较稳固的需要指向。这部分受众的需要指向首先是指向广播这样一个传播媒介。就是说，这部分受众所依赖的传播媒介就是电视或同时也有广播。只有受众对广播的依赖程度相对较高，才能成为广播稳固的受众。这部分受众的需要指向还表现在其兴趣是指向某一频道或某一节目。若受众需要从几个电台中选择他所喜爱的节目，他就不会固定地收听某一个电台。比如有的受众喜好文艺节目，他就会从中央台和几个地方台中选择他所喜欢的节目。受众听广播时经常出现选台的现象就是这种情况。有的受众喜欢收听某一电台的节目，因为他的需要基本可以从这个电台的传播中得到满足，对某一个或某一些节目的需要指向也是这样。

非稳固受众有什么特征呢？其一，对广播这个传播媒介的需求指向不稳固。这部分受众对传播媒介的依赖主要是电视、报纸或广播，对广播的依赖只处于较次要的地位。因此，这部分受众听广播就有一定的偶然性。其二，受众的流动性。一部分流动的受众也是广播的非稳固受众。有的流动性受众一时是这个电台的受众，一时又是那个电台的受众；有的流动性受众一时是电台的受众，一时又不是电台的受众。

广播的对象主要是稳固受众。稳固受众是一个电台的社会基础。这部分受众的需要对广播传播从宏观到微观都起着至关重要的影响作用，甚至是决定作用。稳固受众还是一个电台的主要服务对象。没有稳固的受众，广播传播则无所适从。

广播传播还要适当顾及非稳固受众。这部分受众既然是广播受众的一部分，那么，电台就应该为这部分受众服务。同时，这部分受众中的一部分人在广播传播的优质服务面前，还可能转化为稳固受众。这是广播与其他传播媒介竞争的重要对象。

二、对象群和对象层

广播受众可分为不同的对象群。分对象群是一种横的分法，它把受众按其需要分成若干群体，可按信仰也就是政治态度划分，按职业划分，按年龄划分，等等。一定的对象群的受众有大致相同的需要指向。比如说解放军，他们除了需要了解党的方针政策和国内外大事以外，还需要了解部队建设的情况和他们自己的生活。这些需要指向对解放军这个对象群来说是一致的。对于其他受众群来说，除了一部分共同的需要指向外，还有许多是不同的。各个对象群的不同的需要指向是一定的对象群的特点，也是广播传播为一定的对象群服务的依据。

广播的对象群是一个较大的范畴，而不是某一个受众或少数受众。这是因为，广播的对象按各种不同的标志来划分，可以分成若干群；甚至可以分得很细。但是，任何一个国家的任何一个广播电台都无法同时兼顾分得那么细的对象群的需要，为他们提供满意的服务。因此，广播只能在一定的广泛性的基础上划分对象群。

广播传播由于其受众的层次差异，就必然表现出它的层次性。广播传播从整体上说，其层次性就是受众的平均水平，同时，在各种节目中又要顾及不同层次受众的需要。

三、一般受众和特殊受众

广播受众的构成，按其需要的一般性和特殊性，又分为一般受众和特殊受众。

一般受众的需要具有普遍性，特殊受众的需要具有特殊性。一般来说，不论是稳固对象，还是非稳固对象；不论是何种对象群，还是何种对象层，其需要都有一定的广泛性。甚至可以说，某个受众的需要也代表其他受众的需要。所以，我们把有一定广泛性需要的受众称为一般受众。但是，某受众要在广播传播中播放寻人启事，这个需要是不能代表其他受众需要的。也就是说，特殊受众也是客观存在的。只要某个受众产生了特殊的需要，而且又是一种个别的需要，它就可能成为特殊的受众。有的频道中断正常播出，插播关于医院发错了药的紧急启事，广播传播的这个对象不就是特殊受众吗？

研究广播受众构成特点的意义在于：第一，全面认识受众。广播受众需要既有共性又有个性，广播传播为受众服务既要考虑共性的一面，又要考虑个性的一面。只有从共性和个性两个方面研究受众需要，才能真正地、全面地了解和认识受众。第二，需要为受众服务。从广播受众的构成中，我们全面地认识了受众。广播传播可在此基础上，从受众需要的共性和个性两个方面强化自己的适应性，以更好地为受众服务。从共性方面是为了满足最大数量的受众的共同需要；从个性方面是为了分别满足不同对象群、对象层或特殊受众的特殊需要。广播电台制定节目方针，无一不是从这两个方面着力的。

第四节 广播受众的制约因素

广播受众的构成以及其变动受多种因素制约，这些制约因素主要表现在年龄、文化、职业、地域、政治、经济，以传播媒介自身变化的因素等方面。我们有必要对这些制约因素的客观情况及其特点加以分析。

一、年龄制约因素

受众对广播内容的选择，与其年龄有着密切的关系。一般来说，小孩从 3 岁左右便可在家长的引导下听一些广播节目，比如音乐节目、学龄前儿童节目等。10 岁左右的小孩，听广播的兴趣主要是娱乐，他们对音乐、相声很感兴趣。十多岁、二十岁的青少年对广播的兴趣已经不限于娱乐了，他们逐步习惯从广播的新闻节目中了解国内外大事，甚至从广播的信息节目或广告节目中记下他们关心的内容。成年以后，广播与人们的关系就更为紧密了。广播则成了他们消除寂寞的伴侣，其收听目的又逐渐转向娱乐。

在老年或少年人群中，年龄对他们与广播的关系的制约是明显的。这种制约性着重从两个方面体现出来：一是收听目的依年龄不同而呈现出差异；二是对广播的依赖性随受众年龄增长而逐渐加强。

二、地域制约因素

人们的思想观念、风俗习性或者兴趣爱好，往往与地域有着一定的关系。民族心理是地域制约的表现之一。不同的民族有着不同的风俗习惯，甚至许多思想观念都有很大的差异。民族心理的不同不仅给广播传播带来不同的要求，而且对广播传播会产生不同的反应。

出生地和生活地对于受众心理有很大的作用力。受众对自己出生地特别是生活地的信息的关注程度，总是要比对陌生地的信息关注度强得多。

三、文化程度的制约因素

由于文化程度不同，受众的接受能力、鉴赏水平、审美需要以及接受目的都会呈现出差异，这就是所谓文化程度制约。根据文化程度不同，拟将受众分为四个层次：低层次、中层次、高层次、超高层次。

低层次受众一般是初中以下文化水平；中层次受众一般是初、高中文化水平；高层次受众一般是大学以上文化程度；超高层次受众一般指具有很高文化程度而且从事某些研究工作或某些高级工作的受众，比如大学教授、科研所人员和留学人员。

文化程度不同，首先影响的是受众的接受能力。在这四个层次的受众中，文化程度越高，接受能力越强，审美情趣也越高级。一般来说，中层次的受众基本代表了我们民族现阶段的平均文化水平。他们的接受能力和审美需要和高层次受众有一定接近性，对低层次的受众又有一定的提高作用。因此，我们的广播一般以中层次受众为主要对象，兼顾其他层次的受众。

四、职业制约因素

某些职业的受众对广播传播的依赖性相对要弱一些。例如图书管理人员成天与书刊报纸打交道，所需要的新闻信息很多都从书刊之中获得了，他对广播的兴趣就要弱一些。职业对受众的制约还有一定的稳固性，它并不是随机而变的，而是带有强烈的习惯性。

职业制约还表现在受众对广播内容的要求和兴趣方面：农民对农村新闻和农业科技更感兴趣；工人对经济建设更感兴趣；司机对道路建设、市政管理和交通事故方面的信息特别敏感。受众虽然有共同的要求和兴趣，但是"干什么就更关心什么"也是一条普遍的规律。

五、政治因素制约

政治是社会的上层建筑，是人们思想观念的集中体现。政治因素制约首先表现在社会变动性上。物质是运动的，事物是变化的，社会是变动的。从某种意义上说，广播就是社会的这种变动性的"晴雨表"。政治因素制约着传播媒介自身的发展，从另一面也制约了受众。改革开放30年以来，随着思想的解放以及政治的进步，广播新闻、经济信息、知识和文艺节目，更加受到人们的关注。政治的禁锢使广播衰微，政治的改革开放使广播兴旺发达。

六、经济制约因素

社会发展的规律告诉我们，经济越发达，人们对政治越关注，对信息需求越迫切，对知识的要求越广泛，对文化的需求越丰富。

广播受众的心理受经济因素制约：一是受众的思想观念受到社会经济因素的影响。二是受众的思想观念又通过广播和其他媒介反映出来，形成舆论，影响各种经济因素。三是社会各种经济因素必然反映到广播传播中来，在受众心理上引起各种不同的反响。这种反响既是广播传播在受众中的反馈，又对受众心理引起某种制约作用。

七、传播媒介变动因素的制约

大众传播媒介的变化使受众也发生变化。过去，报纸发行有限，大多数受众依赖的传播媒介主要是广播。电视的出现和普及冲击了各种传播媒介，首当其冲的就是广播。特别是在晚上，它和广播对受众都是处在争夺状态。报刊的发展也带来了受众的变化：一方面报刊形成了多层次的格局，新涌现出一大批报刊，它们都拥有自己的一批读者；另一方面，许多报刊发行量扩大，拥有了更多的读者。广播受众变动的基本趋向形成了三个特征：一是受众从独自拥有向共同拥有变动。广播已不再是独自拥有绝大部分受众，而是和电视、报刊和新媒体共有受众。传统媒体和互联网各自拥有一定数量的受众，在一定时期内，电视和新媒体拥有的受众还要多一些。二是受众需要的多元化。社会的不断进步使受众的需要变得复杂得多。受众需要广播满足其日益丰富的社会生活对大众传播媒介提出的需求，且不同受众的具体需要变得更加多样化，更好地满足多层次的受众需要是广播发展的根本问题。三是更需要发挥广播传播优势。广播传播突出优势是先声夺人，收听方便，移动收听。广播要发挥声音传播的特点，增强广播的感染力。①

第五节 满足受众的多方面需要

受众的需求是多方面的，而且还因时、因地、因人、因事而发生各种变化。为了满足受众的多方面需要，提高广播新闻传播效果，在广播新闻采写和编辑策划时，需要掌握一些基本原则。

一、满足受众的知情需要

知情权是美国记者肯特·库珀于 1945 年提出的，8 年后他又出版了《人民的知情权》一书。当初，这一概念是指民众享有通过新闻媒介了解政府工作情况的权利。20 世纪 60 年代以来，知情权从作为保护新闻自由的原则依据被众多学者理解为一种广泛的社会权利和个人权利。

在我国，公民享有知情权是有宪法保障的，而且在实践中也逐渐得到重视。我国宪法第三十五条规定："中华人民共和国公民有言论、出版、结社、游行、示威的自由。"在新闻活动中，宪法规定的这条权利的主要内容包含：第一，公民有权通过新闻媒体获得和传播国内外信息，参与国家政治生活和社会生活；第二，公民有权通过新闻媒体对国家的重大事务、国家工作人员实行监督，尊重和保护新闻记者采访、报道和反映真实情况；第三，公民有权获取知识，参加娱乐，满足文化生活的需要。知情权是公民实现其他民主权利的基础，因为人们先

---

① 参见鲍祖安：《广播受众学简说》，武汉出版社 1988 年版，第 22、30 页。

要知情，才谈得上去行使其他的权利。①

党的十三大报告提出"重大情况让人民知道，重大问题经人民讨论"。党的十七大报告提出"依法实行民主选举、民主决策、民主管理、民主监督，保障人民的知情权、参与权、表达权、监督权"。这个监督权包括对领导干部特别是主要领导干部的监督，对人、财、物管理和使用的监督。要加强组织监督和民主监督，发挥舆论监督的作用。

在当今世界，知情权已经成为一项基本人权，正如《世界人权宣言》所说：人人有权享有通过任何媒介寻求、接受和传递消息和思想的自由。公民的知情权包括两个方面的内容：一是对发生事实的知晓。这些事实包括发生在自己身边或以外的重大事件、突发事件、离奇事件、趣味事件等一切受众所关心的事件。只要有可能，新闻媒介都要尽力予以报道，让受众更快更多地知晓。二是对一个事实或现象或问题评价的知晓。这是一种思想、观念、认识、方法的沟通与交流。"重大问题经人民讨论"，这个"讨论"就是要人民群众发表意见、提看法、说建议，或赞同、或反对，或表扬、或批评，它是一种有形意见的反映，也是民众知情权的更高的一种表现。随着时代的发展和进步，人们在接受和处理信息时，不仅关注和重视大量新奇的信息，同时更关注和重视对这些信息的不同评价。随着互联网和多媒体的发展，海量信息的获取将不再是什么特别困难的事情，而不同的媒体对相同的事实如何发表自家独特的、能得到受众欢迎的评论，却是检验一家媒体成熟与否和水平高低的一项重要内容。强调新闻评论的重要性，其意义就在于此。

二、满足受众的求新需要

心理学中有一个定律叫"新奇律"，说的是在众多的信息中，那些对受众来说是最新的信息会对他们产生较强的说服影响。

人生活在社会中，对各种信息的需要随着人们的社会实践而产生。大众传播媒介是人们获得他们所需要的信息的最主要的渠道。因此，作为大众传播媒介的受众，其对新闻的关注也就是对信息的需求。作为广播受众来说，对于信息的渴求，只是因广播传播的特点不同而另具特点罢了。

人们对广播传播的要求，是与求新的心理需要紧紧连在一起的。受众对信息传播是一方面接受，一方面筛选，一方面储存。受众在接受信息以后，要把那些不需要的、不重要的信息筛选掉，把那些需要的、重要的信息积累起来储存起

① 参见赵虹：《"知情权"刍议》，载《新闻记者》，2002 年第 5 期。

来。他们再接受信息就要求是"新的信息",因为那些传播过的旧的信息他们已经不需要了。这不只是指新的单位新的地方的信息,还指有新意的信息,包括传播新的知识,提供新的文艺节目。受众的这种"求新"心理是社会的变动性决定的,它反映了受众心理对社会变动性的一种适应。社会在前进,新的东西层出不穷,受众需要从这些层出不穷的新东西中了解社会,这就决定了受众对传播的"求新"心理需要。

所谓新闻之新,它要求在时间和空间两个方面新闻反映的事实是最新的:一是事实发生与新闻报道之间的时间距离最短,也就是报道的时效性最强、最新鲜;二是从事实所反映的信息量来说它最大,受众接触到它的可能性最小,最新奇。① 广播新闻作为新闻报道中的一种,大体上也应符合这一规律。

所谓广播新闻之新,它要求在内容和形式两个方面满足听众的求新需求:一是从内容上讲,新闻的内容要随时间不断换新;二是从形式上讲,发挥广播音响的特点,推出录音评论、现场播放、联动播出等。以新的内容、新的形式,"锁定"听众,服务听众。

三、坚持正确舆论导向,积极引导受众需要

所谓舆论,即公众关于现实社会以及社会中各种现象、问题所表达的信念、态度、意见和情绪表现的总和,具有相对的一致性、强烈性和持续性,对社会发展及有关事态的进程产生影响,其中混杂着理智和非理智的成分。② 广播新闻报道在传播和引导公众舆论方面,起着十分重要的作用。

我们强调扩大公民的知情权,满足他们的求新需要,就是要更好地实现对人的权利的一种认同和保障,它是我们社会政治民主进步的一种表现,但是,舆论作为一种群体意见的自然形态,它还带有较强的自发性和盲目性,它的变化、发展在一定程度上是被动的。文化和道德的传统对它的影响相当大,同时各种偶然的外界因素也会经常不断地引起它的波动。舆论的主体公众,来自完全不同的社会阶层,它们在某个问题上持有相同或相近的意见,相反或相异的看法,于是在观念形态上呈现为相关联的舆论群体。在一定的时间和空间中,舆论同时含有理智和非理智的成分。虽然这是一种正常现象,但是,对其作出正确、错误或无害判断,如何正确引导社会舆论却是新闻媒体需要认真对待的。

---

① 参见赵振宇:《现代新闻评论》,武汉大学出版社 2005 年版,第 131 页。

② 参见陈力丹:《舆论学——舆论导向研究》,中国广播电视出版社 1997 年版,第 11、143 页。

我们的时代复杂多变，人们的思想开放多样，对各种不同的问题、矛盾也有不同的看法和争论，这些都是正常现象。问题在于，公众在多元的文化观念面前，并不是都能正确地予以选择，由此可能带来一些震动和迷惘，甚至会采取一些社会所不提倡或不允许的行为，对我们的社会不利；大众媒体有责任、有义务传播一种顺应时代需要的新思想、新观念，帮助公众在复杂多变的形势下做出自己正确的选择，这对公众和我们的社会都是有好处的。

鉴于以往的教训和已有的经验，在坚持正确舆论时需要注意以下几点：

第一，要提供正确的价值观念，而非媒体生造，这样才可能拥有影响其他舆论的基础；同时也要分出层次，对不同的公众对象提出不同的要求，要具体、实在，能够顾及原有的信念和现实的环境，切忌讲大话或空洞的套话。

第二，从社会角色定位入手，使价值取向有序、合理。舆论的惶惑在相当程度上与角色的分工被打乱有关，稳定的社会秩序需要公众定位在自己的社会角色上，从本职工作做起，做合格的公务员、服务员、工人、教师、学生等。媒介需要传播的应是这种实在的人生目标和信念。

第三，通过连续的报道和评价社会"热点"，唤起公众的参与热情，从而逐步确立新的符合社会主义市场经济规律的生活态度和理性观念。评价的社会"热点"，是指那些涉及社会公正、社会整体发展、公众生活、社会道德等急需解决的社会问题。这些问题对公众具有吸引力，同时培养着他们的思考习惯，对于在新的基础上恢复公众的心态具有健康、积极的意义。①

在坚持正确舆论导向时，也需要采用一些方法。在传播中常有两种情形：只向受众介绍那些有利于自己的论据和事实，即所谓"正面"宣传。长期以来，我们的新闻报道都是报喜不报忧，今后在很多场合下还需要全面宣传。随着受众心理的变化，要学会使用两面宣传的方法，特别是对突发公共事件的报道。

如何做到客观、公正、全面地宣传，要注意以下几点。

第一，根据受众所掌握的情况而定。在现实生活中，如果受众对所有要宣传的观点持相反的意见，此刻宜采用一面宣传，以帮助人们形成和巩固与宣传者相同的观点和定势；如果在受众同时也听到一些与当时宣传的思想相对立的观点的情况下，就必须采用两面宣传了。报道者可以先将反对者的意见摆出来，再指出这些意见的不足和自己观点的优越之处。在说明反对者意见不足或证明自己观点正确时，要尽量采用新论据。

① 参见陈力丹：《舆论学——舆论导向研究》，中国广播电视出版社1997年版，第11、143页。

第二，根据受众对评论者的态度而定。当受众对评论者的观点持肯定态度时，采用一面宣传的效果较好；如果受众对评论者所宣传的东西持敌对、怀疑的态度，那么，此刻就宜采用两面宣传的方法，受众会在两面宣传的材料、观点比较中逐步转变自己的态度。

第三，根据评论的任务目标而定。如果要求受众在接收传播信息后，立即作出与传播者意图一致的行为，此刻宜采用一面宣传的方法；如果想使受众对某个问题持长期的信任观点，则需要采用两面宣传的方法。因为受众在不同观点的比较中，产生和形成的与评论者意图一致的心理定势，保持的时间才会更长更牢固。

无论是采用一面宣传还是两面宣传，都要根据受众、报道主体、评论内容、新闻报道目标和要求等情况而定，灵活掌握，以达到最佳的传播效果。

对于从事与政治密切相关的新闻工作的人来说，应该具备政治敏感，尤其是新闻界的领导人，更应该有政治家的眼光和胸怀，考虑问题从全局着眼。无论办报或办台，新闻传播者都要提倡实事求是，独立思考，坚持真理，要有强烈的"求真"精神和责任感。

第六节　吸引听众参与广播新闻改革

随着我国社会主义新闻事业的发展，今天广播界的新闻改革多是着重于整体的研究。它涉及新闻报道有关的各个方面，要协调和理顺与此有关的各种关系，也就是着眼于宏观，追求整体效果。广播新闻改革不单是广播新闻工作者义不容辞的责任和使命，更是"人民是广播的主人"这个主体意识在广播新闻改革中的具体体现，空间如何吸引更多的听众参与新闻改革，进一步加强与听众平等的观念，把广播新闻办得更贴近实际，更贴近群众，更贴近生活，是目前亟待解决的问题。

首先，变单向参与为双向参与，通过吸引听众参与广播，推动电台的新闻改革。

广播电台的基本功能就是"传达政令，以布新闻，文艺娱乐，干预生活"。如果把参与理解为记者只是深入社会，采访新闻素材，发点新闻稿，或者请某上级部门领导或播出些形势教育材料等，是远远不够的。要吸引听众，就要把他们请进来，让他们也参与办广播，让他们现身说法，实行双向参与，这样就能给电台的新闻改革增添新的活力。如广播评论，历来是新闻改革中的"老大难"。评论是广播新闻中的"旗帜"，过去一般都由电台编辑撰写。新闻改革打开了电台同志的思路，他们认为，广大听众工作在改革的第一线，对生活中的各种问题比新闻编辑感触得更直接，发表议论、阐述观点、抨击时弊、颂扬先进的欲望更强烈。吸引听众参与广播评论不仅能解决过去广播言论"无的放矢"、隔靴搔痒的毛病，也能发挥评论新鲜及时的作用。

其次，变狭义参与为广泛参与，为促进文明建设服务。要克服听众参与就是企业赞助、"笔杆子"应征稿件的思想。广大听众参与，有一点很重要，就是要改变过去电台由几人办为大家办；由要我听变为我要听；由被动式转为直接参与式；要打破电台的神秘感，尽量缩小电台与听众的距离，培养听众对电台的感情，使宣传报道更好地为两个文明建设服务。节目要基本上做到正点播出，全部节目由主持人主持，大部分节目采取直播，如某电台在提高听众参与方面，开办了《热线电话》、《茶余饭后》、《社会瞭望》、《点播音乐会》等节目，大量播发听众来信，实况录音或让听众进入播音室，提问、咨询、提意见、发表评论，参加文娱活动等，为群众提供了一条社会民主协商对话的渠道，形成以电台为点，社会为面的"辐射交流"。对社会上议论较多的"热点"、"难点"、"疑点"问题，听众也直接来电台播音室参与讨论。针对社会上出现热点难点问题，该电台没有采用简单批评的方式来处理，而是在《茶余饭后》节目里，请听众座谈，使不同意见充分发表出来。经过录音讨论，使大家的意见趋于一致。其他如人才流动问题、住房改革问题、社会治安问题等，该电台都是采用这种平等交流的方式进行，取得了较好的效果。让听众参与，有一点很重要，就是相信我们社会的绝大多数人，相信听众中的正气，相信主持人的威信可以压倒邪气。事实证明，广播电台广泛参与社会为听众服务，其影响越来越大，路子越走越宽广。

最后，不仅欢迎听众参与提供信息，也欢迎听众参与引导舆论。正面教育是否能深入人心，关键在于是否回答了群众迫切关心的问题。过去谈这类道理常常是照本宣科，有的材料"大"而"空"，脱离实际，不大为听众所接受。如果采用现身说法的方式，注意选择人们身边看得见、摸得着的小事，寓理于事，则容易使听众口服心服。事实证明，变单向灌输为双向交流，让听众走进广播编辑部，共同参与引导社会舆论，效果是十分明显的。譬如某电台举办的两次宣传改革开放形势活动，前一次谈物质生活变化的比较多，这次则要深入一步，把听众对改革的感性认识上升到理性上来。因此，不仅就事论事谈变化，还要就事论理；不仅要谈物质生活方面的变化，更要谈思想观念的变化。电台在要求听众在应征稿件的过程中，要善于以"一滴水反映太阳光辉"的手法，或剖析一个事例，或阐明一个观点，从理论和实践的结合上说明改革的必要性和艰巨性，也要对改革中存在的问题作具体分析。随着大众传播学这一新型学科的引进和发展，传播者与受众之间的双向参与会日益增强，这就为电台进一步深入改革，充分发挥广播优势，更好地为听众服务奠定了坚实的基础。

第十二章　录音报道的采录与制作

第一节　录音报道的采录

一、录音报道的定义

什么是录音报道呢？录音报道是最具有广播特点的一种新闻报道形式。它是广播记者主要运用新闻事实的现场实况录音所进行的报道。这个定义规定了录音报道的本质属性，这就是：直接反映事实的音响必须是现场实况音响。

案　例

刘翔夺得男子110栏金牌①

各位听众，我现在正在雅典奥运会主体育场为您报道，男子110栏决赛就要开始了，我国选手刘翔在前三轮比赛中一路过关斩将，轻松顺利地进入了决赛。

现在运动员都在起跑线上做着最后的准备，刘翔排在第4道，刘翔做了个深呼吸，给自己做了鼓劲儿。

好，现在运动员已经在起跑器上准备起跑。

（出发令枪声）

起跑！第一个栏……第九个、最后一个，刘翔第一个冲过了终点。中国选手刘翔第一个冲过了终点！他以12秒91的成绩获得了男子110栏的冠军。刘翔刚才的成绩也是平了这个项目的世界纪录。刘翔今天晚上真是太出色了，这个成绩超过了他以往所创造的个人最好成绩。刘翔为中国田径夺得了本届奥运会的第一枚金牌，也为中国田径和亚洲田径夺得了第一个奥运会

---

① 参见侯艳：《翔翔雅典，跨越历史》，中央人民广播电台，2004年8月28日，有改动。

短跑项目的金牌。

现在的刘翔身披五星红旗，正在绕场奔跑着，刘翔向场下的观众挥手致意，并不断地把我们的五星红旗展示给全世界的人们。现在的刘翔身披五星红旗绕到了我所在的看台的前面，他自己也忍不住哭了起来，确实太让人激动了！

（观众齐声喊："刘翔，刘翔！"）

（出录音）

刘翔：根本就没有想到，我自己也没有想到能跑到 13 秒里面。我可以说，在黄皮肤的中国人或者亚洲人来说，我实现了一个不大不小的奇迹吧。

一篇录音报道通常由三部分组成：一是记者对新闻事实和新闻现场的阐述。由记者写成文字稿，请播音员代播或由记者自己直接播讲，然后与实况音响等合成。二是人物谈话。记者在现场访问新闻事实的参与者或事后访问知情者的谈话录音，不仅可以直接表述事实、体现主题，而且能起到记者本人无法替代的"人证"作用。三是实况音响，即新闻事实所发生的现场的声音。从声音的属性来说，可分三种：人声、物声、自然声。从声音与新闻事实的关系来说，也可分三种：主题音响、气氛音响、过渡音响。主题音响是直接反映事实、体现主题的音响，在录音报道中，这是不可缺少的最重要的音响；气氛音响是体现环境气氛的音响，在录音报道中，它起烘托气氛和表现场景的作用；过渡音响是体现时空转换的音响。

有时候有些录音报道也可以由两部分组成，即只有记者阐述和人物谈话两部分，或者只有记者阐述和实况音响两部分，这两种情况虽然听起来效果不够理想，但仍算作录音报道。

录音报道有五种具体形式：

（1）录音新闻。将事件性、动态性新闻题材制作成录音报道，播出时应称作录音新闻。有些篇幅较长的录音新闻也可直接称录音报道，就如同消息有时也可称作报道一样。

（2）录音通讯。运用叙述、描写、议论、抒情等多种手法，将新闻事实、新闻人物、工作经验、风光面貌等材料及有关实况音响、人物谈话等，制作成录音报道、播出，应称作录音通讯。

（3）录音访问。录音访问也可称作录音专访，以访问人物为主，将记者与被访者和有关情况的介绍及环境实况音响制作成录音报道，播出时应称作录音访问。有的电台把这种形式叫"录音访问记"。

（4）录音特写。录音特写是一种集中反映人物事迹、事件情节、生活场景的录音报道。写人写事比录音通讯更细致、深入；它不注重全貌，而注重片段和局部，将片段和局部写深写活，并录取典型环境中的典型音响、典型谈话。这样的录音报道播出时应称作录音特写。

（5）现场报道。广播中的现场报道是广播记者在新闻事实发生的现场一边观察，一边述说，一边采录的一种报道方式，有的台把这种形式称作"现场录音报道"，还有的台将这种形式称作"口头报道"。

二、录音报道的真实性要求

与文字报道相比，录音报道的明显特点是有音响和人物谈话录音。因此，音响和人物谈话录音的真实性问题就显得十分重要。

为确保音响的真实，必须注意以下几点：

（1）新闻事件的现场音响必须是新闻事件发生时或发生中的当时当场的实况音响。

（2）特定环境中的音响不可替代。这种音响虽不都是直接体现主题的音响，但它却代表着某种事物的个性。这种音响一出现，听众立刻就会确切感知就是某种事物出现了或是正处于某种环境中，比如在国际比赛中升国旗、奏国歌。

（3）实况音响不能制造或模拟。录音报道中的实况音响必须是事件中、生活中、自然中有的，制造和模拟得再像也不能用。

（4）提高录音技术，不要因技术因素而造成音响失真。为确保人物谈话录音的真实，必须做到以下几点：一是引导采访对象说真话，说反映实际实情的话。二是引导采访对象说符合自己身份和个性的话。录音报道中的人物谈话容易犯的通病之一就是套话多、大道理多、缺乏新鲜的个性。三是对谈话人所在时空的表述要真实。由于时空的不同，录音的效果是不一样的。以为听众判断不出而在时空上造假，是录音报道中人物谈话违反真实性原则的常见现象之一，应当坚决禁止。四是对谈话人的感情表述要真实，谈话录音前的形容词都可以去掉。

三、广播音响的选择、采集和积累

实况音响是录音报道的主要特征，实况音响的质量如何，明显地影响着录音报道的效果。因此，选录好实况音响十分重要。有许多音响保留愈久，其价值愈高，因此，积累音响很重要。

1. 选择音响

录音报道除必须遵循真实性原则之外，选择实况音响还应注意四条原则：

（1）真切。就是要选择真切并能代表事物本质的音响。在现场实况中常常有许多音响，哪个能代表所报道事物的本质呢？记者要用耳朵迅速挑选出来，并及时开机采录下来。有些实况音响在实地听时是一个样子，录下之后听时却是另一个样子了，觉得"不像"了，不真切了。这除了录音技术方面的原因之外，还有个声源选择问题。例如，要录下我们平时感觉到的那种真切的风声，就必须就近找到使风发出声音的典型阻力所在，如树木、建筑物缝隙、风口处等，将话筒对着这些地方就可能录下理想的风声。

（2）全貌。录音时选择角度不对或者话筒数量不够，就不能反映出大场面音响的效果。

（3）动听。录音报道不是"噪声"报道，它所使用的音响除要具有新闻价值、烘托或过渡作用外，还必须是悦耳的，起码是耳朵可以接受的。

（4）丰富。音响越丰富多彩，则越符合录音报道的特征。当然，我们说音响要丰富些，不是说要滥用音响。如果将与所报道事物关系不大甚至毫不相关的音响拉入录音报道内，其效果是不好的。

要录好音响，还有些具体问题需要注意。比如，录制场面音响时，不要把话筒平拿，要把话筒举起来，这样录制的场面音响才有气氛，等等。

2. 录好音响

在掌握了选择音响的原则之后，就进入录音准备和操作阶段。这里具体介绍一些实用知识和技能。

（1）录音前的准备。初学者要请技术人员帮助选择一台录音效果达到播出要求的小型采访机。如果在野外录音，要给话筒准备一个风帽，并要备足干电池。

（2）录音时要早开机，晚关机。早几秒开机，可以放过录音机启动时转速过缓那一段带子，使录音效果从一开始就是稳定的。录完所需音响时，晚几秒钟关机的好处是可以保证结尾的最后一个音录得完整，并有一段现场杂音，以免做节目时有"秃"的感觉。

（3）录大场面音响时话筒不要离声源太近，有时话筒可以朝上。录大场面的鼓掌声，如果只使用一个话筒，那就要站在鼓掌人中间，将话筒朝上方，这样录出的音响就可反映出现场的热烈气氛。

（4）录室内音响，如现场回声太大，录音效果不会好，要想办法减小回声。

3. 积累音响

有些重大事件、活动和变革的音响随着时间的延伸，年代越久远越显得珍贵。选用这样的历史音响，也会使报道增色不少。为此，记者应该养成积累音响的习惯。一是将每次采录来的比较重要的音响保存下来，并登记造册。二是广播记者外出即使没有采访任务，也要带录音机，发现重要的音响随时录下保存。三是音响积累多了以后，要加以分类，并要经常温习所录内容，考虑在自己的录音报道中如何使用，或推荐给他人使用。有些非常有价值的音响录音，还应呈送国家有关档案部门。

四、采录人物谈话

录音报道中人物的谈话有两种情况，一是即兴的，二是有准备的。在新闻现场记者遇见新闻人物或当事人，多是临场发问当场录音，谈话多是即兴的。在这种情况下，记者提问要单刀直入，问题要简洁明确，要便于谈话人直接讲出报道所需要的内容。记者要提问得好，需要做到"三快"：进入情况快，思考提问切入点快，启动录音机快。

在新闻现场以外采录人物谈话，记者和谈话人都有条件从容地进行。这样的采录，要注意以下这些问题：

第一，采录前充分做好准备工作。第二，要想方设法把人物谈话录得自然些，坚决避免"念稿"味、"报告"腔。怎样才能使人物谈话录得自然些呢？办法之一是记者提出问题后让谈话人随便谈，不必限制时间，如果谈得远了，走题了，记者再通过提问拉回来继续谈，然后记者从这漫谈式的谈话中节选剪辑出报道所需要的内容。办法之二是记者和谈话人共同商量出一个提纲，谈话人按照提纲说，既不会走题，也可能说得自然些。办法之三是记者替谈话人起草一个讲话稿。这个讲稿在内容上必须是他要谈的，在语气和语音运用上注意符合他自身的特点和习惯，录音时尽量引导他自然地讲。第三，选择好谈话场合。场合能激发人的谈兴也能抑制人的谈兴，采录人物谈话要选择适合谈话人临场发挥的场合。第四，记者提问要准确、礼貌，把握谈话主线，引导谈话深入进行。第五，在室内录人物谈话，如何摆放话筒是个重要的问题。话筒最好固定放在桌子等物上，如果话筒没有支架，可用书本等物垫起来。一般采访，话筒通常离谈话人的嘴约半米为好，谈话人声音小或气力不足，话筒可以稍近些，但不可像歌星那样嘴贴着话筒，那样录出来的效果肯定不好，因为采访所用的话筒和歌星用的话筒性能是不一样的。第六，做到早开机，晚关机。其道理和采录音响一样。

第二节　录音报道的解说

多数录音报道中有记者的阐述，也就是人们常说的"解说"。这是录音报道中直接报道事实、描述现场、起承转合的重要部分。解说文字可以由播音员播讲，也可由记者自己播讲。除现场报道时需即兴阐述外，大部分的录音报道，记者需事先采访后写出解说稿。

一、广播解说稿的作用

（1）介绍新闻事实的概况或部分情况，把听众带入现场，这个作用常常体现在报道的开头。

（2）交代新闻背景，揭示新闻意义。新闻背景是表明新闻事实发生的环境和条件的材料，它有助于揭示新闻的主题，把新闻支撑起来，能增强报道的知识性和趣味性。

（3）描述现场，解释音响。

（4）记者直接谈看法，抒发感情。广播解说稿的这个作用在录音通讯、录音特写中是明显的，而在篇幅短小的录音新闻里一般是不提倡的。

（5）用转述的办法压缩人物谈话录音。广播解说稿的这个作用主要表现在人物录音过长的时候：录音后用"他还谈到了其他一些问题"等语句过渡，然后概括性地转述其他谈话内容。

二、广播解说稿写作的特殊要求

录音报道中广播解说稿写作的特殊要求如下：

（1）要与实况音响紧密结合，语句的感情、节奏要与音响一致。有些录音实况音响较多，广播解说基本是围绕音响展开的。这个时候，要注意使阐述和音响融为一体，用描写使音响成为画图，或借"响"发挥，使音响的背景更加丰满并得到延伸。要切记一条，不可离题：这就是录音报道所要求的解说、感情、节奏与音响相一致，只有这样的录音报道才会有浑然一体的立体感。

（2）引出人物谈话要自然一些、巧妙一些。录音报道中引出人物谈话时，除特殊情况外，要尽可能地自然一些、巧妙一些。

（3）语言要通俗、口语化、响亮，要注意形象。录音报道的解说应尽量通俗、口语化、使人一听就懂，同时要多使用容易上口的响亮字眼。好的录音报道解说词应比影视片解说词更生动、更形象，使听众不仅能听其声，而且如临其境、如闻其味、如触其物。

（4）要边采录边构思解说稿的写作，采录完毕，解说稿应在记者大脑中大体形成。

第三节　录音报道的复制与合成

复制与合成是录音报道生产过程的最后两道工序。这两道工序就是要将已经采录到的音响、人物谈话等按照记者、编辑的构想与录音后的记者阐述稿合成在一起，形成一个完整的录音报道作品。

一、录音报道的音响复制

音响复制就是从音响素材中挑选录音报道所需要的音响片段，复录到另外的磁带上，为合成做好音响准备。有些较长的人物谈话录音，也需通过复制截取或剪辑成报道所需要的段落。大型录音报道音响较多，要把所需音响分门别类地复录到多盘磁带上，并要按音响在报道中出现的顺序给每盘带子编号。这样，合成时才不致弄乱。此外，复制音响时应注意：

第一，防止失真。录音机品牌很多，各种录音机性能不同，用这一部机器录下的音响和人物谈话，用另一部机器复录时可能出现失真情况。因此，复制时要仔细调试，使声音尽可能保持原貌。

第二，保留必要的杂音。在新闻事实的现场录音响，主题音响的背后有轻微的环境杂音是正常的，这样更显得真实，复制时不要将这些杂音滤掉；特别是在所需音响的开头前和结尾后，一定要保留一小段环境杂音，这样，合成后上下衔接处才不致有"秃"的感觉。

第三，有些体现气氛的音响，如掌声、欢笑声、口号声、正步走的声音等，复制时可多复制一点，就是说让这些声音持续时间长一些，以便合成时截取选用。

二、录音报道的制作合成

复制合成就是将已有的录音报道各部分总装成一个播出成品，它由记者、编辑和节目制作方面的技术人员共同完成。

"先出音响后出话，混播一会儿再加大。"在录音报道的开头要先出实况音响，然后再出播音员的话，即记者的阐述稿，这时，音响应压低与播音员的话混播，混播告一段落后，实况音响再扬起来。

混播是指两种以上的声音混合在一起的制作技巧，分为音响与播音员的话混播、人物谈话与播音员的话混播两种。在制作音响与播音员的话混播时，音响要压低，如果是两种音响同时与播音员的话混播，其中一种主要音响的音量要略大于另一种音响，但不能超过播音员的声音，这样才能既突出主体内容，又显得层次分明。人物谈话与播音员的话混播一般在两种情况下使用：一种情况是谈话人讲的不是普通话而且口音多数人听不懂，这时必须作混播处理，即先出一小段谈话人谈话录音，随即压低作衬，由播音员代播，到适当段落将谈话人的声音隐去；另一种情况是谈话人口音虽可听懂但其所讲内容太长又不便截取其一段，这时也应作混播处理，其办法是出一段完整的谈话人的谈话录音后，将谈话录音压低，由播音员概括转述下面的谈话内容，到适当时候将谈话录音或掌声隐去。

音响的进入有两种方法，一是突入，一是潜入。突入就是在听众毫无听觉准备的情况下，音响突然出现，这种让音响"突入"的方法在录音报道中使用并不多；多数情况下都使用"潜入"，就是让音响悄悄地进入，具体操作是让音响在上一段文字阐述中隐隐约约地潜伏着，待需要扬起时，再将音响渐渐扬起。音响扬起后要稳定一段时间，最少不得低于三秒钟，以便给听众一个清晰的印象，然后进入混播并渐弱隐去。

要把音响、人物谈话、阐述稿等部分在脑中合成一遍，几个音响分别在什么地方出现，什么地方扬起，什么地方隐去，怎样与文字部分配合，谈话录音怎么使用，要不要混播，从哪里开始混播，等等，都要在合成前考虑清楚，这样，进入合成后才会顺利快捷地做出成品。

三、配乐

在录音报道的五种形式中，录音通讯、录音特写、录音访问是允许配乐的，而录音新闻、现场报道是不允许配乐的。因为，录音新闻、现场报道这两种形式的题材多属于纯新闻性、动态性的事件，配乐会造成误解——误以为现场奏乐。

在允许配乐的几种录音报道中，配乐应注意以下问题：

第一，在新闻事件正在发生和展开的现场，绝对不能配乐。

第二，音乐要经过精心挑选和剪接，一定要和文字部分的内容、情感相吻合，这样配乐后方可增色，否则将是一种干扰。

第三，音乐的进入和隐入在处理方法上和前面讲的音响的进入和隐入相类似，但在构思上应更周密些，包括从哪个乐句开始进入，哪个乐句正好赶上哪句话，哪个乐段要扬起，等等，都要想仔细。合成操作时配乐部分常常要反复多次才能满意，大型录音特写、录音通讯，有时要专门请音乐师来配乐才能达到预期效果。

第四节　制作录音报道的素质要求

录音报道的发展趋势是由记者自己采、写、录、制一条龙作业。因此，从事录音报道的记者，除了要同文字记者一样具备马克思主义理论修养、政策修养和丰富的知识、熟练的新闻业务技能外，还要具备一些特殊素质。这些素质主要有以下几个方面：

一、记者要保持一个在场的现场感觉

记者在现场进行描述的情绪、音调、速度、强弱要同现场正在发生的事件保持同一基调，同时也要与现场变化保持同步，以保证给听众一个真实的感觉。一般来说，只要你能全身心进入现场，现场的气氛就会将你包围，你也会不由自主地逐渐与现场融合。记者在场与不在场，对于报道是否有现场感十分重要。例如，中央台一位记者在珠穆朗玛峰上采录现场报道。那一年，他随我国登山队登上珠峰6600米高度，这时他启动了录音机，手握话筒面对冰山，开始现场解说。于是，现场的"呜呜"风声和记者"嘘嘘"气喘声等实况音响，一起被录入录音磁带。试问，这样报道珠峰所达到的真实、感人的效果，是任何文字报道所能相比的吗？真实、生动、立体感强，使人如临其境、如观其景、如感其情，从而记忆深刻。这就是同文字报道相比较，广播中的现场报道的优势。

现场报道属于录音报道的一种，在录音报道中，同其他类型相比较，它也具有明显的优势。通常的录音报道，采、录、播、复制、合成各工序相脱节，生产时常分别进行，有时由于客观原因，前后工序相隔甚远。因而出成品较慢，影响播出时效。而现场报道，采、录、播同时进行，记者、播音员、技术员三位一体。记者归来，取出盒式带就基本是成品，编辑翻版时稍作剪裁即可播出，减少了工序和人力，缩短了制作时间，大大提高了时效。因此，现场报道除了具备其他录音报道的一切优点以外，还独具一条：更快。它可以更及时地报道某些重要的新闻事实，是利于发挥广播这一现代媒体特点的好形式。现场报道的优势决定了它具有强大的竞争力，我们任何时候都要注意发挥现场报道的优势。①

二、要有巧妙的提问技巧

记者采制录音报道，要经常访问人物，录下新闻人物的谈话。这就要求记者要讲究访谈艺术，访谈艺术主要是提问艺术，提问不得体、不巧妙，往往导致访谈失败。如何提问？请注意以下几点：（1）要提适合谈话人回答的问题。所提问题要符合谈话人的身份，谈话二人熟悉有关这个问题的情况，便于工作时回答。在一般情况下，记者不应难为谈话人。（2）提问前有时需要寒暄几句，但不能寒暄过多，多了，显得虚假，反而谈不融洽。（3）一般来说，不宜在提问

① 参见曹仁义：《实用新闻广播学》，中国广播电视出版社2000年版，第111页。

开始就问"你当时是怎么想的"这类生硬的问题。这样问的效果常常不好。特别是像见义勇为这类突发事件，采访当事人，更不宜那样提问。因为人们在一些事件中挺身而出，常常是自我品质的突现，而不是想好了再干的。（4）记者提问时，不宜说话太多。千万不能让听众感受到记者在"显示自我"。有些记者的提问确有此种毛病，他讲了一大堆，甚至连问题的答案都说了，轮到谈话人则没几句好说的了，或者只能"嗯、啊、就是"，起个"印证"作用。这不仅是对谈话人的不尊重，也使报道的主题常常被转移了，从而导致录音报道的严重缺陷。（5）记者要注意听，发觉被采访者离题太远，要礼貌地将话题引回；发觉谈话出现精彩的茬口，记者要巧妙插话，引导谈话人更精彩地谈下去。（6）一般来讲，以提小问题为主，提小问题便于回答，但也不能排斥大问题，要区别不同时机、不同人物，灵活掌握。比如采录地位比较高的领导人的谈话，所谈问题本身又很大，这就需要除了注意从小处问起之外，适当问一些大问题。采录普通人的谈话，有时候也需要问一两个带有归结性的大问题，这样或许会使谈话更深刻些。

三、要有流畅的口头表达能力

口头表达能力是广播记者的重要素质之一。首先要会说普通话，其次要表达准确流畅。为此，广播记者要随时训练自己的口语能力，少讲或不讲套话、空话，避免啰嗦重复。要力戒口头禅，有些同志说话口头禅特多，张口说话"这个"、"那么"、"而且"不断，说不清楚就用"那什么"代替，这样的口语水平是绝对搞不好录音报道的。近些年来，嗲声嗲气、用词造句有失庄重、词不达意、令人费解的语气和造句方式在作为严肃的新闻作品的录音报道中频繁出现是不合适的。有人把这些当做时尚、时髦，实在是误导听众。

四、要有敏捷的反应，快是广播记者的特质

（1）判断要快。在新闻事实发生的现场，常常是多种声响混杂在一起。搞录音报道的记者要迅速判断出哪些声响是最能体现主题、最能反映事物本质和最能代表这一事物个性的声响，并迅速作出反应——包括启动录音机、奔向声源、选好录音位置和角度等。这些反应必须快，特别是在突发事件的现场搞录音报道，稍慢一点，所需音响就可能消失而留下遗憾。

（2）动作要快。对于非突发事件的录音报道，采录前也应早做准备，可以事先了解情况，录哪些音响应做到心中有数。但是常常出现这种情形：事先了解到的事实进展的程序，到现场后发现它变了；原准备采录的音响，到现场后发现

它换了……诸如此类的变故，都需记者具备机敏的应变能力，迅速改变构思，迅速找出补救办法。例如，笔者曾采访过战斗英雄史光柱。当时，英模报告团刚下榻南湖宾馆，工作人员以英模要休息为由，阻止记者采访。笔者说：请他念一首他自己写的诗歌就行！工作人员一听，感到新奇，就同意了。结果，由于抓住了这个采访机会，史光柱侃侃而谈，采访录音了二十多分钟，笔者稍剪辑后马上在电台播出，整理的文字稿还被武汉《江汉早报》、上海《文学报》配照片刊登。

五、要有文史修养和敏捷的文思

文史修养是广播记者的基本功，即出口即能成章；文思是头脑中构思文章的能力。世界万物诸事皆可成文，但并不是每个人都能把它们形成文章，只有头脑中具备文史修养和文思的人才能将万物诸事中的一部分构成文章。新闻记者应该是具备文化修养和文思的人，不然就不称职。然而对于从事录音报道的广播记者来说，不仅要具备文思，而且要文思快、文笔快。快到什么程度？要快到看见一个事物，就能立刻在头脑中形成相应的文章段落，有时候需要记者在现场播讲，那就要出口成章。即使不在现场播讲，有了这种快捷的构思，回来写解说词时也比重新构思准确得多、生动得多。广播记者在很多情况下要快出活，要"快工出细活"，这是广播这一现代传媒的特性和优势所决定的，而这种"快工出细活"的素质，在录音报道采录一开始就要体现出来。

六、要懂一点影视知识

广播电视电影知识都是相通的，可以相互借鉴。影视作品是直接映出画面，录音报道是用描写和声音造出"画面"。要使录音报道的"画面"组合得体，衔接更巧妙，可借用影视作品中的"蒙太奇"手法，使"画面"结构更鲜明。影视作品中的"闪回"手法在录音报道中也可借用，比如某些大型的录音报道在叙述历史事件时，就可利用历史音响"闪回"到久违的年代、特定的场景中去，使录音报道具有历史的纵深感，这叫"声音蒙太奇"。此外，由于录音报道中的录音通讯、录音特写有时需要配乐，所以，采制录音报道的记者还应懂一点音乐知识。适当时可以制作配乐通讯，可使广播作品令人喜欢。

七、要懂一些录音剪辑技术

目前，我国多数广播电台的录音报道是记者与机房技术人员共同制作的，记者要起配合作用，只有懂一些这方面的技术，才能配合得好。有一些小台和厂矿广播站，记者做录音报道时，采、录、播、制都由自己完成，掌握录制技术就显得更加重要。从长远看，采、录、播、制兼于记者一身，很可能是录音报道的发展方向。因此，提倡广播记者具备录制技术这一素质，成为复合型人才。

第十三章　听评广播新闻

第一节　听评广播新闻者的素养

听评广播新闻，就是听了广播之后谈见解，说观点，讲道理。某个节目若某一点好，好在哪？差，差在哪？为什么？所评者既是听众中的一员，又不能等同一般的听众，其鉴赏水平和专业能力应比一般的听众强，视野应当更加开阔。面对不同题材、内容、体裁、样式、风格的广播作品，听评者要具有博大的心理容量、丰富多彩的认识层次，讲出"如何写得更好"的真知灼见。因此，就要求听评者具备一定的素养。

一、时事政策素养

评一个节目或其中的一段内容，常常要先从政治倾向着眼，这也就是"舆论导向"问题。何为舆论？简言之，舆论就是"众人之说"。众人之说以至众人所办之事是不是都能反映？显然不能，这就要选择。选择的标准可以有许多条，但首要的一条就是政治标准。如何认定广播内容导向对与不对？关键的一条是看它是否符合党和国家的大局利益。舆论导向也即政治倾向问题，当前，党和国家的大局是：深入学习实践科学发展观，抓好发展，以人为本，构建和谐社会。为了这个大局，党和国家制定了许多政策，这些政策涉及各行各业。听评者评有关哪一行业的节目、稿件，就需要懂一点哪一行业的政策，这样评起来才会准确、深刻。广播中宣传政策，有些时候是把政策原文拿来照播，但更多的时候是通过新闻事实和专题栏目来体现政策精神、阐述政策内容，这样就有一个准确不准确的问题，也有个体现、阐述得好和差的问题。我们听评广播从政治着眼，就要就政策宣传的这些方面提出意见。

二、专业知识素养

只有熟悉那方面的专业知识，才能评广播中相应的那一类节目。比如，熟悉农村情况，懂得农业知识，就可以评一评广播中有关农村、农业的报道和节目；

熟悉戏曲、音乐方面的情况和知识，就可以评一评这方面的广播节目，等等。

三、广播新闻业务素养

广播的特点是：凭借电波传送，以声音为表达手段，只闻其声，不见其人，只能靠听。它传播快，影响大，较少受地域限制，群众性广；同时它也一听即过，不留痕迹。这些特点就带给了广播一些特殊要求，比如广播稿件篇幅不能长，内容要集中，要具体生动，实实在在；广播语言要通俗，要听得清，听得懂，要记住，等等。了解一些这方面的知识，评起来就可能把话说到点子上。

四、议论文知识素养

议论文的基本要素有三个：论点、论据、论证。写听评广播的文章时，总要对所评内容提出一些看法，这些看法就是论点；要证明你的论点是对的，就得找论据，这论据可能从听评的广播内容中找到，也可能从其他资料和自身积累中找到，这就要求你经常留心；用你的叙述将论点、论据依照逻辑关系串起来，便形成了文章，这就是论证。当然，写议论文还有许多要求，这就要求多写一点议论文，比如建议、批评、意见等，写得多了，自然就熟能生巧。

第二节　广播新闻作品的评析方法

分析一篇新闻作品，首先要了解有关名词解释。例如，什么叫"新闻主题"？新闻主题是新闻作品的中心思想，是新闻作品内容的核心，是记者认识和提炼新闻事实的思想结晶，是新闻作品内容所具有新闻价值和宣传价值的体现。什么叫"新闻结构"？新闻结构是对材料的排列组合，是表现新闻内容、体现新闻主题的重要表现手段。还有，所谓对新闻作品的综合性分析，指的是把不同的新闻作品按照一定的要求放在一起进行研究、分析。

一、评析新闻作品的方法

评析新闻作品的方法，主要包括对新闻作品主题、形式的具体分析，以及对新闻作品的综合性分析，其中，具体分析是最基本的方法。分析新闻主题，一是要注意把握它的舆论导向和社会意义，看其是否正确和深刻；二是要注意它是否鲜明和集中；三是可以与新闻作品所选择的角度联系起来进行研究。分析新闻作品形式，一是对新闻结构的分析；二是对新闻表现手法的分析；三是对新闻语言的分析。

另外，还有分析同一题材同一体裁的不同新闻作品；分析同一题材不同体裁的新闻作品；分析某一类专业报道的新闻作品；分析某一位记者的新闻作品，等等。

二、听评广播作品的方法

新闻必须完全真实，广播电台的新闻类、社教类、文艺类、服务类等各类节目，广义地说，都属新闻工作，都应遵守这条基本原则。帮助编辑部把好真实关，应该成为听评广播的重要任务。那么，从哪些方面入手来做这项听评工作呢？

（1）听新闻要素是否交代清楚了。构成一条新闻的要素通常有五个，即：何时、何地、何人（对象）、何事、何因，这五个要素是对新闻真实性的起码要求。如果这五个要素交待不清，即可视为事实不清，进而就可以怀疑它的真实程度。当然有些时候在一条新闻中，五个要素可以不全，比如"何因"这个要素在许多短新闻中就没有，这也是允许的。关键是"何事"这个要素必须清楚和充分。

（2）听事实本身是否合理。小说、戏剧中常有神奇的巧合，俗话说"无巧不成书"；然而，直接截取生活片断的新闻事实若显得过分巧合就不可信了。

（3）听表述是否造成不准确。由于记者、编辑写稿、改稿时表述得不清楚而造成事实的不准确，这种情况也是常有的。如一篇关于治理盐碱地的报道，写此地如何荒芜时，说"这里寸草不生"，后面写种庄稼时又说"每亩地只产几十斤粮食"，既然"寸草"都"不生"，怎么还能收粮食呢？这种表述上的前后矛盾，造成了事实的不清楚。在这里，相互矛盾的两个方面，肯定有一方面是不准确的。

（4）听心理描述是否真实。在新闻类、社教类节目中，经常播发人物通讯或采访人物的录音报道，在这些通讯、报道中经常有人物心理描述，这些描述也必须真实。那么怎样才叫真实呢？就是你的描述必须完全符合人物在特定时空中的心理状态，让听众听了觉得"是那么回事儿"。

（5）听成绩是否虚报。现在，全国许多地方的干部中出现一股虚报成绩的浮夸风，虚报产值，虚报丰收，虚报绿化面积……凡是能捞取荣誉的事统统多报些数字；凡是多报会不利的，就少报些数字，比如计划生育、基建规模等。这些情况，各地听众会比编辑部的人了解得多、了解得清楚。所以，听众朋友一旦听出哪个节目讲某地的成绩、问题有虚假情况，就应立刻写信指出或写进自己听评广播的文章中，帮助编辑部把好真实关。

第三节 听评广播新闻节目

一、听评广播语言

这里说的语言是指用汉语普通话广播的节目的语言，不包括音乐语言，当然也不包括少数民族语言和方言节目，用汉语普通话广播的节目占广播节目的绝大多数，帮助这些节目把好语言关，有利于提高宣传艺术和广播质量。语言是这些广播节目内容的唯一或最主要的表现形式。语言出现毛病，不仅节目形象会直接受到影响，而且会妨碍节目内容的完美表达。因此，请听众朋友在听评广播时，帮助编辑部把好语言关。

1. 广播语言要通俗化、口语化

通俗化就是要使用多数人听得懂的语言，口语化就是要使用经过加工提炼的人民大众的口头语言。按照这个要求，生僻的文言词、书面语应改成通俗的词语，如："获悉"应改为"了解到"，"毒枭"应改为"毒品贩子"；某些单音词应改为口语中的双音词，如"昨日晨，当我遇到你时"，就应改为"昨天早晨，当我遇见你的时候"；某些不上口甚至绕口的句子应改成顺口易播的句子，如："这里是彝族聚居区"，其中闭口音、仄声字全挨在一起，不好读，也听不清，应该改为"这里是彝族同胞集中居住的地方"；某些过长的句子，应改成短句子，因为口语中很少使用长句子，长句子播音时如断句不当，会产生歧义。当然，通俗不等于庸俗，有些话虽然多数人都听得懂，但它太庸俗，不能登大雅之堂，广播中决不能用，广播要使用经过加工提炼的人民大众的口头语言。

2. 广播语言要规范

这有两层意思，一是要合语法，二是要用标准的普通话。广播是使用语言的大户，其听众是几个亿，如果不讲语法，那就会贻笑大方。而实际上不合语法的现象，在广播语言中还是常有的，如"听众们……"这个说法不是常听见吗？"听众"是集合名词，后面不宜加"们"。关于使用标准的普通话，这是国家的一项规定。中华人民共和国成立后，国家有关部门曾几次提出在全国汉语地区推广普通话，国务院要求广播电台在这项工作中起示范作用。什么是普通话？就是以北方方言为基础，以北京语音为标准发音的语言。除此之外的地方方言和地方发音都不合要求。拿这种标准来要求，听评广播时就会对节目主持人、播音员和对广播稿件的用词造句提出许多宝贵的意见。

3. 广播语言要避免误听误解

有许多同音词、谐音词、近音词写在纸上给人看，不会误解；如果在广播中

给人听，就可能听错了、理解错了。如："抽烟可以致癌"、"列宁病重，不能视事"、"世乒赛"、"梅纽因小提琴"、"青工部"、"作协"、"献演"等，这些词语在广播时都应作相应的修改，不然一听就会闹笑话，甚至把意思弄反了。

4. 反对词不达意、因词废意

运用语言的第一要领是准确地表达内容，准确地表达出想说的意思。词不达意，就是话说得不准，把应表达的意思表达歪了，或者是话不到位，没说到点子上，意思表达不完整，不精彩。因词废意，就是词句过剩，副词、形容词太多，华丽辞藻连篇，虚张声势，淹没实质内容，使听众感到一种虚飘的文风，而听不出作者想说什么。上述两种情况广播语言中都可能有，听众朋友可以随时留意，写出听评文章。

二、听评广播稿件是否符合逻辑

逻辑即思维的形式和规律。在广播中，它既体现在节目编排上，又体现在内容表达上。研究思维的形式和规律的科学，叫逻辑学。逻辑学又分辩证逻辑和形式逻辑。在广播中，辩证逻辑和形式逻辑这两门学问几乎天天用得着。

1. 缺乏辩证逻辑的毛病：片面化和绝对化

辩证逻辑要求我们的思维要符合辩证法。辩证法的对立面是形而上学，主要表现为片面化和绝对化。由于广播稿要求短小，一些编辑、记者不善于在短小的篇幅内说清事实、讲明道理，思维的不严密常常暴露出来，这种不严密就会造成片面化和绝对化。

（1）以偏概全。看见一个事物的侧面，就说看见了事物的全貌；看见事物的表层而不加研究地说看见了事物的实质，而有时候表层不一定反映实质。

（2）以点代面。新闻报道中常用"举例"来说明问题，而所举之"例"，必须是典型的，有代表性的，就是说，它必须有广泛的事实作基础，这样才具有说服力。否则，抓住一件孤立的事例去说明具有普遍性的道理，在逻辑上就犯了孤证的错误。

（3）绝对化，非此即彼。说一个人好，就什么都好；说一个人坏，就什么都坏。殊不知生活并不是一加一等于二那么简单，事物的对立面之间也会有渗透和转化，因此辩证法主张具体问题具体分析；静止地、绝对地看问题，那是形而上学。

（4）褒此贬彼，或称扬此伤彼。在新闻宣传中采用对比的方法，以突出所报道的事实和人物，是允许的。然而，有时候对比不当也会造成片面性。比如，宣传一个先进人物，就说他周围的人怎么怎么落后，以大家的落后来反衬一个人的先进，这是不允许的。

2. 违背形式逻辑的毛病：违背四条定律

形式逻辑的四条定律是：充足理由律、不矛盾律、同一律和排中律。其中，充足理由律在新闻宣传中常被忽视。比如，讲成绩和取得成绩的原因时，原因常常是单一的，而成绩却是总体的，显得理由不充分，犯了"导不出"的毛病，如："某某企业兴办了一个幼儿园，解除了双职工的后顾之忧，促进了生产的发展，今年1月到6月产值比去年同时期增长……"总体成绩似乎就是兴办幼儿园这一个原因促上去的，实际上这是不可能的。类似报道方法不是很常见吗？不矛盾律要求在同一篇稿件或同一次节目中，内容及叙述不要前后矛盾。同一律要求在同一文稿中的同一概念，前后出现时含义要一致。排中律要求在同一事物如果有两个截然相反的判断，报道者必须同意一个而反对另一个，不能两个都同意，犯模棱两可的逻辑错误；也不能两个都不同意，犯"模棱两不可"的逻辑错误。

这些逻辑学知识在广播宣传的叙事、判断和推理中随时都需要，也可能随时出现不妥之处，听评者都可随时写出听评意见。

三、听评常识性知识

广播宣传经常涉及一些常识性知识，以下几个方面的知识容易出错：

1. 文史知识

在广播电台的新闻、文艺和各类专题节目中，涉及的文史知识很多，出错的可能性也大。例如，陆游的两句诗"山重水复疑无路，柳暗花明又一村"，就经常被错为"山穷水尽疑无路，柳暗花明又一村"。广播中还经常会出现成语用错的情况。大家知道，许多成语都连着典故，一个典故常常就是一段文史知识。由于记者、编辑不熟悉与成语相关的文史知识，望文生义，就常常把成语弄错了。

2. 地理知识

地理知识在广播宣传中经常被运用到。报道人物、事件和经验，都要讲明地理位置，讲明省、市、自治区名称和一些具体地名，这些看似简单的知识，广播中曾多次发生错误。例如，将"广西壮族自治区"错读成"广西省"。一些小市小县的名称，弄错的更多；有些县城的读音是随历史沿革而特定的，虽然名称写对了，播出时的读音却错了。一些同志讲山高多少米，常常漏掉"海拔"二字，这是不科学的，平常讲可以，在广播中"海拔"二字不可以少。

3. 生物知识

生物知识在广播中也常有使用，也容易出错。例如，有同志在稿件中写道："天热得很，院子里的狗浑身淌汗。"这就不对了。狗没有汗腺，散热靠舌头。有同志这样写道："蜜蜂在花间采蜜忙。其中有雌蜂，有雄蜂……"这也不对了。在花间采蜜的只有"工蜂"，工蜂虽属于雌蜂，但生殖器官发育不完全，故不能笼统地说，采蜜的有雌蜂，当然更没有雄蜂。

此外，还有国防知识、外交知识等在广播中也用得较多，有时也容易出错。

四、听评广播编排

广播编排与报纸编排既有相同之处，也有不同之处，主要不同在于报纸编排是一个面，广播编排是一条线。

1. 广播编排应遵循四个原则

一是"头条"原则。无论是新闻节目、评论节目还是专题节目、文艺节目，都有一个选择好头条的问题，头条可以是一个稿件，也可以是一个栏目。在文艺节目中，头条可以是一首歌曲或别的文艺作品。不管是什么形式，头条都应比其他各条更重要，更能体现编者的意图，更具导向作用。二是"系统"原则。广播节目的编排要符合"系统论"的要求。"系统论"的基本观点之一，就是要把事物的各部分都放在事物的统一系统中来考察，注重事物的整体效益。一档节目即是一个系统，系统中各部分——稿件、栏目、歌曲等，要通过巧妙编排，使它们成为一个系统的有机组成部分，相互融通，相得益彰，各自发挥出最大效益，从而使整个节目效益最佳，而不要由于编排使各部分的效益相抵消。例如，一次节目先说吸烟有害健康，再说烟草丰收，就属于这种情况。三是"信息"原则。新闻工作中说的"信息"是指受众预先不知道的情况、动向、知识、经验等，注重一个"新"字，即新事物、新思想等。节目中这种"新"的含量越多，节目也就越受听众欢迎。四是"贴近"原则。广播是为人民群众服务的，广播的内容是取自生活或源于生活的。因此，广播节目的编排无论在内容上还是在形式上，都要尽可能地贴近群众、贴近生活、贴近实际。

2. 广播编排的具体方式

组合排列——把同类题材或内容相近、有内在联系的稿件挨近排列，在节目中形成"小气候"，使各稿件互为补充，互为印证，产生"交响"。

配合排列——报道配有评论、新闻配有资料等，有利于扩展新闻的内在力量，充分展示新闻价值和新闻的社会意义。在专题节目和文艺节目中，文字作品和音乐作品配合编排，也可以收到较好的效果。

对比排列——把正反两篇具有强烈可比性且能产生正面效应的稿件挨近排列。例如，一篇讲某战士遇歹徒行凶见义勇为，一篇讲某干部遇凶手作案无动于衷，此两稿挨近排列，形成对比，就会产生强烈的教育效果。

多彩排列——"彩"原指颜色，这里借用这个"彩"字来表示稿件形式、作品样式等。就是说，一次节目中编排的稿件或其他作品，形式多一些，效果可能会更好。例如，一次较长的新闻节目中，既有消息、通讯，又有评论、录音报道等，就会显得丰富多彩而不单调。

这四种方式常常体现在一次节目中，并不是一次节目只能用一种方式。如果说一次节目中这四种方式一种都没用上，那么这次节目的编排肯定是不成功的。

还有一个重要问题，那就是写好串连语，这是专题性、文艺性节目编排的一项重要工序。目前，各台的专题节目、文艺节目，有的长 30 分钟，有的长 50 分钟，还有的更长，所容纳的篇目很多，形式也多种多样，如果不加串连语，不仅听不出编排意图，而且会显得杂乱无章。好的串连语应起到画龙点睛、引人收听、承上启下、提纲挈领的作用，同时还应具有知识性、趣味性。

第四节 听评访谈录音

近几年，广播中访谈节目多了起来。这种节目的基本构成是：记者启动录音机后，向被采访的人提出问题并得到回答，然后记者将交谈录音做成节目。它由两部分构成，一是记者的提问，一是被采访者的谈话。因此，听评这种节目，除了要注意它的内容是否正确之外，还应该着重听评记者的提问水平和录音水平。当然被采访者的谈话水平也在听评之列，但有时这部分的水平是难以改变的。记者的提问，是采访学的课题，有很多讲究与要求；记者的录音，也涉及录音机性能、场合选择、话筒摆放等多方面的知识。这里，只能从听评广播的角度简单谈谈意见。

一、提问

记者提问的总原则是：要问得准确，便于被访者回答，不要使被访者为难（个别情况除外）；以小问题为主，适当结合归纳性的大问题；在访谈过程中，记者要始终保持礼貌热情的态度。具体要求有以下几点：

（1）提问的方法要因人、因事而异。有的可开门见山问正题，有的应先问问一般情况，有的可用互相讨论的办法把话题展开……

（2）提问的口气以平和为宜，不要盛气凌人，要使对方感到平等与被尊重。

（3）不要明知故问。例如，一位记者去采录纪念抗日战争胜利 50 周年的一重要会议的群众反应，记者在街头问一行人："你觉得这个会议有意义吗？"行人不耐烦地答："当然有！"显得记者明知故问。

（4）一次提一个问题为宜。如果一次提两个或多个问题，被访者答了一个，可能疏忽另外的问题。

（5）提问时记者说话不要太多，更不要自问自答，炫耀自己，置被访者于无话可说的境地。

（6）让被访者讲完话，没讲完话时，记者不要抢话。

（7）一般不要提出可以简单地用一个词"是"或"不是"来回答问题。

（8）要尊重个人隐私和民族习俗，不该问的不要问。

二、录音

访谈节目记者录音主要是录人物谈话，而且多是单个人谈话。这种录音虽然难度不大，但要录好也有许多要求。从听评角度而言，应注意以下几点：

（1）要录得真实，符合谈话者本人的声音风貌。有时录得太闷，把青年人的语调录成老年人的语调；有时录得太尖，把老年低沉的语调录成少年尖细快速的语调……这些都不合要求。

（2）录得干净，不要有不必要的背景杂音和其他杂音。

（3）要录得完整，不要出现半句话和半个字的声音。

（4）不要出现回声干扰。

目前，一些访谈节目采录方面主要有四个毛病：一是谈话人念稿味浓、报告腔重，很不自然。二是记者的问话不得体。记者问话有时想力图尖锐，力图新奇，结果使对方难堪。三是记者的问话太长，把前后背景和问题答案都说出来了，被采访者只好"嗯，嗯"为止。四是录音技巧问题，要早开机、晚关机，这是老广播的经验。还有的录音中有"扑扑"的声音，是因为话筒离讲话人太近，如果讲话人气力比较正常，讲话人的嘴应距离话筒一尺半左右。还有的录音里有"咔啦、咔啦"的声音，这可能是记者一手拿话筒，一手摆弄话筒线造成的。这些访谈节目采录方面的技巧问题，需要在实践中加以注意和解决。

第五节　听评广播新闻批评

新闻批评是通过报纸、广播、电视等新闻媒介开展批评的统称。听评新闻批评就要了解其特性、原则。

一、新闻批评的特性

新闻批评面向整个社会，因此它不同于日常生活中的批评。新闻批评常常涉及对错误的揭露、批评乃至引发对错误问题的处理，是一项必须"慎之又慎"的工作，因此它又不同于其他新闻报道。这样，在开展新闻批评时，就必须考虑它的如下特性。

1. 公开性

无论任何人任何事，一经新闻媒介特别是广播批评便顷刻间传遍天下。批评得对与不对，其对社会的影响是在社会日常生活中任何方式的批评所不能比的。

2. 权威性

日常同志间的批评多属于个人对个人，谈不上什么权威性，即便是代表一级基层组织的批评，其权威性也有限。但广播新闻批评却具有很高的权威性，因为新闻媒介在我国有很高的权威性，它的批评也会被人们理解为是党和政府的批评。

3. 影响性

广播新闻批评震动整个社会，有的批评时隔数年之后，人们依然记忆犹新，其影响面之大，影响时日之久远，是任何其他批评所不能比的。

4. 社会性

广播新闻批评主要的着眼点不在于教育被批评的一个人或一个单位，而在于教育、启发全体社会成员，在于整个社会的进步。当然，具体的题目常常是批评个别人或个别单位，批评的直接效果也常常是被批评的人或单位的转变以及某项工作的改进。但是，广播记者在选择批评题目时，必须着眼于宏观价值，也就是说，题目必须有典型性，有普遍的社会意义，这就要避免那种极其少数的"个别事例"的批评。

5. 新近性

批评性报道也是一种新闻，和别的新闻一样，它选取的事实必须着眼新近，对新近发生的事实进行批评，不要无限纠结被批评者的过去，翻人家的历史旧账。有些旧材料，跟新近事实关系密切，如不作必须的说明，批评就无法进行，也可以作为背景引用一些，但要适可而止，不必过于展开。

新闻批评是面向整个社会的公开批评，批评错了，或者批评的某部分与事实不符，批评者应接受被批评者的更正，并承担责任。

二、广播新闻批评应掌握的原则

1. 强化道德制衡

开启民智、抨击时弊，是媒体的社会职能。某些地方官员收买记者批评自己的官场上的竞争对手；收买记者为自己歌功颂德；利用记者的特殊身份和特殊渠道，疏通和上级领导的关系，等等，是值得记者警惕的。要加强新闻职业道德的自律和他律，抵制以稿谋私，不能利用记者的职务之便借批评报道要挟他人，敲竹杠，谋官职、泄私愤，或者为亲朋好友、小集团服务。

2. 运用典型音响

中国古人讲"口说无凭，立字为据"，说的是办事要讲真实，广播报道要靠声音说话。辽宁电台录制的广播长消息《劳模楼里无劳模》，被誉为"舆论监督报道中的精品"，就是选用被批评者的录音和劳模的音响，批评某公司劳模盖楼，实为处长分房的腐败现象。由于音响运用恰到好处，批评报道完全真实、揭示深刻，荣获 2003 年度中国广播新闻一等奖。

3. 遵守党纪国法

广播批评报道要有社会的稳定、民族的团结、要案的揭露批评对已经明令要保密的文件、公文和案情，就要遵守党纪国法，由国家有关部门统一发布。对此，广播新闻工作者应该服从。

4. 讲究适度量度

一个时期内，一个频道或一次节目中批评性稿件不宜太多，太集中，否则将误导受众，动摇信念，激化矛盾，不利于社会稳定，这样不但违背了正面宣传为主的原则，而且会给人以消极感。有些不宜公开报道的新闻，可以编发《广播内参》，以促进问题的解决。

时评者可以根据上述知识，对广播中的批评报道写出听评意见。

第六节 综合听评广播电台

第一，从总体上看这个台的政治倾向。这其中包括对国内外重大问题的表态，对一些新闻事件的评说，对有争议的一些重要问题的观点，乃至节目中稿件排列次序等，都可以从中看出一个台的政治倾向。

第二，从总体上看一台的传播内容是否有重大遗漏和偏颇，可以从宏观和微观两个方面考评。从宏观上说，有关全党全局的基本主题的宣传在量与质上是否够了。从微观上讲，该播发的重要稿件漏发，就是失误，多次漏发，就是重大失误，就应追究这个台的责任。

第三，从总体上看一个台的节目布局是否合理，是否有缺憾。包括某些节目的时间段安排是否妥当，节目与节目、栏目与栏目是否过于相似甚至雷同，群众需要的、该设的节目是否开设，等等，都可以作出评价。

第四，从总体上看一个台的播音风格水准、主持人的风格水准，是否与这个台的社会位置应具有的风格水准相符合。

第五，我国已经出现一批系列台，系列台中的各台都有明确的分工和各自的方针；有的虽不是系列台，但各套节目也有分工和各自的方针。这就要考评它们是否各具特色，如果没有特色，那就要改进或者要考虑是否有存在的必要。

第六，宣传是各台的中心任务。听众朋友可以评价一个台是否以宣传为中心，还是以别的什么（如创收）为中心。

第七，从节目面貌、质量情况入手，分析指出一个台的内部管理以至体制是否得力、合理。管理、体制状况常常会反映到节目上，这是一种深层次的考评。假如一个台的节目差错不断、事故屡出，就可以认定它的内部管理混乱，或者体制不顺畅。从这方面写出听评意见，对电台领导层是会有启发的。

第十四章 美国之音评析

当前，世界各国加强国际广播的重点普遍转向更新设备，并且纷纷使用大功率发射机，展开了争夺听众的激烈竞争。发射功率最强大的按照顺序是：美国（51065 千瓦）、俄罗斯（38300 千瓦）、英国（29169 千瓦）、德国（17020 千瓦）、法国（11454 千瓦）、印度（10960 千瓦）、日本（1000 千瓦）。而美国最为著名的广播电台是美国之音，因此美国之音值得重视与评析。

第一节 美国之音介绍

美国之音电台（英文简称 VOA）是美国政府开办的国际广播电台，于 1942 年 2 月 24 日开始播音。该台共有发射机 136 部，其中，国外转播台 28 座，发射机 100 部。

一、美国之音的职能

美国之音由美国新闻署（以下简称"美新署"）领导，是美国政府的重要对外宣传机构。60 多年来，美国之音以美国的价值观念和生活方式影响听众，宣扬资产阶级的意识形态，为美国全球战略服务。美国之音的宣传对象很明确，它不开办对美国的盟国的广播，它的广播是针对美国的敌对国家、社会主义国家和发展中国家，只有对外广播而没有对内广播。它既是美国官方政策的代言人，具有外交职能；又是以采访新闻、发布新闻为主的新闻广播机构，具有新闻职能。和这两种双重职能相一致，美国之音的从业人员"既是政府雇员"，同时又要在工作中"具有高度的新闻职业作风"。美国之音的驻外记者"处于新闻领域和外交领域之间一个重要的交叉点上"。

美国之音的从业人员与美国之音的两种职能相一致。一类是曾在国务院或美新署任过职的外交官员。这些人负责管理和监督美国之音，保证美国之音外交职能的实施。另一类人是编辑、记者、撰稿人、节目主持人等，完成美国之音的采、编、播的日常业务工作，保证美国之音新闻职能的实施。这两类人对新闻实践的看法有出入：外交官员选择新闻的出发点，强调的是美国之音的外交职能，是美国外交政策的需要；专业人员强调的是美国之音的新闻职能，是人们从广播中知道所发生事情的知情权。

美国之音的对华广播中的人才使用，是值得中国外宣媒体参考和借鉴的。30年前，美国之音的中文广播雇佣的几乎全是具有台湾背景的记者编辑。到了20世纪80年代末期，美国之音的中文部开始大批雇佣来自中国大陆的、经验丰富的人给他们打工。清华大学新闻与传播学院教授、博士生导师、联合国教科文组织中国新闻教育改革专家组召集人李希光说："在过去20年里，美国之音中文部至少雇佣了5个曾经担任过新华社记者的中国人，其中很多是我当年在中国社会科学院研究生院的同学。他们的广播效果确实不错，很多人相信他们、信任他们，而且发音大部分是北京官话。①

美国之音的历史和现实表明，它的总的战略思想是有连续性、一贯性的，它的政治倾向、立场和观点是始终如一的。但是，随着世界局势的风云变幻、国际电波战的发展，美国之音在吸取自身的经验教训的同时而有所变化、有所"改进"，以便为了争取更多的听众，达到更好地符合美国利益的宣传效果。

二、《美国之音章程》的原则

1958年，美新署署长乔治·艾伦和美国之音台长卢密斯一起草拟了《美国之音章程》，提出美国之音"不应训斥人、骂人，新闻报道要客观"。他们希望改变美国之音的形象，以争取更多的听众。

1976年7月20日，美国总统福特签署了由帕西参议员和阿布朱戈众议员联合提出而由两会通过的法案——《美国之音章程》。章程规定的三条原则是：（1）美国之音必须始终是一个可靠的和权威性的新闻来源。美国之音所广播的新闻一定要准确、客观、广泛。（2）美国之音应代表整个美国，而不是美国社会的任何一部分。因此，它对美国的主要思想和制度必须有一个平衡和全面的报道。（3）美国之音应清楚地、有效地阐明美国政策，同时也报道对这些政策所发表的讨论和意见。

这份章程明确地规定了美国之音的任务、指导原则、宣传策略和手法。纵观整个章程，它为美国之音规定的任务一是报道新闻，二是宣传美国，三是阐明美国政府的政策。

章程第二条规定，美国之音代表"整个美国，而不是美国社会的一部分"。这里所规定的代表"整个美国"，并不是规定美国之音要代表包括美国全体人民在内的整个美国，而是要求美国之音代表整个美国垄断资产阶级。章程所说的

---

① 李希光：《中国新闻教育走向何方》，载《当代传播》2009年第2期。

"不能代表美国社会的任何一部分"，是指美国之音不能代表美国垄断资产阶级中的任何一个财团（东部财团或西部财团），而是指美国之音要有全局的观点，要超脱于各个党派、各个财团的利益。这一规定，实际上是从法律上保证了美国垄断资产阶级对外宣传的连续性和一致性。

美国之音内部和外部那些要求改进美国对外宣传的呼声在章程中得到了体现。章程宣传策略和宣传手法作了规定，要求美国之音"准确、客观、广泛地"报道新闻，采用"客观报道"的手法。在谴责敌对国家时要力争做到"有根有据"，在国际电波战中要以"准确"、"客观"的面貌出现。

对于美国之音与美新署、国务院的矛盾和冲突，美国新闻界的舆论是倾向美国之音的。合众国际社在报道美新署署长考克与美国之音新闻部主任卡曼斯基在国会的争执时，采用的标题是"美国之音应该为美国政策的制定者讲话，还是应该为真理讲话"。《纽约时报》以《独立的声音》为题发表社论指出："不管美国政府的官方外交政策会有什么变化，真实的新闻能够最好地为美国的利益服务。"美国纽约市立大学教授罗纳德·鲁宾在一篇题为《美国需要一种新的声音》文章中说："在新闻机构处于饱和状态的世界上，宣传活动越非政治化，它的声音终究会越响亮。"

当然，美国新闻界所谓的"真理"，是以维护资本主义私有制的社会制度为标准；鼓吹所谓"真实的新闻"是出于维护资产阶级统治；"宣传活动非政治化"并非是真要把政治内容"化掉"，而是要以巧妙的方式来表达。

第二节　美国之音的宣传策略

一、"客观"、"平衡"的报道方法

20世纪60年代初，广播电视评论家爱德华·默罗出任美新署署长，他明确表示："美国在世界上需要有一个更响亮的声音，但它不能刺耳。"要求记者在报道新闻时，尽可能采取"客观报道"的形式，不发表个人意见和议论，将新闻与评论分开，通过"用事实说话"的方式，表明记者的观点和立场。这对于尊重新闻写作的真实性、增强新闻的可信性发挥了积极的作用。在默罗等人的积极鼓吹下，美国之音的新闻广播比较注意采用"客观报道"的手法，减少了煽动性的宣传和意识形态的说教。

"平衡"报道手法的使用体现于两种方式之中。一种方式是既报喜又报忧，在报喜和报忧之间搞"平衡"，目的是想使听众相信电台的报道是"客观的"。例如，在华语广播中，有关于美国政治丑闻"水门事件"、"辩论门事件"的报

道；有反映社会动荡不安定的总统遇刺事件及其他犯罪行为的报道；有反映经济不景气、失业率上升、工人罢工的报道。用少数几篇"报忧"的报道来争取听众的信任，是达到使听众接受多数宣扬美国制度"优越"的报道的惯用伎俩。

当然，从本质上说，华语广播并不能做到真正的平衡。它的《今日美国》、《新的一代》等节目，都是宣传、美化美国的社会制度的。虽然这些节目偶尔也谈谈美国社会中的消极面，但却从未真正触及过美国社会的阴暗面，如种族歧视、老人问题、官员的贪污腐化、豪商富贾的奢侈和失业大军的贫困。

"平衡"报道手法的另一种方式，是把对同一事件的不同观点、正反两个方面的意见，甚至是针锋相对的意见"平衡"地摆出来，以表示电台的报道是"公正"的。如关于中美纺织品谈判、美国际贸易委员会未能就进口中国蘑菇问题裁决等消息的报道上，华语广播既陈述美方的意见，也陈述中方的意见，力图以"不偏不倚"的态度出现。美国之音不采用攻击对方的"高调"策略，而采取期望听众理解美方"苦衷"的"低调"策略，以免引起中国听众的反感，反而可以更有效地为美方对我向美国出口设置障碍的错误立场辩解。

"平衡"报道的手法，是紧密配合美国的外交政策的。20 世纪六七十年代，出于美苏争霸的需要，美国之音关于苏联和东欧国家的报道，几乎从不搞"平衡"，基本是一边倒的报道，政治倾向性十分鲜明。历史车轮已经驶入 21 世纪，今天的中国也发生了巨变，但从美国之音一些报道中，我们会发现，某些人似乎还停留在半个世纪以前对新中国的敌视中，他们在观察中国时仍然没有脱离冷战的思维逻辑。

二、增加新闻节目的趣味性

美国之音华语广播历来以新闻性节目为主，每小时的节目均以 15 分钟的《国际新闻》开始，早晚播音结束前又各播送新闻一次。此外，还播出 5 分钟的《简要新闻》5 次，全天报道新闻达 16 次之多。每天播出的新闻分析节目有《时事经纬》和《时事分析》，每周播出一次的新闻分析节目有《瞭望台》。新闻分析节目的主要内容包括：美国之音驻世界各地记者发的报道、新闻分析、新闻述评和新闻的背景性材料，美国之音的时事评论员的文章（这一类稿件通常要由美国国务院设在美国之音的政策室审阅、把关），美国国内外报刊摘编、美国国内专栏作家文章、地方电台、电视台评论员文章摘编等。新闻分析节目常常直接地、公开地为美国政府的对内对外政策说话，倾向性十分明显。《国际新闻》和新闻分析节目是美国之音的重头节目，占全天播音时间的 85%，被视为节目的"脊梁"。

1982 年夏，华语组记者访华时了解到一些听众反映新闻性节目过于严肃、呆板。不久，于10月就开办了新的新闻节目《空中杂志》，主要内容有花絮新闻、名人小传、美国和世界各地的趣闻和风土人情，另外还播出美国热门歌曲等，其中也有些低级趣味和无聊的内容。推出这个节目的立意是增强趣味性，在节目编排上起"平衡"作用，使几个新闻性节目既有"硬"新闻，也有"软"新闻。《空中杂志》节目刚开办一个月，《时事经纬》节目也增加了新的栏目"历史上的今天"，由美国著名评论员撰写稿件。该栏目的文章不长，谈的是美国历史上某一年的今天或这个星期发生的大事，这些大事在当时具有头条新闻的价值。这个栏目的特点是说古道今，题材广泛，政治、经济、军事、科技、文化艺术、名人传记等无所不包。文章擅长寓政治观点于追忆历史的往事之中，既介绍了美国的历史，又巧妙地宣扬了美国的历史观和价值观。在1982年7月4日的《时事经纬》节目中，紧接在美国总统里根发表国庆文告的报道后面，播出了一篇小文章。文章从国庆日的焰火晚会谈起，说明是中国人发明了焰火和爆竹，中国是焰火的故乡。在历史上，中国曾是全世界焰火的主要出口国，至今还有制造焰火的特殊技巧。文章结尾说："要不是中国人发明了焰火，我们也不会有美丽的焰火来为我们助兴，所以，我们应该感谢发明焰火的中国人，真是有谁能够想得到，一千多年以前，中国人发明的焰火，现在可以用来庆祝美国的独立纪念日。"这篇不到500字的小文章，可以说是专为华语广播的听众而写的。文章语气轻松、幽默，对中国颇多赞美之辞，可以取悦于中国听众，增强节目的亲切感。最后一句双关语，寓意深长，耐人寻味。美国之音在组织国庆报道时的良苦用心，可见一斑。

三、寓政治倾向于新闻的选择与编排之中

美国之音华语广播善于运用新闻的客观形式来表达观点。听起来，仅仅是叙述新闻事实，没有下结论。每条新闻都具有五个"W"的要素，或记者现场采访，或被两个以上的不同的新闻来源所证实，但实际上，他们往往把倾向性寓于对新闻的选择与编排之中，来对听众进行某些暗示和提示，以引起听众的联想，引导听众作出倾向于编者立场的判断，在"弦外之音"上巧做文章。

1982年秋，以色列在贝鲁特屠杀一千多名巴勒斯坦难民，制造了骇人听闻的血腥大屠杀。我国政府、广大阿拉伯国家和许多第三世界国家，在愤怒谴责以色列残暴行为的同时，也都严厉谴责美国政府对以色列的支持和纵容，揭露里根政府是贝京当局的坚决支持者，指出美国对以色列犯下的暴行负有不可推卸的责任。但是美国之音华语广播对于世界舆论的这种指责，没有广播过一个字，而且还着意渲染美国政府、国会、新闻界和民间团体（包括美国最大的犹太人社团在内）对以色列的批评。听起来，华语广播关于贝鲁特大屠杀事件的大规模报

道，内容十分详尽、十分"客观"，但唯独删去了世界舆论对美国政府的批评。美国之音正是通过对新闻事实的取舍来维护美国的形象，为美国政府开脱责任。

华语广播曾把美国之音驻北京记者柯里的报道和驻欧洲记者海林的报道编排在一起，企图在听众中混淆视听、颠倒黑白。柯里的报道是：参加美中纺织品协议谈判的美方首席代表墨菲把谈判失败的原因归咎于"中国方面的要求太高"，"美国不得不采取单方面的行动来保护国内市场"。海林报道的是：苏联《新时代》周刊"指控中国对苏联提出所谓的完全没有事实根据的领土要求，并以此来阻碍中苏关系正常化的进程"。记者在这两篇报道中，都没有直接地发表议论，但这样的编排却是想说明，由于中国方面的原因，中美关系和中苏关系都遭到挫折。事实上，在中美贸易关系中，明明是美国政府对我国进行限制和歧视，但经过精心的编排，却可能引导听众得出错误的判断。还有两条新闻也能看到美国之音在新闻编排方面是煞费苦心的。头条新闻是："中国宣布停止购买美国棉花、人造纤维和大豆的禁令立即生效。"第二条新闻是："美国政府宣布，政府同意向中国出售卫星地面接收站。"单从文字上看，这两条新闻都是"客观的"叙述新闻事实，既没有明显的倾向，也没有激烈的言语，甚至还介绍了背景材料，"中国宣布的禁令是对美国单方面限制中国纺织品的进口的强烈反应"。美国之音关于中美双边关系的报道，往往不采取公开指责的态度，但是，把这两条新闻编排在一起，其用意是互相对照，贬中褒美，在中美贸易关系上，起到美方限制中方这一事实的作用。

四、以青年人为其主要听众

美国之音电台台长康克林曾在发表纪念美国之音开播 40 周年的广播谈话中说："我们梦想着使我们所有的广播节目都真正地引人入胜，吸引着新时代的听众，使他们在收听了我们的广播之后，就如同四季变化一样，自然而然地和我们携手共进。而且，我们也非常了解一项事实，在这个地球上，超过四分之三的人都还不到三十岁。"康克林的讲话，毫不隐晦地说出了美国之音的战略目标和宣传目的，也说明美国之音是以青年人为其主要听众。他们开办对华广播，寄希望于我们的"三十岁以下的青年人"和他们"携手共进"，而运用多种音乐、音响的形式，则是将内容寓于音乐的最好方法。

美国之音的节目编排有着严格的固定栏目，天天如此，年复一年。遇有重大新闻事件或特殊宣传要求才打乱固定栏目，举办特别节目，并在事前发出节目预告。

美国之音在推销西方关于"自由"的概念时，注意不用纯粹宣传的口吻，而用提供经过选择的事实和情况的方式。这种方式由于有"事实"作掩护，是易于迷惑听众的。例如，在一期《美国特写》节目中，美国之音驻洛杉矶市特约记者报道了在该市举行的美国有史以来规模最大的公民宣誓典礼，来自 73 个国家的 9700 多名移民取得了美国国籍。同一天的国际新闻，还报道了底特律市举行的"效忠国家"的宣誓仪式，来自 61 个国家的 500 多名移民成了美国公民。这些报道都是用事实来炫耀美国是一个"自由和民主"的国家，是人们"向往"的地方。①

第三节 美国之音录音报道评析

录音报道的特点在于有"录音"，即新闻现场的实况录音或人物新闻的谈话录音。但是，在《美国之音》的广播里通常并不把有这种"录音"的新闻报道叫做录音报道，而是称为"实地报道"、"从现场发来的报道"或者"访问录音"等，有时候干脆什么称呼也不要。评析中使用"录音报道"一词，仅仅是为了适应目前我国的习惯，以便读者一目了然。

广播电台所办的每一种节目，所播的每一项报道，也都是希望听众愿意往下听，也都是希望能够吸引更多的人。因为只有使人听进去，才能够收到预期的宣传效果。作为广播工作者，不仅需要科学地总结自己的经验，同时也需要认真地研究外国的经验，并且把人家的那些经实践证明是成功的经验拿来为我所用，以进一步增强我们的广播宣传效果。那么，《美国之音》的录音报道究竟有哪些经验值得我们学习和借鉴呢？这就是发挥广播优势，满足听众"听"的需要。录音报道的优缺点，是不能完全根据文字稿来判断的。因为广播与报纸不同，广播的特点是仅仅依靠声音来传播内容。而录音报道又是广播里运用声音最为广泛的一种独特的新闻报道形式。它是给人听的，不是给人看的。常常有这种情形，从文字上看同样的几句话或几个字，出自不同语境中的不同人之口，则会反映出不同的情感、不同的精神面貌、不同的心理状态，乃至不同的性格和风趣。这一切，都只能听后方知其真。

本书评析的录音报道是从《美国之音》广播里收录并整理出来的。为了保持录音报道的原貌，只做忠实的记录，未作任何的删节或修改，甚至连某些不符合语法的句子、使用不当的词汇以及过多的"嗯嗯啊啊"的语气词，也都原样保留着。这样做，不仅有助于了解《美国之音》真实的工作状态和播出水平，而且对于我们今后探讨录音报道的概念、作用、风格和采制方法，也

① 参见苑子熙：《美国新闻自由探析》，中国广播电视出版社 1985 年版。

有一定的用处。

案 例

美国队获得冰球比赛金牌①

在星期天最后一天的比赛中，最精彩出色的比赛是美国冰球上曲棍球队转败为胜，以4∶2力克芬兰队，终于赢得了得来不易的金牌，使得当场的观众欢呼若狂。《美国之音》体育记者田康林从比赛场地，报道了这场比赛的盛况。

（现场实况，出一段，渐止）

记者：各位听众，美国队又再（原文如此，作者注）一次以后来居上的战绩，击败了顽强粗悍的芬兰队，获得这得来不易的金牌之后，全国各地立刻展开了各种庆祝活动。普莱西德湖街道上挤满了又叫、又跳、又笑的兴奋的美国观众，他们齐声喊叫着"U·S·A、U·S·A"。庆祝活动历时一个多小时才逐渐消散。星期天这场比赛，最精彩的是第三局。美国队在2∶1的劣势之下，连进了两球，下面是当时的实况。

（实况：群众欢呼声，混入）

记者：（现场介绍）美国队现在重演了对苏联队的这一场比赛的历史了。在第三局已经从2∶1打成了3∶2的优势。美国队现在已经是以3∶2的比数稍胜了芬兰队，现在还剩下十五分钟左右了。美国的观众都站了起来，忽然间，四面出现了几十面美国的国旗在左右地摇摆着，绝大多数美国观众都站起来，又跳又叫不断地为美国队加油。因为如果美国队赢了这场比赛的话，不管下一场苏联和瑞典比赛的结果如何，按照很复杂的国际冰球比赛的计分方法，美国队都将获得这届冰球比赛的金牌。所以这场比赛是非常重要的。现在，美国队逐渐地把握了攻势，在芬兰队的内线进攻。刚才差一点又攻进去一球。（实况混播完）

记者：美国队在3∶2的优势之下呢，乘胜追击，在最后的三分多钟啊，又锦上添花，又攻进去了一球。下面是当时的实况和整个球赛结束前的实况。

（实况，群众欢呼声。混入）

记者：（现场介绍）现在大家听到的观众疯狂的呼声，是美国队在第三局剩下三分三十五秒的时候，在美国队一个人被罚下场，以五个人对芬兰六

---

① 参见章宗栋：《美国之音录音报道选介》，北京广播学院新闻系1980年编印。

个人的情形之下，居然又攻进去了一球，场上现在的比数呢美国队是4∶2，这已经是绝对性压倒性的比数了。这场球只剩下三分三十五秒了，美国队如果不碰到特别意外的话，美国已经获得了本届冰球比赛的金牌了。这将是美国队1960年加利福尼亚州世界冬季奥运会以来，第一次获得冰球比赛的金牌。

（实况突出几秒，再混入）

记者：现在距离整个这场球赛就快结束了！只有十秒钟了！美国队终于赢得了第十三届奥林匹克运动会冰球比赛的金牌。美国队的球员们都疯狂地把他们的设备冰球棍子、帽子、手套扔向他们的欢呼的观众们。这是一个非常感人的场面。整个冰球循环比赛一开始，没有人认为……（听不清）美国队能够获得金牌。可是他们从第一场2∶2跟卖力、坚强的瑞典队打成了平手之后，美国队的士气越打越好，一连又胜了六场球，而终于获得了第十三届奥林匹克冬季运动会的冰球比赛的金牌。

这是《美国之音》记者田康林，从美国普莱西德湖冰球比赛现场所作的实况报道。

（实况混播完）

录音报道赏析

撷取典型音响

甘 莎

录音报道不同于实况转播，它只能把最精彩、最感人、最有意义的场面和结果报告给听众。这个报道较好地做到了这一点。

这个报道时间不长，却把美国队夺得冰球比赛金牌的时间、地点、背景、条件交代得一清二楚，而且记者的语言形象、生动、情绪热烈，听众虽未亲临现场，也完全能感受到当时的欢腾呼声，并非朗诵现成的美丽诗句，可见记者的功底。这个报道无论在克服新闻语言的公式化和概念化上，还是在结构的紧凑和恰当地运用实况录音上，都值得我们学习与借鉴。

另外，开头以节目主持人身份所报的那段"提要话"，用了三个关键的词句（"转败为胜"、"力克芬兰队"和"欢呼若狂"），概括了整个报道的精髓，也不能不说是令人神往的佳笔。这样，就能吸引听众往下听。

遗憾的是，编者在收录这个报道时，受电波干扰，杂音较大，有些地方听不清，个别词汇也许记得不准。

点 评

批改学生作业是上好"广播新闻业务"课的重要内容。通过课堂讲授，安排学生到学校广播电视台和新闻媒体实习，他们对录音报道和广播新闻评论的制作都有了切身感受。从这些习作中可以发现一些带普遍性的问题，如缺乏新闻敏感，发现不了新闻；制作的录音报道缺乏带响的特点；广播评论立意不新，深度不够，显得较一般化等，点评针对存在的主要问题，以引起初学者的注意。

作业提示：

1. 录音报道包括这些具体形式：录音消息、录音访问、录音特写、现场报道或口头报道。

2. 写一篇录音报道。

3. 写一篇该报道的采录经过和体会。

参 考 文 献

1. 肖峰.《新闻人才论》[M]. 呼和浩特:远方出版社,1996.

2. 肖峰.《不管"睡佛"是真是假——肖峰百篇杂文随笔选》[M]. 呼和浩特:远方出版社,1998.

3. 丁文奎.《新闻广播谈艺录》[M]. 北京:中国广播电视出版社,1990.

4. 蔡祥斌、覃水玲、王彬.《广播纵横谈》[M]. 武汉:长江文艺出版社,1991.

5. 王瑞棠.《广播编辑学》[M]. 北京:新华出版社,1992.

6. 艾丰.《新闻采访方法论》[M]. 北京:人民日报出版社,1994.

7. 曹璐、吴缦.《广播新闻业务》[M]. 北京:北京广播学院出版社,1997.

8. 施旗.《广播语言研究》[M]. 南京:江苏省广播事业局宣传处编印,1983.

9. 仲富兰.《广播评论——功能、选题与评议艺术》[M]. 上海:复旦大学出版社,1997.

10. 丁文礼.《楚天星光正灿烂——楚天广播电台开播八周年纪念》[M]. 北京:中国广播出版社,1997.

11. 曹仁义.《实用新闻广播学》[M]. 北京:中国广播电视出版社,2000.

12. 孟建、祁林.《广播电视新闻写作》[M]. 北京:中国广播电视出版社,2000.

13. 陆锡初.《广播新闻编辑教程》[M]. 北京:中国广播电视出版社,2001.

14. 张骏德.《当代广播电视新闻学》[M]. 上海:复旦大学出版社,2001.

15. 孟建、祁林.《广播电视新闻范文评析》[M]. 北京:新华出版社,2001.

16. 徐心华、王大龙.《中国新闻奖作品选》[M]. 北京:新华出版社,2001.

17. 何志武.《新闻采访》[M]. 武汉:武汉大学出版社,2004.

18. 史安斌.《危机传播与新闻发布》[M]. 广州:南方日报出版社,2004.

19. 哈艳秋.《中国新闻传播史研究》[M]. 北京:中国广播电视出版社,2005.

20. 赵振宇.《现代新闻评论》[M]. 武汉:武汉大学出版社,2005.

21. 赵士林.《突发事件与媒体报道》[M]. 上海:复旦大学出版社,2006.

22. 吴郁.《当代广播电视播音主持》[M]. 上海:复旦大学出版社,2005.

23. 沈嘉熠.《广播学概论》[M]. 上海:上海外语教育出版社,2007.

24. 刘爱清、王锋.《广播电视概论》[M]. 北京:中国广播电视出版社,2007.

25. 曹璐.《广播新闻理念与实务创新研究》[M]. 北京:中国广播电视出版社,2007.

26. 吴玉玲.《广播电视概论》[M]. 北京:中国传媒大学出版社,2007.

27. 贺文发.《突发事件与对外报道》[M]. 北京:中国传媒大学出版社,2008.

28. 李岩.《广播学导论》[M]. 杭州:浙江大学出版社,1997.

29. 南振中.《与年轻记者谈成才》[M]. 北京:新华出版社,2003.

30. 张昆.《国家形象传播》[M]. 上海:复旦大学出版社,2005.

31. 赵振宇.《新闻传播策划导论》[M]. 武汉:华中科技大学出版社,2003.

32. 章宗栋.《美国之音录音报道选介》[M]. 北京:北京广播学院新闻系编印,1980.

33. 李天道.《普利策新闻奖名篇快读》[M]. 重庆:四川文艺出版社,2005.

34. 郝振省.《在北大讲传媒》[M]. 长沙:湖南人民出版社,2009.

后　记

我是 1979 年开始从事广播新闻工作的，作为一家电台领导班子成员，亲身经历了改革开放 30 年广播新闻战线的每一个变化，每一个进步。现在广播电视发展非常大，特别是新闻业务、队伍建设方面都有了非常大的进步，如 2008 年广电媒体对于汶川地震等重大突发事件的报道就有很大的突破。广电系统正面临一场全面的数字化转换的历史机遇，新媒体生态下的广播新闻事业的发展势不可挡，前景看好，值得关注和研究。

中国的广播新闻事业是在改革开放大背景下一步步发展壮大起来的，广播新闻业务也在一天天地成熟起来。20 世纪 80 年代初，当广播功能还未被学术界和业界开发的时候，我们积极发挥广播优势，坚持走自己的路，积极开展广播评论。为此，全国广播工作会议介绍了宜昌电台新闻评论"抓选题、抓特点、抓反映、抓队伍"的经验。当 20 世纪 90 年代初，广播遇到"危机"，落入"低谷"时，我们推出了一套全新的广播节目——《星期天特别节目》，《中国广播报》头版赞誉它"快、活、近"。当社会思潮对改革开放有种种疑虑和抵触时，我们开办《说说这八年》、《说说咱们的改革》专题节目，被《人民日报》称赞为"进行改革开放形势教育的成功探索"。宜昌电台被广播电影电视部、人事部授予"全国广播电影电视先进集体"称号。我积极倡导走学者型记者之路，组织开展了广播新闻业务研讨活动，策划、组织的广播作品荣获中宣部"五个一工程奖"。2001 年，中国广播电视学会授予我全国首届"百优"广播电视理论工作者称号；2003 年被评为高级记者，2004 年作为引进人才调入大学任教，从做记者转向做大学老师，从做实务转向做理论研究，2005 年主持湖北省教育厅重点科研项目"中国大陆新闻人才学理论与应用系统研究"；2009 年主持国家社会科学基金项目"我国新闻界职务犯罪的成因、控制与预防研究"。我经常对同学们说，基层有真理，深入唯有情。少年有大志，成才靠磨砺。好学加勤奋，努力事业成。

根据广播新闻改革和新技术的新发展，出版一本融权威性与实用性于一体的广播新闻业务书籍，这是三年前就有的想法。在学习和借鉴已有广播新闻业务教材的基础上，我从新闻广播的理论基础和广电传媒的可持续性发展入手，对广播新闻业务工作的全过程进行了阐述和研究，使学生侧重了解广播新闻工作的职责，增长广播电视新闻学专业的理论知识和业务知识，能够熟练掌握和运用广播新闻的传播技巧与方法，并能做好对外报道和国家形象传播，受到学生们的欢迎。2006年2月，经武汉大学新闻学院院长、博士生导师罗以澄教授等专家评审，该教案被评为优秀教案。2008年11月，作为"广播新闻业务"课程负责人，我根据校内外专家的评审意见，对"广播新闻业务"教学大纲、教案，又进行了反复修改，在经武汉大学出版社评审后，将原讲课用的讲义扩充为《广播新闻业务教程》并面向社会公开出版，为大中专院校师生和新闻工作者们，提供一部既有鲜活的广播新闻实践案例，又有新闻传播理论指导的教材。

一方水土养一方人。在那"高峡出平湖"的西陵峡畔，我从一名下乡知识青年到法学硕士、高级记者、全国首届百优广播电视理论工作者。我要特别感谢曾培育、帮助我实现记者梦的家乡领导、同事与各界朋友：林永仁、符利民、文成国、王作栋、张泽勇、赵再春、张石新、吴玲、文广清、向守珏、刘德明、杜培中、夏青、曾庆勇、陈泽高、许蔚、陈良石、佘毓珍、张玉娥、孟宪力、吴厚生、王贵平、严冬、余小平、包洁、张建红等。

在本书出版的过程中，特别感谢中国地质大学（武汉）艺术与传媒学院院长、博士生导师余瑞祥教授、帅斌书记的大力支持，以及喻继军、张梅珍等新闻传播系老师对我的教学和科研工作的热情支持。广播电视新闻学专业学生夏祺、高鸿飞、李贺、李宁、廖媛、王甲旬、梁颖、张舟、易镇镇、吴丽丽、甘莎等同学均对本书的材料收集和编写付出了辛勤劳动。我带的硕士研究生许青青、刘小锐、张舟同学协助我做了一些教学方面的工作，在此深表谢意。

我的广播新闻业务研究得到过中央人民广播电台、中国国际广播电台、湖北人民广播电台和地方电台老师张赫玲、陆先荣、程子文、纪卓如、程道才、汪苏华和丁文奎、朱全、王彬、李利克等广播界朋友们的帮助，也得到了中央台和一些地方台新闻业务刊物编辑容乃谷、张中迪等同志的支持。华中科技大学新闻与信息传播学院教授、博士生导师孙发友认真负责地评审了这部《广播新闻业务教程》；该院广播电视新闻系系主任、博士生导师何志武教授主动推荐本教材列入武汉大学出版社"广播电视新闻学系列教材"计划；华中科技大学新闻评论研究中心主任、博士生导师赵振宇教授多年来对我悉心指导并为本书写了热情洋溢的序言；武汉大学出版社陶洪蕴女士、胡国民编辑为该书的出版，做了积极努力而富有成效的工作。我根据胡国民编辑提出的宝贵意见，又尽可能收集了刚出版的有关广播新闻业务的著作和资料，在今年暑假期间冒着炎热酷暑、挥汗如雨地对书稿又重新进行了修改和完善，竭尽全力使这本教材尽量达到出版社出版的要求，给新闻教育界和新闻业界提供一部具有时新性、实用性和操作实务的广播新闻业务教材。有关引用的各位作者我都在注释中加以标明，有的资料在引用时可能疏漏了作者的姓名深表歉意。在此，我对支持帮助编辑出版该书的各位教授、专家和同学们再次表示诚挚的感谢！

最后，我还要衷心感谢多年来支持和爱护我的亲人和朋友们！

希望新闻教育界和新闻业界的同志对本教材提出宝贵的批评，以便我在教学和科研中加以改进和提高。

肖 峰

2010 年元旦于地大柳池斋